Allitera Verlag

EVA-MARIA HERBERTZ, 1947 in Nordrhein-Westfalen geboren, studierte Germanistik und Geschichte in München, war einige Jahre im Lehramt tätig und lebt seit 1982 in Feldafing am Starnberger See. Sie recherchierte zu verschiedenen Künstlern, die dort gelebt und gearbeitet haben, verfasste dazu mehrere Zeitungsbeiträge und hielt Vorträge. In der *edition monacensia* ist von ihr bereits »›Der heimliche König von Schwabylon‹. Der Graphiker und Sammler Rolf von Hoerschelmann in Selbstzeugnissen und Bilddokumenten« (2005) erschienen.

edition monacensia
Herausgeber: Monacensia
Literaturarchiv und Bibliothek
Dr. Elisabeth Tworek

Eva-Maria Herbertz

Leben in seinem Schatten

Frauen berühmter Künstler

Allitera Verlag

Weitere Informationen über den Verlag und sein Programm unter:
www.buchmedia.de

Bibliografische Information der Deutschen Nationalbibliothek:

Die Deutsche Nationalbibliothek verzeichnet diese Publikation in der
Deutschen Nationalbibliografie; detaillierte bibliografische Daten sind im
Internet über http://dnb.d-nb.de abrufbar.

2., durchgesehene und korrigierte Auflage
September 2010
Allitera Verlag
Ein Verlag der Buch&media GmbH, München
© 2009 Monacensia Literaturarchiv und Bibliothek
Leitung: Dr. Elisabeth Tworek
und Buch&media GmbH, München
Herstellung: Books on Demand GmbH, Norderstedt
Printed in Germany · ISBN 978-3-86906-052-1

Inhalt

Vorwort 7

Hedwig Kubin (1874–1948)
»Sehr viel Herzenskraft brauche ich jetzt, um Alfred zu ertragen« 11

Mathilde Vollmoeller-Purrmann (1876–1943)
Ich komme mir »wie ein halber Mensch vor und frage mich, wo die andere Hälfte geblieben ist« 32

Anna von König (1897–1992)
»Ich würde alles wieder genauso machen« 64

Charlotte Berend-Corinth (1880–1967)
Eine Frau »mit dem Schuss Pulver im Blut, der das Leben nun mal angenehmer macht als das Gleichmaß« 75

Marta Feuchtwanger (1891–1987)
Es war »immer aufregend, mit ihm zu leben – manchmal nicht so angenehm aufregend, aber nie langweilig«. 108

Elisabeth Maria Karl »Liesl« Frank (1903–1979)
»Ein dreihundert Seiten langer Liebesbrief …« 136

Mathilde »Quappi« Beckmann (1904–1986)
»Ich brauche dich ganz oder gar nicht« 161

Bildnachweis. 190

Vorwort

Man weiß wenigstens, wofür man gelebt und gelitten hat, das ist unvergleichlich mehr, als die meisten Menschen von sich sagen können, und darum auch beglückend.«
Während Hedwig Kubin in anderen Briefen ihre Resignation und Frustration allenfalls anklingen lässt, sagt sie in diesem Brief im Jahr 1937 frei heraus, sie habe gelitten. Befriedigung empfindet sie dennoch, da sie in ihrem Leben einen Sinn erblicken kann. War es der Versuch der damals dreiundsechzigjährigen Hedwig Kubin, ihr reichlich trostloses Leben, man kann es kaum anders nennen, zu kompensieren, oder zeichnete diese Frau eine bemerkenswerte charakterliche Stärke aus? Oder traf von beidem etwas zu? Die Frage reizte, mehr über sie, ihr Leben und ihre Beziehung zu Alfred Kubin zu erfahren und Nachforschungen zu Künstlerfrauen anzustellen, die derselben Generation wie Hedwig Kubin angehörten und deren Lebenskonstellationen vergleichbar waren.

Gemeinsam ist den für dieses Buch ausgewählten Frauen, dass sich ihr Leben im Schatten oder im Hintergrund von anerkannten und schon zu Lebzeiten international berühmten Schriftstellern und Malern abspielte und dass sie als Ehefrauen in der Literatur über die Künstler und deren Lebenswerk meist nur als biografische Notiz erscheinen. Es verwundert schon, wie wenig Beachtung Lebensgefährtinnen finden, die über Jahrzehnte und über den Tod der Künstler hinaus loyal zu ihren Männern standen, im Vergleich zu Künstlerfrauen, die sich aus Beziehungen lösten, um ein selbstbestimmtes Leben zu führen, oder an den Beziehungen »zerbrachen«. Erstaunlich ist auch die pauschale Vermutung, dass es für jene Künstlerfrauen selbstverständlich gewesen sei, sich dem Leben des Ehemannes anzupassen und eigene Ansprüche und Bedürfnisse zurückzustellen Vor diesem Hintergrund entwarf der Autor Hans Hildebrandt im Jahr 1928 sein Bild von der idealen Frau an der Seite eines Künstlers: »Beglückt, im

Schatten des Größeren, sich mit der zweiten Rolle zu bescheiden, versteht sie es, seinem Gestaltungsdrange herbeizuschaffen, was er ersehnt, zahllose Hemmnisse wegzuräumen.« Und es gibt Äußerungen von Frauen, die ihn zu bestätigen scheinen. Isa von Bernus (1898–2001), Schauspielerin und dritte Ehefrau des Dichters Alexander von Bernus (1880–1965), hat einmal geschrieben: »Das ist Frauenart, sich zurückzunehmen hinter den größeren Männern.«

In der feministischen Forschung wird die These vertreten, diese Frauen hätten mit der Entscheidung für die Karriere ihrer Männer kein eigenes Leben entstehen lassen, keine eigene Identität entwickelt und ihre Rolle nicht reflektiert. Sie wären »perfekte Karrierebegleiterinnen« gewesen und hätten den Gedanken, von den Künstlern »benutzt« zu werden, nicht aufkommen lassen wollen. Aussagen zu ihrer Paarbeziehung in publizierten Lebenserinnerungen müssten unter dem Vorbehalt gelesen werden, von ihnen geglättet und geschönt worden zu sein, weil sie alles Negative verdrängt hätten, anstatt sich offensiv damit auseinanderzusetzen. Man sieht in ihnen klassische »Frauenopfer« als notwendige Voraussetzung jeglicher kultureller Produktion.

Die Aussagen von zwei Ehefrauen zeitgenössischer Künstler dürften in diesem Zusammenhang von Interesse sein, weil man ihnen kaum eigene Identität absprechen oder vorhalten wird, ihr Leben beschönigen und ihre Rolle nicht reflektieren zu wollen. »Wir haben 1959 geheiratet, und wir haben ein anstrengendes Leben geführt. Entscheidend war, dass er [Joseph Beuys (1921–1986)] sich an meiner Seite frei entfalten konnte«, wurde die fünfundsiebzigjährige Eva Beuys in einem Kurzporträt der »Süddeutschen Zeitung« im Mai 2009 zitiert. Und die zweiundachtzigjährige Charlotte Kerr, früher Schauspielerin und bekannt durch ihre Künstlerporträts für das Fernsehen, erklärte in einem Interview der »Süddeutschen Zeitung« im Februar 2009, durch Friedrich Dürrenmatts (1921–1990) schöpferische Kraft habe sie sich wie gelähmt gefühlt, vieles von ihrer Vitalität sei in seine Schaffenskraft geflossen. Das sei prinzipiell die Gefahr, wenn man sich auf einen außergewöhnlich begabten Menschen einlasse. »Ich fand einfach, was er schrieb, wichtiger als alles, was ich noch hätte machen können. […] Schauen Sie, wenn Sie eine Birke zu nah an eine Eiche pflanzen, dann ist der Schatten zu groß. Das ist keine Wertung, das ist so. Das ist wie das Kraftfeld eines Magneten. Das hat nichts mit Willen und Macht zu tun.« Mit ihrer Heirat, die sie anfangs nicht gewollt hätte, habe sie einen Preis gezahlt, aber für Dürrenmatts Schaffenskraft sei diese Partnerschaft sehr fruchtbar gewesen und sie habe »an etwas Wesentlichem« teilgenommen.

Wenn man von einem Verdienst der in diesem Buch porträtierten Frauen sprechen will, so bestand es darin, dass sie als Hausfrauen, Sekretärinnen, Kritikerinnen, Managerinnen und Musen ihren Männern uneingeschränkte künstlerische Entfaltung ermöglichten und zur Vervollkommnung eines herausragenden Werks beigetragen haben. Zu hinterfragen war jedoch im Einzelfall, warum sie sich auf ein Leben mit diesen begabten Männern einließen, ob es erfüllte Liebesbeziehungen waren, ob sie dieses Leben »in der zweiten Reihe« tatsächlich als Selbstverständlichkeit empfanden oder ob es sie innere Kämpfe und Selbstüberwindung gekostet hat, in welchem Maße diese Frauen über ihre oben genannte Schattenarbeit hinaus für die Künstler existenziell wichtige Lebensgefährtinnen waren und inwieweit sie daraus ihr Selbstverständnis bezogen und persönliche Befriedigung schöpften.

Briefe, Tagebücher und veröffentlichte Lebenserinnerungen, auch die ihrer Männer, geben Einblick – manchmal zwischen den Zeilen –, wie diese Beziehungen begannen und sich entwickelten, welche Höhen und Tiefen die Paare erlebten, wie ihr Zusammenleben durch zeitlich und politisch bedingte Veränderungen, außereheliche Beziehungen, lebensbedrohliche Erkrankungen und schwere Depressionen bei einigen der Künstler geprägt wurde.

Mathilde Beckmann, Liesl Frank, Charlotte Berend-Corinth, Marta Feuchtwanger, Anna von König waren bei ihrer Heirat sehr jung, Hedwig Kubin sowie Mathilde Vollmoeller-Purrmann hingegen schon in reiferem Alter. Einen konkreten eigenen Lebensentwurf hatten wenige von ihnen, vor allem die Jüngeren nicht; einige waren künstlerisch begabt und versuchten, Ehe und Familie mit ihrer eigenen Arbeit zu vereinbaren, stellten diese jedoch meist zurück. Es gab reine Paarbeziehungen und Verbindungen, aus denen Kinder hervorgingen. Mathilde Beckmann, Marta Feuchtwanger, Liesl Frank und Mathilde Vollmoeller-Purrmann emigrierten mit ihren Männern, weil diese zu den als entartet diffamierten Künstlern zählten und/

oder ihnen als Juden Verfolgung und Vernichtung drohten. Sofern sie ihre Männer überlebt haben, vier Frauen sind sehr früh verwitwet, versuchten sie auf sehr unterschiedliche Weise, in ein eigenes Leben zurückzufinden. Während Charlotte Berend-Corinth ihre Lebenserinnerungen niederschrieb und deren Publikation selbst veranlasst hat, Marta Feuchtwanger bis zu ihrem Lebensende als Zeitzeugin im Blickpunkt einer breiten Öffentlichkeit stand, Liesl Frank eine beruflich erfolgreiche Frau wurde, suchten Mathilde Beckmann und Anne von König auch dann nicht die Öffentlichkeit und wirkten als Nachlassverwalterinnen der Künstler weiterhin im Hintergrund.

Als schwierig erwiesen sich die Nachforschungen zu Anna von König, da kaum nennenswertes schriftliches Material zugänglich war. Auskünfte der Familienangehörigen ermöglichten, zumindest ein skizzenhaftes Bild zu entwerfen von dieser Künstlerfrau, die auf sehr eigene und bemerkenswerte Art zu ihrem Mann stand.

Die Porträts wollen die für dieses Buch ausgewählten Frauen nicht posthum glorifizieren, sondern ihre individuelle Bedeutung als Lebensgefährtin eines Künstlers und ihre Mitwirkung an dessen Werk veranschaulichen sowie Einblick geben in außergewöhnliche Paarbeziehungen und Lebensgeschichten.

»Sehr viel Herzenskraft brauche ich jetzt, um Alfred zu ertragen«
Hedwig Kubin (1874–1948)

Nach der Rückkehr von einer Jubiläumsausstellung zu Alfred Kubins sechzigstem Geburtstag in der Albertina in Wien im Jahre 1937 teilt Hedwig Kubin einem Freund als Resümee ihres bisherigen Lebens mit: »Man weiß wenigstens, wofür man gelebt und gelitten hat, das ist unvergleichlich mehr, als die meisten Menschen von sich sagen können, und darum auch beglückend.« Sie macht sich nichts vor, will nichts beschönigen an ihrem Leben. Sollte sie jemals geglaubt haben, ein Anrecht auf persönliches Glück zu haben, so lernte sie, darauf zu verzichten. Was sie mit Zufriedenheit erfüllt, ist die Genugtuung, an der Entstehung eines einzigartigen künstlerischen Werks beteiligt gewesen zu sein und damit ihrem Leben immerhin einen Sinn gegeben zu haben. Die Befriedigung zog sie aus sich selbst, denn Anerkennung dafür hat sie zu Lebzeiten kaum erfahren. Bis heute spielt Hedwig Kubin in der Literatur über Alfred Kubin eigentlich keine Rolle. Dabei könnte man durchaus fragen, ob es Alfred Kubins Lebenswerk auch gäbe, wenn Hedwig sich nicht seiner angenommen hätte, als sich der junge Künstler im März 1904 in einer existenziellen Krise befand.

Alfred Kubin ist siebenundzwanzig Jahre alt und Hedwig drei Jahre älter, als sie mit ihrem Bruder Oscar A. H. Schmitz an einer Gesellschaft im Haus von Karl Wolfskehl teilnimmt, wo die Schwabinger Künstler-Boheme regelmäßig zusammenkommt. Vielleicht macht ihr Bruder sie bei dieser Gelegenheit mit dem zierlich-kleinen Künstler bekannt, der, wie Franz Blei schreibt, immer schwarz gekleidet war, »mit einem blassen Knabengesicht, das sich zur Verdüsterung ein bisschen anstrengte.« Offenbar gefiel sich der junge Kubin in dieser Pose, die ihm eine geheimnisvolle Aura verlieh; sie entsprach aber wohl auch seiner Grundstimmung. An diesem Tag bei Karl Wolfskehl, schreibt er einige Jahre später, hätte seine »unglückliche Lage ihren Höhepunkt« erreicht und er allen Lebensmut verloren gehabt. Hedwig jedoch habe Verständnis für seinen Zustand gezeigt und ihm Liebe und Vertrauen eingeflößt, was sie einander näher gebracht habe.

Was war passiert? Ganz unerwartet war am 1. Dezember 1903 seine Verlobte Emmy Bayer gestorben, worüber er nicht hinwegkommen konnte und was ihn völlig aus dem Gleichgewicht gebracht hatte, so dass er in einem Brief am 2. Februar 1904 an seine Schwester Maria seine Absicht angekündigt hatte, seinem nunmehr sinnlos gewordenen Leben ein Ende zu bereiten. Psychisch labil wie er war, ist nicht auszuschließen, dass er dazu fähig gewesen wäre, auch wenn es Zweifel an einem früheren Selbstmordversuch gibt, von dem Kubin in seiner Autobiografie von 1911 erzählt. Nach dem Abbruch der ihm verhassten Schule und einer Fotografenlehre bei einem Verwandten der dritten Ehefrau seines Vaters in Klagenfurt habe er mit siebzehn Jahren »ein zügelloses Jahr« erlebt. Die Lektüre der Schopenhauerschen »Parerga« und die Erfahrungen als Medium eines Hypnotiseurs hätten ihn völlig konfus gemacht, seinen Nerven den Rest gegeben, so dass bereits ein belangloser Streit mit Arbeitskollegen ihn in rasende Wut hätte versetzen können. Eine »dumpfe Lebensunlust« habe ihn überfallen, und kurz entschlossen hätte er seinem unnützen und verpfuschten Leben ein Ende machen wollen. Mit einem »billigen, alten Revolver in der Tasche« sei er zum Grab seiner Mutter gefahren, doch die eingerostete Waffe hätte versagt und zum zweiten Abdrücken ihm die seelische Kraft gefehlt. In der Kubin-Forschung vermutet man dahinter »reine Selbstinszenierung«, da Kubin im selben Zusammenhang von einer »romantische[n] Jugendkrise« spricht. Außerdem erinnere seine Schilderung an fantastisch konstruierte Geschichten in der Literatur der Romantik, welche er sehr geliebt habe.

Seinem bis dahin »verpfuschten Leben« versuchte Alfred Kubin neuen Sinn zu geben, indem er sich als Freiwilliger in der Armee nach Laibach meldete, wo er jedoch bereits nach drei Wochen einen nervösen Anfall erlitt, mit einem Delirium in die Nervenabteilung des Garnisonsspitals Graz eingeliefert und nach drei Monaten als geheilt entlassen wurde. Der Vater nahm ihn für ein Jahr auf, und Kubin begann zu zeichnen. Eine Erbschaft ermöglichte ihm 1898 Unterricht bei einem Künstler in München und an der Kunstakademie zu nehmen. Ein für ihn damals entscheidendes Erlebnis sei jedoch beim Besuch eines Varietés »ein ganzer Sturz von Visionen schwarz-weißer Bilder« gewesen, der ihn in einen Schaffensrausch versetzt habe. Bis Ende 1903 entstanden Hunderte von Federzeichnungen, mit denen er seinen Angst- und Zwangsvorstellungen allgemeingültige Bedeutung verliehen hat. Der Dichter Max Dauthendey und vor allem der Kunstsammler und spätere Kubin-Verleger Hans von Weber, beide fasziniert von Kubins Schöpfungen, machten ihn bekannt und leiteten Kubins ersten frühen Ruhm ein. Als er dann noch Emmy Bayer kennen lernte, habe damals sein »irdisches Glück seinen Höhepunkt« erreicht gehabt. Trotz seiner Befürchtung, sich mit einer Ehe »selbst eine Zwangsjacke anzulegen«, hielt er um ihre Hand an. Doch kurz darauf erkrankte Emmy Bayer an Typhus und wurde ihm »wie durch einen bösen Zauber« genommen.

Dies alles könnte er damals Hedwig anvertraut haben. Da auch sie bereits Schweres in ihrem Leben durchgemacht hat, versteht sie ihn und zeigt Mitgefühl, was Balsam für seine verwundete Seele gewesen sein wird. Schon wenige Monate später willigt sie ein, ihn zu heiraten. Für Hedwig ist es die zweite Ehe. Sie ist seit drei Jahren verwitwet und Mutter eines zehnjährigen Sohnes. Auch wenn eine Wiederverheiratung von ihrer Familie erwartet wird, wie zumindest ihr Bruder es einmal äußert, überrascht ihre Entscheidung nach so kurzer Zeit. Hatte sie sich in den jungen, sensiblen Mann verliebt? Rührte er sie in seinem Schmerz, zu dem er sich ungeniert bekannte? Oder reizte sie vielleicht die Aussicht, nach der bürgerlichen Mittelmäßigkeit ihrer ersten Ehe durch die Verbindung mit einem Künstler Zutritt zu bekommen zu einer unkonventionellen, freieren Welt?

Es scheint Alfred Kubin nicht gestört zu haben, dass sie mit ihren dreißig Jahren kein blühendes, junges Geschöpf mehr war wie Emmy Bayer. Auch als eine schöne oder attraktive Frau wird man sie kaum bezeichnen können. Ein Foto des Paars aus dem Jahr 1904 (siehe S. 17) zeigt eine reife Frau im Profil, mit leicht geneigtem Kopf, gesenkten Augenlidern und einem kaum merklichen Lächeln in den Mundwinkeln, neben dem im Vergleich zu ihr sehr jung wirkenden Kubin, der von unten herauf mit verschlossenem Gesichtsausdruck in die Kamera schaut, in einem Buch blätternd.

Was mag Hedwig für sich erhofft haben von einem Leben mit dem

Künstler Alfred Kubin? Sicherlich erwartete sie sich, musisch veranlagt, vor allem der Literatur und Musik sehr zugetan, ein abwechslungsreicheres, interessanteres Leben als in ihrer ersten Ehe. Wie viel erfährt sie anfangs von Kubins künstlerischer Arbeit, die ihm den Spitznamen »Pfaffe des Grauens« eingetragen hat? Sein Bilderreichtum entspringt fast ausschließlich seiner Fantasie. Seine Ängste seien sein Kapital gewesen, sagt er, und dass er von einer dämonischen Lust nach Verwirrung beherrscht gewesen sei. Die Frauengestalten in seinen Bildern kommen aus seinen Träumen und Visionen. Die skizzierten Frauen in den Illustrationen zu seinen späteren Anekdoten und Erinnerungen, in denen hie und da auch von Hedwig die Rede ist, haben mit ihr nicht einmal eine entfernte Ähnlichkeit. Die Rolle einer ihn inspirierenden Frau wird Hedwig im Leben des Künstlers Alfred Kubin nicht einnehmen. Und seine große Liebe war sie offensichtlich auch nicht, denn nach eigenem Bekunden hat er eine echte und tiefe Leidenschaft nur ein einziges Mal in seinem Leben für Emmy Bayer empfunden.

Kubins Verhältnis zu Frauen ist kompliziert. Eine Ausnahme war anscheinend einzig Emmy Bayer nach dem traumatischen Erlebnis, das der Tod seiner Mutter für den Zehnjährigen bedeutet hatte. Im Alter von achtzehn Jahren will Kubin »nur eine ausgesprochene Verachtung für das weibliche Geschlecht übrig gehabt [haben], bei der nur wohlerhaltene, reife Frauen von dreißig bis vierzig Jahren eine Ausnahme machten.« Die mütterlich wirkende Hedwig entspricht diesem Typus.

Hedwig wächst in großbürgerlichen Verhältnissen, in einer Villa in Bad Homburg auf. Sie ist das zweite Kind des Eisenbahndirektors Oskar Carl Heinrich Schmitz und seiner Frau Gabriele Bertha, geborene Schwarzschild, und wird wie ihre drei Geschwister Oscar, Tilly und Richard früh in Musik und Fremdsprachen unterrichtet. Ihre Eltern und Großeltern pflegen sich auf Englisch oder Französisch zu unterhalten, da ihre Großmutter mütterlicherseits eine geborene Engländerin und zudem halbfranzösischen Bluts ist. Im Alter von sechzehn Jahren schickt man Hedwig in ein Mädchenpensionat in Vevey bei Genf, wo Oscar sie nach dem ersten Jahr der Trennung (1890) für einige Tage besuchen darf, mit ihr Wanderungen unternimmt und sie zum Essen ausführt. Die Beziehung des ein Jahr älteren Oscar zu dieser Schwester, für ihn »das vollkommene Mädchen« in ihrer beider Kindheit, das er allein geliebt habe, sei »entschieden ein wenig über das rein Geschwisterliche hinaus« gegangen. Die Familienverhältnisse hätten in ihrem inneren und äußeren Leben eine große Rolle gespielt, erwähnt Hedwig einmal in einem Brief. Die Beziehungen der vier Geschwister untereinander sind problematisch, was sich nach dem frühen Tod beider Eltern noch verstärkte. Der bereits im Knabenalter zu Neurosen neigende Oscar erlebte seit der Geburt Hedwigs und der beiden anderen Geschwister eine offenkundig gestörte und traumatisch besetzte Beziehung zur Mutter. Der beruflich erfolgreiche Vater, dessen übermächtiger Autorität er sich einerseits voll der Bewunderung unterwarf, gegen dessen Lebensauffassung er andererseits rebellierte, blieb lebenslang eine psychische Belastung und ein Thema in seinen Tagebüchern, da er die Erwartungen des Vaters nie zu erfüllen vermochte.

Hedwig ist neunzehn Jahre alt, als sie 1893 den Gerichtsassessor Otto Hermann Gottfried Gründler heiratet. Sie zieht mit ihm nach Königsberg und wird im darauf folgenden Jahr Mutter eines Sohnes. In seinen Tagebüchern schreibt Oscar A. H. Schmitz, dass ihm sein Schwager »nicht wegen seiner Meinungsverschiedenheit, sondern der unsagbaren Trivialität seiner Formen und Äußerungen« unerträglich gewesen sei. Gründler zeige »sittliche Entrüstung« über Oscars unmoralische Meinungen und sei neidisch auf seine Talente. Hedwig hat wohl sehr unter der Eifersucht ihres Ehemanns zu leiden, nicht einmal Oscars Klavierspiel darf sie in seinem Beisein bewundern. 1895, im zweiten Ehejahr, sprechen alle Symptome bei Otto Gründler für eine Erkrankung an progressiver Paralyse; die junge Familie zieht nach Frankfurt. Otto Gründler muss schließlich in eine psychiatrische Anstalt eingewiesen werden, wo er am 26. Oktober 1901 stirbt. Hedwig ist mit siebenundzwanzig Jahren Witwe. In den folgenden zwei Jahren lebt sie mit ihrem Sohn Otto in Eschersheim bei Frankfurt im Haus ihrer Großmutter, nach Oscar A. H. Schmitz eine Grande Dame mit einer Vorliebe für Bombast, zwar generös, aber ohne Gemüt und Kunstverständnis. Er übernimmt als älterer Bruder die Vormundschaft für Hedwigs Sohn, wie er ebenso nach dem Tod der Eltern das ererbte Vermögen für seine Geschwister verwaltet, was immer wieder zu Unfrieden führt.

Bereits während des Klinikaufenthalts ihres Mannes hatte Hedwig, die hervorragende französische und englische Sprachkenntnisse besitzt, unter Oscars Anleitung mit Literaturübersetzungen begonnen, welche auch in Zeitungen abgedruckt wurden. Nach Oscars Meinung eine sinnvolle, allerdings nur provisorische Beschäftigung, bis ein anderer Mann Hedwig wieder einen Lebensinhalt geben werde.

Nach der Trauung am 22. September 1904 genießt Kubin, wie er schreibt, das behagliche Leben in Hedwigs Münchner Wohnung (heute: Mandlstraße 26) und findet wieder Anreiz zu seiner Arbeit. Nicht unerheblich scheint für ihn gewesen zu sein, dass er, der seine Ersparnisse nach dem Tod von Emmy Bayer, als ihm alles sinnlos erschien, »vergeudet« hatte, durch Hedwig »in gesicherte Verhältnisse« kam. Als Miterbin von Frankfurter Immobilien würden ihre Mieteinkünfte zusammen mit seinen Einnahmen ihnen »eine bescheidene Lebensführung« ermöglichen. Noch steht Alfred Kubin allerdings, dessen Arbeiten von Kritikern als »krankhafte Phantasien« verurteilt werden und der andererseits nach einer Ausstellung in der Wiener Secession 1903 in der »Wiener Abendpost« als »österreichischer Goya« bezeichnet worden war, erst am Anfang. Seine unverwechselbare Handschrift, seinen flüssigen Federzeichnungsstil mit feinen Kreuz- und Netzschraffuren, hat er noch nicht gefunden. Er kämpft mit der Farbe, probiert verschiedene Techniken aus, sucht Anregung bei alten Meistern wie Breughel und den französischen Impressionisten, was ihn aber auch wieder entmutigt und ihm seine eigene Kunst oft als überflüssig erscheinen lässt. Was ihn zudem verunsichert, ist, »dass die gleichsam aus dem Unbewussten wie Hellgesichte auftauchenden, bildhaften Visionen immer seltener und schwächer wurden, um endlich ganz auszubleiben.«

Als Hedwig, nach einem halben Jahr erkrankt, einen Kurort aufsuchen und er mit sich allein zurecht kommen muss, wird diese Unsicherheit noch verstärkt. Nach Beendigung ihrer Kur unternehmen sie zunächst gemeinsame Reisen nach Südfrankreich, Italien und Paris, da Kubin immer noch »ein ganz richtiger Maler« werden will. Nachdem jedoch der erste Schaffensrausch, ausgelöst durch die Farben und das Licht im Süden, verflogen ist, muss er sich eingestehen, dass seine Bilder »wirklich koloristisch einwandfrei« nicht sind. Weitere Zweifel kommen ihm, als das Interesse und die Kauflust seiner bisherigen Gönner merklich zurückgehen.

Hedwig und Alfred Kubin, 1904

Das Leben in München wird unter diesen Umständen für sie zu teuer; Wohnung und Lebensmittel seien für ihre Verhältnisse unerschwinglich geworden, heißt es. Mehr noch ist es aber wohl Kubins Wunsch, in schöpferischer Einsamkeit aus seinem künstlerischen Dilemma herauszufinden. Er hat die Stadt »seelisch satt«, und äußere Ruhe wird ihm zunehmend »eine elementare Notwendigkeit zur Sammlung« sein. 1906 bietet sich ihnen die Gelegenheit, in der Nähe von Wernstein am Inn in Österreich ein landschaftlich romantisch gelegenes, allerdings renovierungsbedürftiges, ehemaliges Herrschaftshaus, das sogenannte Schloss Zwickledt, zu kaufen. Kubin nennt das Haus in Zwickledt seine »Arche«. Der abgeschiedene Landsitz sollte jedoch für beide, vor allem aber für Hedwig, zu einem Ort der Isolation und Depression werden, wie aus den Briefen beider hervorgeht.

Für Hedwig muss das Leben auf dem Land zunächst eine enorme Umstellung gewesen sein. Das alte Haus ist zwar sehr geräumig mit einer holzgetäfelten Wohnstube im Erdgeschoss, einem sehr großen Schlafzimmer im Obergeschoss, wo außerdem ein Raum als Bibliothek eingerichtet wird und sich die beiden Arbeitszimmer von Hedwig und Alfred Kubin nebst einem Gästezimmer befinden – Komfort bietet es allerdings kaum. Es ist feucht, die Kamine sind schadhaft, und die hohen Räume im Oberstock mit Holzöfen ausreichend zu beheizen, ist nahezu unmöglich. Einkäufe in Wernstein bedeuten unter Umständen lange und beschwerliche Fußmärsche, da nur wenige öffentliche Verkehrsmittel zur Verfügung stehen. Mit dem Anbau von Gemüse und Obst und der damit verbundenen Vorratshaltung, eine von Hedwigs neuen Aufgaben, versucht man sich eine gewisse Unabhängigkeit zu schaffen und sich, vor allem während der langen Winter, weitgehend selbst zu versorgen, denn Alfred Kubin ist Vegetarier. Er liebt jede Art von Tieren und hat sie gerne zur Beobachtung um sich. Schon in der Münchner Wohnung gab es Äffchen, Haselmäuse und seltene Reptilien als Hausgenossen, und auch in Zwickledt hält man sich Aquarien und Terrarien, zugelaufenes und zugeflogenes Getier. Außerdem werden Ziegen, Schweine und Federvieh angeschafft, von deren Aufzucht Hedwig zunächst freilich gar nichts versteht, deshalb ist sie, nicht nur wegen der vielfältigen und schweren Hauswirtschaft, auf Personal angewiesen.

In den ersten Jahrzehnten stellen sich häufig Besucher ein, was für beide eine willkommene Abwechslung in ihrer »abgeschlossenen Einsamkeit« ist, auch wenn die Besuche vorrangig Alfred Kubin gelten. Hans Carossa, der zeitweise in Passau lebt, verbindet mit Kubin eine enge Freundschaft seit seinem ersten Besuch 1910 in Zwickledt, »wo mich der junge Meister mit großer Geduld in die Welt seiner Visionen einführte. […] Eine Welt rührte mich an, die ich als fremd und doch als wahr empfand, […] eine maßlose Welt voller Untergänge, Strandungen, Marterungen, Schändungen und Entmannungen, ein allgemeines Ausgesetztsein ohne Hoffnung […].«

Doch Alfred Kubin kann auch sehr bald der Anwesenheit von Gästen überdrüssig werden, wenn er sich durch sie in seinem Tagesablauf und seiner Arbeit gestört fühlt. Quartieren sich Gäste gar länger als ein paar Tage ein, empfindet allerdings auch Hedwig diese trotz Köchin und anderem Hauspersonal als Belastung, auch ihren Bruder

Oscar, der in Alfred Kubin einen Geistes- und Seelenverwandten gefunden hat und oft und gerne nach Zwickledt kommt, besonders zur Jahreswende und nach der Rückkehr von längeren Reisen. Einen angekündigten Besuch Oscars sagt Hedwig einmal damit ab, dass nach ihrer Erfahrung Winterbesuche meist anstrengender seien. Man sei zu dieser Jahreszeit mehr aufeinander konzentriert, die Anforderungen an sie seien demzufolge größer als im Sommer, wenn man sich überwiegend im Freien aufhalten könne.

Schon bald nach dem Einzug in Zwickledt wird das noch völlig ungewohnte Leben zusätzlich erschwert und überschattet durch Hedwigs bedenklichen Gesundheitszustand. Immer wiederkehrende und lang anhaltende Kopfschmerzattacken notiert Oscar A. H. Schmitz bei Besuchen im Tagebuch, und dass seine Schwester oft zu Bett liegen müsse. 1908 wird sie zweimal operiert. Als eine schwerwiegende Folge der Operationen soll sich bei Hedwig eine Abhängigkeit vom Morphium ergeben haben. In den nächsten Jahren unterzieht sie sich mehreren Entziehungskuren in Baden-Baden und Freiburg, die vom Bruder finanziell unterstützt werden, denn wie Hedwig im November 1909 schreibt: »Es geht uns pekuniär geradezu verzweifelt.« Sie versucht, mit dem Entzug fertig zu werden, leidet dann aber unter Nervenschmerzen und Schlaflosigkeit, so dass sie immer wieder rückfällig wird. Wenig einfühlsam schreibt Oscar vom Phlegma und der Energielosigkeit seiner Schwester. Kubin fühlt sich vereinsamt und antriebslos während Hedwigs Klinikaufenthalten, aber Krankheit in seiner Nähe kann er noch weniger ertragen – »das liebt er gar nicht«, wird Hedwig später einmal an den gemeinsamen Freund und Grafiker Rolf von Hoerschelmann schreiben.

Im Juli 1912 entnimmt man Oscars Tagebuch, dass seine Schwester endlich morphiumfrei sei. In Wirklichkeit hat Hedwig aber nur versucht, es geheim zu halten. Erst Anfang der Zwanzigerjahre soll sie von ihrer Sucht in einer Klinik in Darmstadt geheilt worden sein. Anscheinend sind Hedwigs Morphiumsucht und ihre Eheprobleme kein Geheimnis gewesen, da sich sogar in Franz Kafkas Tagebuch am 26. November 1911 ein Eintrag darüber findet: »Kubins Eheleben ist schlecht. Seine Frau ist Morphinistin.«

Inwieweit neben Hedwigs gesundheitlichen Beschwerden das schwierige Zusammenleben mit Kubin maßgeblich dazu beigetragen hat, dass sie über Jahre nicht die Kraft findet, vom Morphium loszukommen, lässt sich nur vermuten. Aber dass sie unter Kubins Anfällen von Schwermut und seinen Stimmungsschwankungen leidet und sich überfordert fühlt, darüber geben bereits in den ersten Ehejahren Briefe an ihren Bruder Auskunft: »Sehr viel Herzenskraft brauche ich jetzt, um Alfred zu ertragen. Er befindet sich in einem Zustand so tiefer [...] Depressionen, wie ich ihn an ihm nur vor 4 Jahren beobachtet habe, als seine Braut starb. Der Tod seines Vaters zehrt an ihm wie eine schleichende Krankheit [...]. Es ist etwas so wildes und unbeherrschtes in seinem Schmerz, dass er mir ganz fremd ist und Du kannst Dir denken, dass mir keine leichte Zeit bevorsteht.« – »Alfred befindet sich leider schon seit langem, eigentlich seit dem Tod seines Vaters, in einem besorgniserregenden Körper- und hauptsächlich Seelenzustand. Er fühlt sich von aller Welt vernachlässigt und zurückgesetzt und sein Zustand grenzt oft an Verfolgungswahn.«

Zweifellos hat es sie sehr viel Energie gekostet, den nicht einfachen Alltag in Zwickledt zu meistern mit einem Mann, der nach eigenem Bekenntnis immer wieder »zerrissen und von Zweifeln geplagt« ist, »einen tiefen Zwiespalt, eine Zerrissenheit sondergleichen« fühlt und dessen Grundstimmung stets eine »tiefe Resignation« gebildet hat.

Da Kubin keinerlei Besuch um sich haben mag, wenn er an einem größeren Projekt arbeitet, versucht Hedwig einen Besuch Oscars mit allen Mitteln zu verhindern, als ihr Mann an seinem Roman »Die andere Seite« arbeitet. Doch die Neugier, mehr über die geheimnisvolle, große Arbeit zu erfahren, treibt ihn nach Zwickledt, und Hedwig muss durch begütigende Vermittlung die Situation beruhigen. Zwar findet Oscar den Roman »unglaublich gut«, dem er den Titel gegeben und den er während seines Aufenthalts »von a bis z stilistisch von dem reichlichen Unkraut gereinigt« haben will. Diese »sehr schlimme Arbeit« habe er dann mit Hedwig teils auf der gemeinsamen Bahnrückreise nach München, teils im Hotel noch beendet. Nach der endgültigen Niederschrift des Romans, der 1909 im Verlag Georg Müller erscheint, kehrt in Zwickledt keine Ruhe ein, da Kubin von tiefster Niedergeschlagenheit erfasst wird. Lange befürchtet er, mit diesem erstmaligen literarischen Wagnis seinen künstlerischen Ruf zu gefährden. »Er wird indessen immer verstimmter, jede Arbeitslust fehlt ihm, er zeichnet seit Monaten nicht, sondern schlägt eigentlich nur die

Zeit tot. [...] Also gegen ein ›Ausruhen‹ wäre nicht das geringste einzuwenden, aber an Ausruhen denkt sein Geist nicht. Im Gegenteil! Er zermartert & zerquält sich, zählt die Tage, die er ›unnütz‹ verbrachte, die er ›verloren‹ hat, beschimpft sich selbst, dass er so ›faul‹ sei, dann bedauert er sich wieder übertrieben, dass er so vernachlässigt und zurückgesetzt wird.«

Zu allem Überfluss wird Hedwig erneut in Streitigkeiten zwischen Oscar und dem jüngeren Bruder Richard einbezogen. Laut dem Testament der Großmutter ist Oscar als Vermögensverwalter eingesetzt, wodurch die Geschwister von seinen Geldzuteilungen abhängig sind und sich besonders mit dem jüngeren Bruder und dessen Frau wiederholt Konflikte ergeben. Wie immer ist es an Hedwig, auch hier zu vermitteln. Sie vermag sich dieser Rolle nicht zu entziehen, da ihr ein ausgeprägter Familiensinn zu eigen ist, wie sie in diesem Zusammenhang erwähnt, der »bei Nichtariern so häufig ist«.

Der Ausbruch des Ersten Weltkriegs lässt Alfred Kubin »viele Tagesstunden in nervöser Mattigkeit auf dem Diwan liegend, am meisten gequält durch eine lästige Augenschwäche«, verbringen, unterbrochen von eruptiven Schaffensschüben – 1915/1916 entstehen seine Blätter »Totentanz«. Als ihm im Jahr 1916 auf »einer Unglückspostkarte« Franz Marcs Tod auf dem Schlachtfeld sowie der Selbstmord einer guten Bekannten in Paris mitgeteilt werden, erreicht seine Krise den Höhenpunkt. Er zieht sich zurück, auch von seiner Frau, bricht jeden Briefwechsel ab, trifft einige letzte Verfügungen über seinen Besitz und haust bis auf stundenlange Wanderungen zehn Tage in einem kleinen Raum, einer »Zelle« mit Strohsack und Waschtisch, wo er wenig isst, die Reden Buddhas liest und die von ihm empfohlenen Atemübungen ausführt. Erst als der Druck in seiner Herzgegend immer stärker wird und ein starkes Herzklopfen ihn beängstigt, habe er den ganzen Buddhismus von sich gestoßen, »das vertraute, altgewohnte Leben wieder umarmend«. Freilich, die kriegsbedingten Einschränkungen bleiben, auch wenn man durch die eigenen landwirtschaftlichen Erträge keine Not leidet. Ihre finanzielle Lage verschlechtert sich allerdings empfindlich, als die Frankfurter Mietshäuser, an denen Hedwig beteiligt ist, verkauft werden müssen, da der Verwalter nicht mehr bezahlt werden kann. Für ihren Anteil können sie sich gerade noch einen neuen Ofen für ihr Schlafzimmer kaufen, aber eine notwendige Dachausbesserung oder weitere dringende Reparaturen an dem alten Haus sind ihnen zunächst nicht möglich.

Die Jahre bis 1926 nach der Beendigung seines lebensbedrohlichen Experiments gehören, nach Kubins Aussage, zu den ergiebigsten mit den Mappenwerken »Die 7 Todsünden«, »Strindberg, nach Damaskus«, »Traumland I und II«, »Dämonen und Nachtgesichte«, um nur die wichtigsten zu nennen. Kubins Tage sind an- und ausgefüllt mit seinem künstlerischen Schaffen, Vorbereitungen von Ausstellungen, ausgedehnten Spaziergängen, Kräutersammeln, gelegentlichen Wirtshausbesuchen und Gesprächen mit Einheimischen. Hedwigs Alltag hingegen besteht vorwiegend aus Haus- und Gartenarbeit, dem Anreiben von Tusche, Ausbügeln von uraltem Büttenpapier, wie man einem Brief Alfred Kubins im Jahre 1921 an Wilhelm Hausenstein entnehmen kann, dem Verpacken sowie Verschicken von Exponaten zu Ausstellungen und der Erledigung von Korrespondenz. Hie und da gönnt sie sich einen Ausflug nach München mit Besuchen bei Freunden. Ihr Sohn Otto, der nach ihrem Umzug nach Zwickledt seine Schulzeit in einem Internat beendet, kommt nur in den Ferien zu Mutti und »Putsch«, wie er Kubin nennt. Die Ehe mit Kubin ist kinderlos geblieben. Hedwig scheint in der Aufzucht des Nachwuchses ihrer Haustiere und verwaister oder verletzter Rehkitze, die ihr von den Bauern gebracht werden, etwas Ersatz zu finden. Ihr Bruder Oscar schreibt von Hedwigs »halber Verbauerung« in Zwickledt. In der Tat hat sie sich sichtbar verändert. Während erste Fotos in Zwickledt sie in hübschen Hauskleidern und mit hochgesteckter Frisur zeigen, trägt sie nun meist eine Schürze über einem trachtenartigen Kleid, das dünne Haar straff zurückgekämmt und am Hinterkopf geknotet. Sie wirkt unförmig und schwerfällig.

Laut Kubins Aufzeichnungen ist der 15. März 1924 »ein besonders schwarzer Tag in ihrem Leben [...]. Da verunglückte meine arme Frau und brach sich, von schwerer Krankheit gerade notdürftig wiederhergestellt, vor meinen Augen die beiden Knochen des linken Unterschenkels. Sie wollte am Bahnhof Wernstein in den Zug steigen, musste noch einmal abspringen, und dabei geschah es.« Monatelang kann sich Hedwig nur mit Hilfe von groben Holzkrücken, die noch heute an der Garderobe im Zwickledter Haus zu sehen sind, fortbewegen.

Ein Foto von 1929 anlässlich ihrer silbernen Hochzeit zeigt Hedwig zwar festtäglich in einem weißen Kleid und weißen Strümpfen, lässt sie jedoch auch nicht vorteilhafter erscheinen als in ihrem Alltagsgewand. Äußerlich ist der Altersunterschied nicht mehr erkennbar, da Kubin nahezu glatzköpfig ist. Sie hat sich bei ihrem Mann eingehakt, beide lachen breit in die Kamera, und obwohl sie etwas steif posieren, hat man den Eindruck von Eintracht und Harmonie, was allerdings nicht der Realität entspricht. Ihre Beziehung wird nicht allein durch Alfreds Stimmungsschwankungen und Launen belastet. Es kriselt in ihrer Ehe. Kryptisch vermerkt Kubin in seinen schriftlichen Erinnerungen dazu, dass das Verhältnis zwischen Weib und Mann Probleme tief geheimnisvoller Natur enthalte, die wohl niemals ganz gelöst werden könnten. Von Hedwig vernimmt man hingegen sehr deutlich in einem Brief von 1935, dass »eine fast übermenschliche Kraft dazu gehört, in meiner momentanen Lage durchzuhalten.«

Was geschehen war, wird von Kubin in seiner Autobiografie ebenfalls nur angedeutet: »Ich war fast 45 Jahre alt, als ich mein Herz, dessen Sehnen ich seit meiner Heirat gestillt wähnte, jäh für eine Künstlerin schlagen fühlte. Da meine Frau, die beste Freundin und Geliebte, die mir das Schicksal gab, sich in dieser heiklen Lage so ungewöhnlich klug und taktvoll benahm, überwog gar bald die ältere Neigung, und es gelang mir den Brand zu löschen. Man ist eben nicht nur auf dem Papier ein Phantast, ja, ich sage geradezu: die Phantasie ist das Schicksal. Ich danke der begabten Kameradin meines Lebens so unsagbar viel, dass es geradezu lächerlich erschiene, hier Einzelheiten anzuführen. Sie ist die gute Fee, die mir, so viel sie kann, bei meiner Arbeit hilft, um meinen mit Empfindlichkeiten gequälten Menschen stets liebevoll besorgt ist und unserm kleinen Besitz ein solches Gepräge gibt, dass man sich darauf wohl fühlen kann.«

Immerhin erkennt er hier an, wie sehr sich Hedwig verdient gemacht hat im Zusammenleben mit ihm, einem psychisch labilen und sehr schwierigen Menschen. Wie schnell er jenen »Brand« gelöscht haben will, da er aus Rücksicht auf Hedwig keine Einzelheiten nennen möchte, erfahren wir nicht, aber wir wissen, dass Kubin in enger Beziehung zu drei Frauen stand: Maria Waldek, Emmy Haesele und Marianne Haeurtler. Letzterer verehrte er viele kleine Zeichnungen mit der Widmung »Fürs Marianeum«.

Hedwig und Alfred Kubin in der Gartenlaube, 1929

Seit 1922 verbrachte Kubin seine Sommerurlaube im Böhmerwald – bis 1956 insgesamt siebzehn Mal – in Waldhäuser, wo der Maler Reinhold Koeppel in einem ehemaligen Schulhaus 1908 eine Begegnungsstätte für Künstler geschaffen hatte. Dort lernt Kubin die zwanzig Jahre jüngere Maria Waldek kennen, die nach der Erkrankung Koeppels 1932 die Urlaubsquartiere in Kubohütten für Kubin besorgt und ihm eine ortskundige Begleitung auf seinen Wanderungen durch die Urwälder des nahen Kubany ist. Im Oktober 1932 lässt Kubin Reinhold Koeppel wissen, dass durch Marias Mithilfe er sich körperlich ganz wunderbar erholt habe. Nach Auskunft von Maria Waldek ist aus der ersten flüchtigen Begegnung trotz aller Schwierigkeiten eine große, tiefe Freundschaft fürs Leben entstanden, und zwei bis drei Briefe in der Woche seien normal gewesen, die sie allerdings später vernichtet haben soll. Nach ihrer Flucht 1946 nach Österreich ist sie bis zu Kubins Tod auch häufig zu Besuch in Zwickledt. Ebenfalls im Jahr 1932 lernt Kubin die siebzehn Jahre jüngere Emmy Haesele kennen, die von Oscar A. H. Schmitz zum Zeichnen angeregt wurde. Den Sommer 1933 verbringt Kubin im Salzburgerland, dem Wohnort von Emmy Haesele, der Ehefrau eines Arztes, und den darauf folgenden mit ihr in Tusset im Böhmerwald. Kubin nennt sie »sein Zwillingsurweib«. Vierhundert Briefe und Karten wird Emmy Haesele bis 1952 von ihm erhalten. Besonders diese bis 1936 enge Beziehung löst eine schwere Ehekrise aus und stellt an Hedwigs Loyalität und Durchhaltekraft große Anforderungen. Innere Unruhe und Zerrissenheit lassen sie in den Wochen, die sie wegen Kubins Abwesenheit »ihre Ferien« zu nennen pflegt, keinerlei Erholung finden, obwohl sie deren dringend bedarf, aber sie erfährt auch »keine Erleichterung« bei seiner Rückkehr. Flieht oder geht sie den Weg des geringen Widerstands, wenn sie für November eine Reise nach München plant? In einem Brief bemerkt sie dazu nur, dass ihre Gegenwart in Zwickledt bis dahin wieder »unerwünscht sein dürfte«.

Bei einem Besuch am Starnberger See gibt sie ihrem Freund Rolf von Hoerschelmann, dem sie sich auch in ihren Briefen anvertraut, ihre im Jahr zuvor in sechs Wochen niedergeschriebenen »Memoiren« zu lesen. Hoerschelmann, der Hedwig und Alfred Kubin seit drei Jahrzehnten freundschaftlich eng verbunden ist, kennt Kubins Eigenarten und die Schwierigkeiten des täglichen Zusammenlebens mit dem Künstler von seinen Besuchen in Zwickledt. In einer handschriftlichen Studie »Hedwig Kubin im Spiegel der Kunst Alfred K's«, die sich in seinem privaten Nachlass fand, zollt er ihr, die »fest auf der Erde stehend, die Abgründe, die ihr zu Füßen gähnen, kennt – aber auch die Gestirne, den Tag, das Zwielicht und die Nacht« seinen Respekt. Sein ehrlich gemeintes Lob für ihre Lebenserinnerungen an die Schwabinger Jahre bis zum Umzug nach Zwickledt sowie die Treue und Anhänglichkeit eines wirklichen Freundes tun ihr »in Tagen eines schweren Schicksals« gut, obwohl, so fügt sie hinzu, »im tiefsten Grund« doch jeder einsam bleibe. Hoerschelmann redet ihr gut zu, ohne Kubins Verhalten zu entschuldigen: »Inwiefern so eine Arbeit Dir in Anbetracht des Schweren, was Du jetzt erleben musst, Ablenkung oder Qual bedeuten mag, vermag ich natürlich nicht zu beurteilen – doch wird Dir ja bei den lebhaften Erinnerungen an jene Zeiten doppelt deutlich werden, dass Du Dein Leben nicht an einen Normalmenschen geknüpft hast und allerhand Überraschungen grausamer Natur gewärtig sein musstest. […] Für das phänomenale Mannkind, das Du Dir da ausgesucht hattest, war das zu Erwartende erstaunlicherweise (bei allem seinem Sinn für Bequemlichkeit) nicht zu erwarten, und diese verspätete Aventiure, die so viel mit Mühe angesammeltes Familienporzellan zerschlägt, stellt ganz ungewöhnliche Anforderungen an Dein Seelenleben, Deine Frauenwürde, Deinen – Humor. Aber es spricht nur für Deine Seelengröße, wenn Du auch dieses Erlebnis überdauerst, und die Bewunderung, Treue und Dankbarkeit Deiner Freunde ist Dir gewiss. Am Ende natürlich auch die des verlorenen Sohnes.«

Hoerschelmanns Ermutigung, ihre Aufzeichnungen fortzusetzen, mag sie nicht folgen. »In dem Moment, wo ich ›vorsichtig‹ sein muss, wo ich nicht frisch von der Leber weg alles sagen kann, was sich mir aufdrängt, vergeht die Lust und die Quelle versiegt. […] Ich kann meine Erlebnisse nicht ›literarisch verarbeiten‹, ich könnte höchstens wahrheitsgemäß, d. h. so, wie es für mich ›wahr‹ ist, davon erzählen, was aber heute auch noch nicht geht.«

Wie hat sich Hedwig nach diesen ganz ungewöhnlichen Anforderungen an ihr Seelenleben und ihre Frauenwürde, wie Hoerschelmann es nennt, ihre Selbstachtung bewahrt? Vielleicht hat sie sich von Anfang an keine Illusionen gemacht über die Schwierigkeiten des Zusammenlebens mit diesem »phänomenalen Mannkind« und hat neben einem ausgeprägten Realitätssinn Humor, von dem Freund Hoerschelmann schreibt, in ausreichendem Maße besessen und ihn auch in Lebenskrisen nicht verloren. Anders lässt sich ihre erstaunliche Reaktion angesichts Kubins brüskierender Haltung ihr gegenüber anlässlich der offiziellen Ehrung zu seinem sechzigstem Geburtstag nicht deuten. Liebevoll bereitet sie seinen Festtag in Zwickledt vor, schneidet innerhalb von zwei Tagen noch hundert fehlende Passepartouts, bezeichnet die Exponate, schreibt Listen und verpackt alles sachgerecht für die große Retrospektive in der Albertina in Wien. Im Vorfeld, berichtet sie, muss sie »für die begriffliche Ungeduld des Jubilars als Prellbock dienen, und viel von seinem Ärger und der Angst vor der Wiener Reise entlud sich auf mein unschuldiges, vielgeplagtes Haupt. Das Komischste aber kommt noch: er wollte auf keinen Fall haben, dass ich bei der Eröffnung in Wien sei, aber ich hatte mir vorgenommen, dass ich mir das nicht nehmen lassen wolle. Ich sah nicht ein, warum ich nur an allem Unangenehmen beteiligt sein solle, und wenn einmal etwas kommt, was mir Freude machen würde, dann sollte ich darauf verzichten. Ich bekam also heraus, dass es ihm in erster Linie darum zu tun sei, <u>allein zu fahren</u> und keine Rücksicht auf mich nehmen zu müssen, und als ich versprach, ganz inkognito zu bleiben so lange er in Wien blieb, war er einverstanden.«

Ob Alfred Kubin auch nur einen Augenblick daran gedacht hat, welche Demütigung das ihr abverlangte Versprechen, inkognito zu bleiben, für sie dargestellt haben muss? Sie reist jedenfalls nach Wien in Begleitung ihrer Schärdinger Freundin Maria Kapsreiter, die auch feierlich habe versprechen müssen, »dass sie den Meister nicht kennen werde, falls es das Unglück wolle, dass sie ihm zufällig irgendwo begegnen sollte, wäre sie bereit, sich ihm neu vorstellen zu lassen.« Im Rückblick auf die grandiose Ausstellung – »Man weiß wenigstens wofür man gelebt und gelitten hat, […].« – und den abwechslungsreichen Aufenthalt in Wien mit ihrer Freundin zieht sie einen Strich und versichert fast glaubhaft: »So war es mir am liebsten, […]. Ich habe nicht einmal telefonisch mit ihm gesprochen, wir sahen uns zwar bei der Feier, kannten uns aber nicht. Das war wieder so komisch, dass wir, Maria und ich, uns sehr amüsierten.« Nach Kubins baldiger Abreise von Wien übernimmt sie dann ganz selbstverständlich die Verhandlungen über Ankäufe mit dem Museum und anderen Interessenten.

Ob Hedwig jemals eine Trennung oder gar Scheidung ernsthaft erwogen hat, wissen wir nicht. Vielleicht hat sie mit ihrer Schwester Tilly, die einige Jahre in ihrer Nähe lebte und ihre engste Vertraute war, darüber gesprochen. Letztlich scheint sie immer wieder zu dem Ergebnis gekommen zu sein, dass ihr nichts übrig bleibe, als so »fortzuwursteln«. Ein möglicher Hinweis darauf, dass sie über eine Trennung nachgedacht oder gesprochen haben, könnte Kubins Erklärung in seiner Autobiografie sein: durch eine Scheidung »die Idee lebenslänglicher Bindung an den selbstgewählten Partner zu lockern«, vertiefe »das persönliche Leben selten.« Ihm sage von allen Formen »die Einehe« am besten zu, und neben seiner Kunst habe ihm die Ehe das größte Glück gegeben.

Die Machtergreifung der Nationalsozialisten im Jahr 1933 hat Auftragseinbußen und auch Aufregungen wegen Hedwigs halbjüdischer Abstammung zur Folge. Man verlangt von ihr wiederholt, neue Daten und Dokumente zur Geburt und Heirat ihrer Großeltern vorzulegen. Daneben bedrückt sie, der ein harmonisches Verhältnis wenigstens mit ihren Geschwistern am Herzen liegt, das Zerwürfnis wegen bösartiger Beschuldigungen mit ihrem Bruder Richard und seiner Frau. Diese hatten sie um finanzielle Unterstützung gebeten, aber sie und Kubin als auch Schwester Tilly fühlen sich beim besten Willen nicht in der Lage. Alfred unterstütze dauernd seine erwerbslose und kränkliche Schwester mit zwei Kindern, sie habe, »ob sie es glauben oder nicht, nicht einen einzigen Pfennig oder Groschen, über den ich frei verfügen könnte«, und Tilly müsse ihren Sohn mit Familie, also fünf Personen, »fast ganz erhalten«. Nach dem Tod Oscars im Dezember 1931 trifft sie die Aussichtslosigkeit einer Aussöhnung mit dem jüngeren Bruder besonders schwer. Noch anderes kostet die Dreiundsechzigjährige neuerdings sehr viel Kraft, so dass sie Zweifel äußert, ein hohes Alter in körperlicher und seelischer Frische zu erreichen. Ihr fällt seit einiger Zeit die Rolle der Vermittlerin zu bei den gelegentlichen und sich meist als schwierig gestaltenden Besuchen des Hamburger Apothekers Dr. Kurt Otte, der sich mit Leib und Seele der Errichtung eines Kubin-Archivs verschrieben hat. »A. erkennt natürlich die Opferwilligkeit seines Eckermann an, ohne aber Verständnis für seine Bestrebungen zu haben.« Sie habe »immer das peinigende Gefühl, dass A. eine ›Rolle spielt‹, und dass beide froh sind, wenn ›das Stück ohne Störung aus ist‹.«

Im Oktober 1937 fühlt sie sich nur noch müde und erholungsbedürftig, aber es müssen Ausstellungen vorbereitet werden, die Ernte aus Garten und Feld eingebracht und richtig gelagert werden, und das alles mit neu eingestelltem, unerfahrenem Personal. Ja, wenn sie doch auch mal wieder wie er in den sonnigen Süden »echappieren« könnte, wünscht sie sich in einem Brief an Hoerschelmann. Aber das sind unausführbare Fantasien; sie kann, wenn überhaupt, nur nach Deutschland fahren, weil sie nur dazu etwas Geld von einem Sperrkonto frei bekommt. Sie hat das Gefühl, »dass alles abbröckelt und langsam sich auflöst, was einem das Leben noch zu verschönern vermochte.«

In den Kriegsjahren schreibt Hedwig immer seltener an ihre Freunde. Ihre Mitteilungslust sei »völlig eingetrocknet, und die richtige Gemütsverfassung, guten alten Freunden etwas von meinem Leben zu erzählen, will sich nicht mehr einstellen.« Ihre Leistungskraft habe den Höhepunkt überschritten, und dennoch zwinge sie sich, das Letzte aus sich herauszuholen. Dem Bedürfnis nach einer längeren Zeit des Ausspannens und der Erholung kann sie nicht nachgeben. Sie will und kann ihre Haushilfen nicht allein lassen; nachmittags muss das Haus rechtzeitig für die Verdunkelung hergerichtet werden; mit den neuen Lebensmittelkarten kennt sich noch keiner von ihnen aus; jeden Tag können sie mit der Einquartierung von Militär oder Flüchtlingen rechnen, und in Kubins Abwesenheit muss jemand die geschäftliche Post für ihn erledigen. Einerseits hat Kubin im Mai 1939 »einen solchen Grad von Nervosität erreicht, dass es oft schwer mit ihm ist« und sie ihn drängt, für einige Wochen in den Böhmerwald zu fahren, andererseits verspürt sie erst dann Erleichterung, wenn er wohlbehalten zu ihr zurückkehrt. Da es ihnen im Vergleich zur Stadtbevölkerung »ja noch unverschämt gut« geht, denn »die Gefahrenzone [entfernt sich] von Tag zu Tag, so dass man hier die Angst verliert«, feiert man Kubins vierundsechzigsten Geburtstag recht behaglich mit Karpfen und vielen Gratulanten. »Darunter sogar unser Gauleiter und Statthalter von Oberdonau. Das ist vielleicht einmal ganz nützlich.« Ihr »mitleidig Herz« wünscht sich so sehr, dass es allen ihren Freunden, »eigentlich allen Menschen gut geht, aber das ist wohl zu unbescheiden.«

Ihren siebzigsten Geburtstag im Oktober 1944 kann sie »am heimischen Herd« feiern, nachdem sie während Kubins Aufenthalt im Böhmerwald wegen einer Venenentzündung mehrere Wochen lang in Schärding von ihrer Freundin Maria Kapsreiter gepflegt wurde, da das Krankenhaus überfüllt war. Überglücklich ist sie über die Versöhnung mit ihrem Bruder Richard.

Im folgenden Jahr fallen Bomben ganz in ihrer Nähe. Passau ist mehrfach getroffen worden, und man fürchtet sich vor der anstehenden Feldarbeit, da auch schon auf Bauern geschossen wurde. In ihrer Wohnstube sind sieben Schlesier einquartiert und in ihrem Stall häufig auch Pferdeeinquartierungen. Alfred und die Köchin sind zur selben Zeit schwer krank, und sie selbst hat große Mühe, sich aufrecht zu halten. »Wann wird man endlich wieder richtig aufatmen können? Ob wir dieses Glück noch erleben?« Die Nacht vom 1. zum 2. Mai 1945, als Zwickledt beschossen wird, verbringen sie mit den Flüchtlingen und Nachbarn in ihrem Gewölbekeller. Kubin hat zumindest seine Originale geborgen, und das alte Gebäude wird glücklicherweise nur vom Granathagel getroffen. Am Morgen des 3. Mai erscheint ein amerikanischer Soldat als erster Befreier und schüttelt Kubin die Hand. »... das Allerschrecklichste lag hinter uns.«

Hedwigs Wunsch, wieder aufatmen zu können, ist insofern in Erfüllung gegangen, aber ihre gesundheitliche Verfassung hat sich seit der Venenentzündung verschlechtert, und sie kann sich nur unter Mühen und Schmerzen bewegen. Außerdem haben sie zwei große persönliche Verluste erlitten. 1944 war Kubins Schwester, »dieses eigenartige Geschöpf von so pretiösem Wesen«, in Wien gestorben. Ein »noch weit größerer Schlag, der mich und meine gute Frau nur neun Monate später ereilte, war der unbegreifliche Verfall ihrer jüngeren Schwester, die in Schärding als Witwe wohnte. Am 4. September vorigen Jahres erlag sie einem Nierenleiden.«

In ihren letzten Briefen bekümmert Hedwig, nachdem sie doch immer gut funktioniert habe, vor allem ihr zunehmendes Unvermögen, nicht mehr all das tun zu können, wofür sie sich über Jahrzehnte zuständig und verantwortlich gefühlt hat. Ihre Sorge gilt nicht ihrer sich verschlechternden körperlichen Konstitution, sondern auch jetzt ausschließlich dem Befinden ihres Mannes und der Vollendung seines Werks. In ihrer Ehe hat sie gelernt beziehungsweise sich daran gewöhnt, ihre Bedürfnisse zurückzustellen und ihn so wenig wie nötig mit dem zu behelligen, was sie bewegt oder beeinträchtigt. Nun, da sie mit ihrer Schwester die einzige Person, der sie sich anvertraute, verloren hat, muss sie sich unendlich einsam gefühlt haben.

»Das Alter macht sich hauptsächlich durch ständige große Müdigkeit auch unliebsam bemerkbar, so dass mir buchstäblich alles über den Kopf wächst; das tägliche Leben, die Ernährungslage, alles erfordert so viel Müh und Kopfzerbrechen, ich fürchte immer, dass ich einmal ganz versage. Alfred ist auch immer müde und verstimmt, er brauchte dringend seine altgewohnte Augusterholung, aber damit wird es auch heuer wieder nichts, und er muss, so wie im vorigen Jahr, darauf verzichten. Das macht mir auch große Sorgen. Er ist beruflich sehr in Anspruch genommen, soll viele Bücher illustrieren und sich an Ausstellungen beteiligen. Schon allein die Absagen mit Begründungen erfordern viel Kraft und Zeit. Er ist schon sehr nervös und oft schwer zu behandeln. […] Es wäre wirklich an der Zeit, dass die Zustände wieder normaler würden, damit man sich wieder etwas derfangen kann, wenn es nicht schon zu spät dazu ist für mich. Ach Gott, und den Tod von Tilly <u>kann</u> ich nicht überwinden. Ich kann gar nicht sagen, wie sehr sie mir fehlt. Sie hat nie den Mut verloren und immer den Kopf oben behalten. Mit ihr konnte ich mich immer aussprechen, und jetzt bin ich ganz verlassen. Alfred ist ganz in seine eigenen Angelegenheiten versponnen, dem kann ich nicht mit meinen Privatsorgen kommen, aber Tilly hatte für alles Verständnis. Nein, das hätte nicht kommen dürfen.«

Am 15. August 1948 stirbt Hedwig Kubin. In einem Rückblick im Jahr 1952 schreibt Alfred Kubin, der seine Frau um elf Jahre überleben sollte: »Wir waren durch fünfundvierzig Jahre verbunden, es vergeht wohl kein Tag, da ich nicht der Toten liebevoll-traurig gedenke.«

Quellen

Herbertz, Eva-Maria: »Der heimliche König von Schwabylon«. Der Graphiker und Sammler Rolf von Hoerschelmann in Selbstzeugnissen und Bilddokumenten, München 2005.
Kampmann-Carossa, Eva (Hg.): Hans Carossa. Leben und Werk in Bildern und Texten, Frankfurt a. M. 1993.
Kubin, Alfred: Aus meinem Leben, München 1977.
Kubin, Alfred: Aus meinem Reich. Meisterblätter aus dem Leopold Museum Wien, Ostfildern 2002.
Mairinger, Jutta: Meine Verehrung, Herr Kubin! Geschichten aus Zwickledt, Wernstein 2000.
Martynkewicz, Wolfgang (Hg.): Oscar A. H. Schmitz. Das wilde Leben der Boheme. Tagebücher 1896–1906, Berlin 2006.
Martynkewicz, Wolfgang (Hg.): Oscar A. H. Schmitz. Ein Dandy auf Reisen. Tagebücher 1907–1912, Berlin 2007.
Martynkewicz, Wolfgang (Hg.): Oscar A. H. Schmitz. Durch das Land der Dämonen. Tagebücher 1912–1918, Berlin 2007.
Privat-Nachlass Rolf von Hoerschelmann im Archiv der Gemeinde Feldafing.

Ich komme mir »wie ein halber Mensch vor und frage mich, wo die andere Hälfte geblieben ist«

Mathilde Vollmoeller-Purrmann (1876–1943)

Am 30. Juni 1903 erhält die siebenundzwanzigjährige Mathilde Vollmoeller von Leo von König, ihrem ehemaligen Lehrer und einem der bedeutenden Repräsentanten der Berliner Secession, einen Brief, in dem er schreibt: »Sie haben ein famoses Talent und aus Ihnen muß etwas werden [...].«

Selten widerfuhr es einer Malerin Anfang des 20. Jahrhunderts in der von Männern dominierten Kunstszene, dass ihre Begabung ernst genommen und sie aufgefordert wurde, daraus etwas zu machen. Da Mathilde Vollmoeller musikalisch sehr talentiert zu sein schien, entschied sie sich relativ spät erst für die bildende Kunst. Sie spielte ganz ausgezeichnet Klavier und war in Gesang ausgebildet worden, was sie allerdings wegen gesundheitlicher Probleme hatte aufgeben müssen, obwohl sie »so unendlich gern« sang.

Über ihre Schulausbildung wissen wir wenig. Nachdem sie die ersten Jahre gemeinsam mit ihrem zwei Jahre jüngeren Bruder Karl Gustav Privatunterricht erhalten hatte, besuchte sie vermutlich ein Mädchenpensionat mit einem weitgehend festgelegten und entsprechenden Bildungsrepertoire, das sie auf ihre zukünftige Rolle als Ehefrau eines Mannes in gesellschaftlich gehobener Position vorbereiten sollte. Nach eigener Aussage war Mathilde Vollmoeller keine gute Schülerin, aber Fremdsprachen wie Französisch, Englisch und Italienisch erlernte sie anscheinend spielerisch. Noch keine besondere Begabung lassen ihre sorgfältig gearbeiteten Blumenmalereien, wie sie in Mädchenschulen und -pensionaten damals üblich waren, erkennen. Wie man ihrem Tagebuch aus den Jahren 1896 und 1897 entnehmen kann, war sie ein sehr lebenslustiges Mädchen, das sich »oft famos amüsiert« hat beim Schlittschuhlaufen und Tennisspielen, gerne mit den jungen Leutnants tanzte, auch wenn ihr bei dem ein oder anderen das »ein wenig blasierte Gesicht« missfiel oder sie den »nachlässigen Leutnantston« zu beanstanden hatte. Die Kostümfeste in ihrem Elternhaus gaben dem jungen Mädchen, das sich leidenschaftlich gerne verkleidete, reichlich Gelegenheit dazu. Bei einem Foto von ihr aus dem Jahr 1894 fällt einem unwillkürlich das aus der Mode gekommene Attribut »liebreizend« ein. Gekleidet wie ein Mädchen vom Lande, da man unter dem Motto »Alpenfest« feierte, hat sich die Achtzehnjährige für den Fotografen anmutig auf Stroh gelagert. Ihr lockiges Haar, zu dicken Zöpfen geflochten, ist mit einem üppigen Wiesenblumenkranz geschmückt, ihr Lächeln ist strahlend, der Blick schelmisch. Später wird sie dieses Foto Hans Purrmann schicken, obwohl sie es »ein bischen affectiert« findet, aber es werde ihn sicherlich amüsieren.

Mathildes Vater, Robert Vollmoeller, hatte es vom einfachen Kaufmann zum Gründer eines der größten deutschen und europäischen Textilunternehmen seiner Zeit gebracht und führte voll Stolz den Titel »Königlicher Kommerzienrat«. Außer der Textilfabrik in Stuttgart-Vaihingen gründete er noch vier weitere Zweigniederlassungen. 1898 erwarb er das Anwesen »Langhans« in Beilstein, ließ das alte Pfarrhaus zum Wohnhaus für die große Familie umbauen, kaufte die umliegenden Weinberge und erwarb 1905 den ehemaligen Amtshof, den er zu einem Schlösschen im Renaissancestil umgestaltete. Robert Vollmoeller gehörte zu den Pionieren der sozialen Marktwirtschaft, baute hundert Häuser für seine Arbeiter und richtete gemeinsam mit seiner Frau Emilie, neben anderen sozialen Einrichtungen, das nach ihr benannte »Emilien-Heim« für junge Arbeiterinnen seiner Fabrik ein. Sein soziales Wirken wurde um die Jahrhundertwende in verschiedenen Zeitschriften und Büchern gewürdigt. Des Vaters Ansehen brachte gesellschaftliche Verpflichtungen mit sich, die das Familienleben und das Standesbewusstsein der Kinder prägten. Selbst der württembergische König Wilhelm II. beehrte die Familie mit seinem Besuch, und es wurde zu diesem Anlass ein großartiges Fest im Hause Vollmoeller gefeiert.

Als Emilie Vollmoeller 1895 im Alter von zweiundvierzig Jahren stirbt, ist Mathilde neunzehn. Als Drittälteste von neun Geschwistern übernimmt sie die Rolle der Hausfrau und Gastgeberin und ist Mutterersatz für die jüngeren Geschwister – das jüngste ist damals vier Jahre alt. Im September 1896 begleitet sie den Vater auf einer zweiwöchigen Geschäftsreise nach Leipzig und Berlin, besucht Ausstellungen und geht ins Theater, wo sie »sehr ergriffen« ist von Gerhart Hauptmanns »Die Weber« und »furchtbar angegriffen« von »Hanneles Himmelfahrt«. An einem Abend wird sie von Bekannten mitgenommen, schreibt sie in ihr Tagebuch, »in ein ganz leichtes Tingel-Tangel«. Einerseits bedauert sie die Mädchen, die, »im Schlamm aufgewachsen«, sich dort zur Schau stellen müssen und die Sinne von feinen Herren aus bester Gesellschaft reizen, andererseits könne sie als weibliches Wesen ihres Standes nur »mit Abscheu« von diesen Geschöpfen reden.

Streitereien sind Mathilde ein Gräuel, und sie empfindet Disharmonie in der Familie als etwas ganz Schreckliches. Dem Vater steht sie sehr nahe und kümmert sich um ihn, der »sich so verlassen« fühle und »eben in den Nerven sehr heruntergestimmt« sei. Mit ihrem ausgleichenden Wesen und ihrer besonnenen Art trägt sie nach dem Tod der Mutter sehr dazu bei, das angespannte Verhältnis zwischen den älteren Geschwistern und dem Vater zu beruhigen. Man einigt sich schließlich darauf, dass zukünftig der älteste Bruder Rudolf das väterliche Unternehmen leiten wird. Karl Gustav Vollmoeller, Mathildes zwei Jahre jüngerer Bruder, gilt als Genie in der Familie. Tatsächlich erweist er sich im Laufe seines bewegten Lebens als ein Multitalent. Er ist Philologe, promovierter Archäologe, Lyriker, Dramatiker, Schriftsteller, Übersetzer, Drehbuchautor – unter anderem schreibt er zusammen mit Carl Zuckmayer das Drehbuch für den Film »Der blaue Engel« mit Emil Jannings und Marlene Dietrich in den Hauptrollen – ist ein Pionier des Stumm- und Tonfilms, Reformer des deutschen, europäischen und amerikanischen Theaters und nicht zuletzt ein Pionier des Automobilbaus und ein Flugzeugkonstrukteur. Er entwickelt mit seinem Bruder Hans Robert vier Prototypen; mit Letzterem, das sich heute im Deutschen Technikmuseum München befindet, fliegt dieser 1910 nonstop von Cannstatt bis zum Bodensee. Hans' Leidenschaft für das Fliegen sollte ihm zum Verhängnis werden; bei einem Testflug im Jahr 1917 stürzt er nahe Berlin ab. Der Bruder Kurt versucht sich wie Karl Gustav in der Dichtung und im technischen Bereich, in der Automobilbranche, allerdings mit geringerem Erfolg. Mathildes Schwester Martha legt das beste Abitur ihres Jahrgangs ab, gehört zu den vier ersten Studentinnen Tübingens, studiert Medizin und heiratet einen Mediziner. Maria (Maja) wird die Frau des bekannten Möbelherstellers Walter Knoll, und Elisabeth (Liesel) ist nur kurz verheiratet, da ihr Mann im Jahr 1918 wenige Monate nach der Hochzeit ebenfalls als Flieger ums Leben kommt. Die fünfundzwanzig Jahre junge Witwe und alleinerziehende Mutter ihres Sohnes Jürgen übernimmt die Verantwortung für die Bewirtschaftung des väterlichen Landgutes. Ihrem Engagement war es zu verdanken, dass das Gut Beilstein bis 1953 im Besitz verblieb.

Wie man Mathilde Vollmoellers Tagebuch entnehmen kann, gibt es eine ganze Reihe von Verehrern, die ihr den Hof machen, und der Gedanke, dass sie heiraten wird, ist für sie ganz selbstverständlich, weshalb sie sich von einem jungen Herrn D. versprechen lässt, zu ihrer Hochzeit zu kommen, »einerlei mit wem, wo und wann es auch sei.« Aber »so flink geht das nicht«, wie manch einer sich mit ihr verloben möchte, zumal sie auch manchmal misstrauisch ist. »[…], da ich immer denken muss: ›Die Fabrik im Hintergrund!‹« Überhaupt kann und will sie sich nicht vorstellen, jemals einem Mann »ohne Neigung« ihr Jawort zu geben und »ohne Kritik an ihm« hinaufzusehen. Etwas bedenklich schreibt sie von der »Opferfreudigkeit« einer verheirateten Freundin und dass ihre Schwester Anna sich »ducken« müsse, »doch tut sie ihm alles zulieb«. Andererseits prophezeit sie einer Freundin: »[…] doch glaub mir, wenn ein netter Schnurrbart kommt, dass du das alles samt den Malstunden fallen lässt und eine Küchenschürze umbindest. Du hast ein liebebedürftiges Herz, das sich für die Länge der Zeit kaum mit alten, trockenen Büchern begnügen wird.«

Mathilde ist einundzwanzig Jahre alt, als sie Anfang Juni 1897 für zwei Monate nach England reist, wo sie als Pensionsgast bei einer möglichst aristokratischen Familie »feine englische Sitten« lernen und ihre Sprachkenntnisse verbessern soll. Sie landet allerdings bei ganz einfachen Leuten, wo ihr manches zu »schlampig« ist, bringt es aber nicht übers Herz, die ansonsten liebenswürdige und auf das Kostgeld angewiesene Familie zu verlassen. In der englischen Sprache scheint sie jedenfalls deutliche Fortschritte gemacht zu haben, denn einige Jahre später wird ihr Bruder Karl Gustav sie animieren, die in London anonym erschienenen »Liebesbriefe eines englischen Mädchens«

zu übersetzen, welche 1904 im Insel-Verlag Leipzig publiziert werden. Lange hatte man die Übersetzung nicht Mathilde Vollmoeller zugeschrieben, sondern ihrem Bruder, da sie nur mit dem Vermerk »autorisierte Übertragung« und nicht unter ihrem Namen erschienen war.

Nach ihrem Englandaufenthalt scheint sie bald darauf ihr Elternhaus endgültig verlassen zu haben. Eine Porträtaufnahme aus dieser Zeit zeigt eine ihres gesellschaftlichen Standes bewusste, elegante junge Frau mit einem mit Straußenfedern geschmückten Hut. Ein anziehendes Gesicht mit großen, ernst blickenden Augen und einem schönen Mund, den ein leises Lächeln umspielt.

Zunächst reist sie nach München, vermutlich zu ihrem Bruder Karl Gustav. Dort wird sie, wie sie es sich bei einem Besuch Max Halbes 1896 in ihrem Elternhaus gewünscht hat, zu dessen legendären Künstlerfesten eingeladen. Anschließend gehen die Geschwister gemeinsam nach Berlin, wo Mathildes Bruder kein Unbekannter mehr ist. Mit ersten Gedichten in den Zeitschriften »Simplicissimus« und »Pan« hat er bereits auf sich aufmerksam gemacht, seit 1897 gehört er dem »George-Kreis« an, ist Mitarbeiter an den von George und dem Georg Bondi Verlag herausgegebenen »Blättern für die Kunst«. 1897 erscheint sein erstes Buch »Die Sturm- und Drangperiode und der moderne Realismus« in Berlin. Man spricht von ihm als einen »Teufelskerl, voller Geist und Talent«, als dem letzten »Abenteurer Europas«.

Von maßgeblichem Einfluss für Mathildes weiteren Werdegang sollte ihre Bekanntschaft mit Sabine Lepsius sein, der Tochter des Kunstmalers Fritz Graef und Ehefrau von Reinhold Lepsius, einem der vier Söhne des Begründers der deutschen Ägyptologie Karl Richard Lepsius. Das Künstlerpaar Lepsius steht als Porträtmaler der Berliner Gesellschaft in hohem Ansehen, und ihr Salon, zunächst am Anfang der Kantstraße, direkt gegenüber dem Theater des Westens, in dem die Secessionisten ausstellen, ab 1903 in Westend, zählt zu den ersten Adressen in der Stadt. Eine Sonderstellung in diesem Kreis genießt seit 1896 bei seinen Berlinbesuchen Stefan George. »Wurde George erwartet, dekorierte Frau Lepsius die Räume mit brennenden Kerzen und Lorbeerzweigen und fühlte sich reichlich belohnt, wenn sie der Dichter dann, wie einst der Sänger seine Minne, als ›Herrin‹ anredete.«

Das aparte Geschwisterpaar Vollmoeller gehört schon bald dem illustren Kreis im Hause Lepsius an, und Mathilde habe sich laut Sabine

Lepsius der besonderen Vorliebe Georges erfreut: »Ein großer Reiz an ihr war es, wie sie in württembergischen Dialekt feine differenzierte Gedanken auszudrücken wusste. Sie war eine lichtblonde kleine Gestalt, ausgesucht malerisch gekleidet und eine Augenweide für uns alle, obschon ihr württembergisches Zünglein manchmal recht scharfe Urteile fällen konnte […].«

Über Sabine Lepsius, 1898 eine der Mitbegründerinnen der Berliner Secession, macht sie auch die Bekanntschaft führender Persönlichkeiten wie Lovis Corinth, Max Liebermann und Leo von König, lernt die Künstlerinnen Sabine Reicke, Marie von Bunsen und Käthe Kollwitz kennen sowie Walter Rathenau, Hugo von Hofmannsthal, Max Dauthendey, dessen Frau Annie und Rainer Maria Rilke.

Vermutlich entscheidet sich Mathilde schließlich unter Sabine Lepsius' Einfluss für die künstlerische Ausbildung, obwohl sie für Frauen im Wilhelminischen Deutschland mehr als schwierig ist. Bis 1919 haben Frauen keinen Zugang zur Preußischen Akademie der Künste, deren erstes weibliches Mitglied Käthe Kollwitz werden sollte. Eine professionelle Ausbildung zur bildenden Künstlerin bietet damals im deutschsprachigen Raum erstmals der 1868 gegründete »Verein der Berliner Künstlerinnen«, dem Mathilde jedoch nicht beitritt. Ansonsten gibt es die Privatateliers von Malern, sogenannte Damenateliers, wo nach einer vielleicht etwas übertriebenen, aber nicht völlig abwegigen Beschreibung aus dem Jahr 1890 in der Zeitschrift »Die Kunst für Alle« die Teilnehmerinnen »wie Heringe in den engen Raum gepfercht« wurden, und wo ab und an der Lehrer erschien, »um in einer Stunde 40 bis 60 Damen zu korrigieren! […] – und dafür 60 M. im Monat!«

Insofern scheint die 1901 von Lovis Corinth gegründete Malschule in der Berliner Klopstockstraße mit einer überschaubaren Zahl von Schülerinnen, die dreißig Mark für den Unterricht zu entrichten hatten, eine der wenigen Ausnahmen gewesen zu sein, auch was Corinths Auffassung von Lehre betraf (siehe Porträt »Charlotte Berend-Corinth«, S. 75–107, die Verf.). Das Angebot – wobei Berlin neben Paris noch zu den attraktivsten Ausbildungsstätten für Malerinnen und Bildhauerinnen in der Zeit um 1900 gehörte – entsprach der damalig landläufig abwertenden Einstellung gegenüber Frauen als professionellen Künstlerinnen. Malen zum Zeitvertreib gestand man ihnen zu, wie Wilhelm Lübke es 1862 formuliert hatte, so lange sie über Pinsel und Palette nicht die Sorge für Mann und Kinder, über den Farbtöpfen nicht die Kochtöpfe vergäßen. Mit seiner Karikatur unter dem Titel »Malweiber« brachte Bruno Paul 1901 im »Simplicissimus« dieses Thema auf den Punkt: »Sehen Sie, Fräulein, es gibt zwei Arten von Malerinnen: die einen möchten heiraten und die anderen haben auch kein Talent.«

Über Mathildes erste Schritte in ihrer künstlerischen Ausbildung wissen wir nur, dass sie Schülerin Leo von Königs ist, der seit 1901 Mal- und Zeichenunterricht an der Schule des Kunstgewerbemuseums erteilt, und an einer 1900 gegründeten Malklasse von Sabine Lepsius teilnimmt, wozu diese schreibt: »Da Reinhold und ich den Impressionismus in Paris aus eigener Anschauung kennengelernt hatten, zog mein Schülerinnenatelier, verbunden mit Reinholds Anregungen, manches junge Talent an. Zu meinen begabtesten Schülerinnen gehörten Mathilde Vollmoeller und Annemarie Simon.«

Zu Mathildes frühesten bekannten Arbeiten zählen einige signierte, mit 1903 datierte und mit Bleistift gezeichnete Pflanzenstudien und eine Reihe von Stillleben, deren Malweise als noch wenig pastos und im Arrangement der Accessoires als eher traditionell beschrieben werden, die sich jedoch durch große Sensibilität im Umgang mit Farbe und Bildaufbau sowie durch ein feines Gespür für Atmosphäre auszeichnen. Porträts ihrer Geschwister Hans und Maria (Maja) aus den Jahren 1903 bis 1905 sind bereits mit kräftigen, kurzen Pinselstrichen modelliert, was sich in den Landschaftsbildern fortsetzt, die wahrscheinlich skizzenhaft in der freien Natur entstanden und deren lebhafter Malduktus in der Fernwirkung eine farbliche und kompositorische Einheit ergibt.

In den ersten Jahren hält sich Mathilde während des Sommers und in der Weihnachtszeit regelmäßig bei der Familie auf, in Stuttgart oder in Bad Liebenzell, wo der Vater einen weiteren prächtigen Besitz, genannt »Villa Lioba«, erworben hat. 1907 reist sie allein durch Holland. Später besucht sie auch Karl Gustav in Florenz, nachdem er Norina Gilli, die spätere Schauspielerin Maria Carmi, geheiratet hat, und der dort in der Villa Pozzino-Gilli lebt, wo auch Rilke 1908 einige Tage zu Gast ist.

Ob sie während ihrer Aufenthalte bei der Familie die Bekanntschaft eines erfolgreichen Unternehmers machte, wissen wir nicht, nur so viel, dass es eine durchaus ernsthafte Beziehung war und dieser Mann Mathilde einen Heiratsantrag machte. Sie habe jedoch befürchtet, als Ehefrau eines namhaften Geschäftsmanns auf ihr Künstlertum verzichten zu müssen, und sich gegen eine Heirat entschieden, obwohl sie ihn sehr geliebt habe. Noch Jahre später ist ihr dieses Erlebnis einer nicht erfüllten Liebesbeziehung in schmerzhafter Erinnerung.

Die Trennung von jenem Mann und ihr Wunsch, Abstand zu gewinnen, könnten der Grund gewesen sein, warum sie Anfang März 1906 nach Paris übersiedelt, wo sie sich mit Leidenschaft und, wie man sehen wird, sehr erfolgreich der Malerei hingibt. Nach zweimaligem Wohnungswechsel mietet sie am 1. September 1907 ein Atelier im Hause 17, Rue Campagne Première, was sie sich von den 300 Mark monatlicher Unterstützung durch den Vater gut leisten kann. Unmittelbar nach ihrer Ankunft in Paris hat sie sich als Schülerin in den renommierten Malschulen Lucien Simon und Jacques-Émile Blanche eingeschrieben, welche sie spätestens nach einem Jahr wieder verlässt, weil der Unterricht ihr zu wenige Fortschritte gebracht hat. Sie habe »mit der Wahl des Professors« Pech gehabt, schreibt sie dem Vater.

Anfangs fühlt sich die Dreißigjährige in Paris sehr einsam und entflieht im ersten Sommer der Stadt zu einem Studienaufenthalt in Saint-Pol-de-Léon in der Bretagne. Von dort schreibt sie am 25. Juli 1906 an Rainer Maria Rilke, den sie nach einem Jahrzehnt in Paris wieder getroffen hatte: »Armer zurückgebliebener Herr Rilke, ich muß Sie sehr bedauern wenn ich hier so in der Sonne sitze und wenn's auch nur elende Blumenbeete eines ganz primitiven kleinen Hotelgartens sind, scheinen sie mir so köstlich nach den Pariser Entbehrungen. Gestern war ein unangenehmer Tag, ich fühlte mich sehr elend und alles mißfiel mir. Heute sieht alles anders aus, noch nicht ganz anders, aber vieles sehr schön bereits. [...] Was werden Sie thun? Wären Sie nur für sich allein verantwortlich hätte ich Sie sicher eingepackt und mitgenommen, wie gut thäte Ihnen dieser Wind und dies köstliche Land, wo die Artischoken [sic] wie bei uns die Kohlköpfe auf großen Feldern wachsen und Zwiebelfelder und Länder mit Salaten und Gemüsen.«

Rilke, der 1901 die Bildhauerin Clara Westhoff geheiratet und sich 1902 aus der ehelichen Gemeinschaft gelöst hatte, war längere Zeit als Sekretär von Auguste Rodin tätig gewesen. Wegen des getrübten Verhältnisses zu dem Bildhauer hatte er sich im Mai von diesem getrennt und trägt sich, animiert von Mathildes Schreiben, kurzfristig mit dem Gedanken, ihr in die Bretagne zu folgen, entscheidet sich jedoch für eine Reise nach Belgien. Rund einhundert Briefe sollten Mathilde Vollmoeller und Rilke in den Jahren 1906 bis 1920 wechseln, wobei die Korrespondenz als nicht vollständig erhalten gilt. Manche Briefe haben nur kurze Mitteilungen zum Inhalt, da beide bisweilen zur selben Zeit in Paris lebten, sich also persönlich sahen und Gespräche führten. Andere Briefe behandeln alltägliche Dinge beziehungsweise dienen der sachlichen Verständigung, als Rilke in den Jahren 1908 und 1911 für längere Zeit Mathildes Atelier in ihrer Abwesenheit bewohnt. Ihrer Korrespondenz lässt sich entnehmen, dass zwischen ihnen eine Art Seelenverwandtschaft bestand und ihre Verbindung von einer tiefen gegenseitigen Achtung vor dem Künstler und dessen Werk getragen wurde. Die Auseinandersetzung mit der Malerei jener Zeit ist ein zentrales Thema in ihren Briefen. Rilke schätzt Mathilde Vollmoellers Kompetenz und künstlerisches Urteil als eines Menschen, »den ich für ruhig und nicht literarisch abgelenkt halte«, schreibt er 1907 an Clara Rilke-Westhoff. Nach mehrmaligen gemeinsamen Besuchen einer Gedächtnisausstellung 1907, die der Salon d' Automne ein Jahr nach Paul Cezannes Tod veranstaltet, steht der große Maler und Wegbereiter der Moderne im Mittelpunkt ihres gemeinsamen Interesses, zumal dessen Werk auch direkten Einfluss auf die Malerei Mathildes nimmt. In ihrer Arbeit konzentriert sie sich zunehmend auf Stillleben. Ihr Malduktus der kurzen Pinselstriche wird abgelöst von Farbflächen, und die Gegenstände werden aus der reinen Farbe modelliert. Im Oktober 1907 sind zwei ihrer Stillleben und eine Landschaft im Grand Palais zu sehen, und im darauf folgenden Jahr verzeichnet der Ausstellungskatalog des Herbstsalons vier Stillleben, die Studie eines jungen Mädchens und das Porträt eines jungen Mannes. Mit dem Eintritt in die von Rudolf Levy, Oskar Moll und Hans Purrmann gegründete Académie Matisse sollte sich vor allem ihre farbliche Palette verändern. Das Spiel mit Komplementärfarben und Ornamentik gewinnt für sie an Bedeutung; verschiedene Farbflächen, pastos aufgetragen und übereinander gelegt, verleihen der Farbe Tiefe; es entstehen Werke, die sich durch ihre farbliche Brillanz auszeichnen.

In bemerkenswert kurzer Zeit für eine Nicht-Französin findet Mathilde Vollmoeller Zugang zu der ausgesprochen elitären Kunst- und Kulturszene von Paris. Von November 1906 bis 1911 ist sie zahlendes

Mitglied bei den »Indépendants«, und 1908 wird sie als einzige Frau in den Vorstand einer Vereinigung deutschsprachiger Künstler und Literaten gewählt, die allerdings nicht von Bestand ist. Mindestens dreimal ist sie mit mehreren Werken bei den »Indépendants«, dem freiesten Salon von Paris, vertreten. Anlässlich der letzten Ausstellung ist in einer Pariser Zeitung am 20. Mai 1911 zu lesen: »Die unstreitig stärkste Begabung unter den ausstellenden Deutschen aber hat Frl. Vollmoeller. Sie beweist, dass man, ohne Radau zu machen mit wilden oder toten Farben, doch eine starke sensible Künstlerin sein kann. Ihre Stilleben zeugen von großer Selbstschulung, Geschmack und Begabung. Die Farben sind exquisit, die Komposition konzentriert, auf ihren Bildern liegt Harmonie und Schönheit im besten Sinne. […] Der Reichtum, den Frl. Vollmoeller auf ihren Bildern zu konzentrieren weiß, hebt sie weit hinaus über das, was sonst von den deutschen Künstlern hier ausgestellt wird.«

Leo von König, ihr Lehrer, wird von ihr nicht enttäuscht. Wie es heißt, sei er »vor Erstaunen und Bewunderung ganz platt« gewesen, weil die Werke seiner ehemaligen Schülerin in der Ausstellung an prominenter Stelle gehängt waren.

Hatte die allein auf sich gestellte, junge Frau in den ersten Monaten Paris noch als ein »Ungeheuer« empfunden, so änderte sich das nach ihrer Rückkehr aus der Bretagne. Am 9. Januar 1907 schreibt sie an Rilke: »So hatte ich einen einsamen September in Paris, und genoß den köstlichen Nachsommer, der Paris über alles verführerisch machte. Ich möchte lange in Paris bleiben. Noch immer thu ich mich schwer an Paris, vermiße [sic] meine Sprache, meine Landsleute, und bin doch andrerseits zu glücklich über mein ruhiges Leben u. die Entdeckungen die man dabei macht als daß ich diese Zeit nicht so lang als möglich ausdehnen möchte.« Deshalb hat sie auch den aufwändigen Transport ihres Flügels nach Paris veranlasst, den sie in ihrem Brief an Rilke das »Untier« nennt, und nimmt in Kauf, möglicherweise die Wohnung wechseln zu müssen, wenn man ihr das Spielen nicht erlauben sollte.

Das selbstbestimmte Leben in Paris, die Verbindung zu etablierten Kreisen und die Tatsache, dass man ihre Bilder für ausstellungswürdig erachtet, haben sie offensichtlich ihre innere Balance finden lassen. Da begegnet ihr – vermutlich im Jahr 1908 – der Mann, für den sie ihren Lebensentwurf, sich ausschließlich der Malerei zu widmen, aufgeben sollte. Im deutschen Konsulat, so heißt es, habe sie den Maler Hans Purrmann kennengelernt und sei auf dessen Anraten der Académie Matisse beigetreten, obwohl sie sich zum Eigenstudium entschlossen hatte. Auf einem Foto der Matisse-Klasse steht sie hinter Henri Matisse. Als einzige der Schülerinnen trägt sie einen eleganten Hut; ihre Haltung wie das Gesicht im Profil wirken etwas distanziert.

Vier Jahre später wird sie Hans Purrmanns Ehefrau. Purrmann soll im Bekanntenkreis erzählt haben, dass er lange vor ihrer Bekanntschaft, Mathilde beim Überqueren einer Straße beobachtet und sofort gedacht habe: »Diese Frau will ich heiraten.« Während Mathilde bei einer Ausstellung seiner Bilder, ohne ihn bis dahin jemals gesehen zu haben, geäußert haben soll: »Diesen Maler will ich heiraten, alles ist so klar, so geordnet.«

Von einer spontanen Entscheidung der damals Zweiunddreißigjährigen für den vier Jahre jüngeren Maler, nachdem sich ihre Wege gekreuzt haben, ist in Wirklichkeit keine Rede. Es vergeht geraume Zeit, bis es überhaupt zu einer Annäherung kommt.

Beider Werdegang bis zu diesem Zeitpunkt und der familiäre Hintergrund sind sehr unterschiedlich. Der 1880 geborene Johannes Marsilius Purrmann stammt aus einer in Speyer angesehenen Handwerkerfamilie und erlernt nach einem eher mittelmäßigen Abschluss der Volksschule im elterlichen Betrieb das Tüncherhandwerk. Über die Kunstgewerbeschule in Karlsruhe gelangt er an die Kunstakademie in München, wo sein Lehrer Franz von Stuck ist. Bei einem Zwischenaufenthalt in Berlin wird er in die Berliner Secession aufgenommen und von Max Liebermann und Paul Cassirer gefördert. In Paris ist er zunächst Schüler von Henri Matisse und muss sich im Gegensatz zu Mathilde wirtschaftlich mühsam durchschlagen.

Hans Purrmann fungiert als »massier«, eine Art Obmann, zuständig für die Organisation und Verwaltung, als Mathilde Vollmoeller Mitglied der Académie Matisse wird. Wohl aus dem Jahr 1910 stammt ein weiblicher Akt der Matisse-Schülerin. Das Modell, eine einfache Frau, vielleicht eine Arbeiterin, wird von ihr bemerkenswert realistisch dargestellt, in leicht gebeugter, schwerfälliger Haltung und einem in die breite Hüfte gestemmten Arm. Ganz konzentriert auf die Figur wie bei einer Studie, ohne sie in ein Interieur zu stellen, schildert sie diese mit einer lebhaften, kantigen Strichführung und flächig gesetzten, expressiven Farbkontrasten.

Anscheinend bleibt Mathildes Kontakt zu Hans Purrmann in den ersten zwei Jahren auf die gelegentlichen Zusammentreffen in der Académie Matisse beschränkt. Irgendwann vermag er seine mehr als kollegialen und freundschaftlichen Gefühle für sie nicht länger zu verbergen. In einem undatierten Brief, wahrscheinlich 1910, offenbart er sich, allerdings »mit Furcht«, da er ihren »Grad von Interesse« für ihn nicht ermessen könne. Er gesteht ihr, dass er sich ganz und gar abhängig von ihr fühle und in sie »verloren« sei, während sie vielleicht nur einen Freund in ihm sehen wolle. Dass er mehr für sie empfindet, entschuldigt er »mit Ihrem Zauber, Ihrem Charme, mit Ihrer Unterschiedenheit und Ihrem Charakter«. Leidenschaftlich fährt er fort: »Soll ich Ihnen noch Liebenswürdigeres sagen, ich, der ich alle schönen Vorstellungen in mir von Ihnen trage, auf den Knien meines Herzens vor Ihnen bin, mich umarmt fühle von fremden Mächten, geführt von der Notwendigkeit, mich Ihnen zu zeigen und Sie um Gnade ersuche.«

Wenn er sich bis dahin nichts hatte anmerken lassen, so muss dieser unvermittelte Gefühlsausbruch Mathilde mehr als überrascht haben. Ihr umgehendes Antwortschreiben spricht jedenfalls dafür und bringt ihren Wunsch zum Ausdruck, weiterhin Distanz zu halten: »Lieber Herr Purrmann, ich bin sehr bestürzt. Ich habe Ihnen nicht mehr zu sagen, als was Sie wahrnehmen konnten. Ich würde ein Anderes als ein Unglück, aber wenigstens als etwas sehr Schwerwiegendes betrachten. Sie geben sich der grenzenlosesten Illusionen über mich und meinen Wert hin. Bedenken Sie, daß meine Malerei ein klarer Spiegel meines Wesens ist, unlogisch, verfahren, ungeordnet und Sie selbst haben mir gesagt, daß man um meiner Malerei Willen nicht mit mir befreundet sein könnte! Ich schob Ihre große Geduld und die Mühe, der Sie sich damit unterzogen, auf eine große Güte in Ihnen, u. versuchte durch ehrliche Gesinnung ein etwas in die Wagschale zu legen, was Ihnen vielleicht etwas dagegen geben könnte. Es gereicht mir zur größten Betrübnis, daß ich irgendeiner Unruhe den Anlaß gebe, die Sie in Ihrer Arbeit u. in Ihrem Leben stört. Wollen Sie heute Abend herkommen, ich gehe nicht in die Zeichenklasse. Bitte kommen Sie womöglich morgen nicht in die Matisseklasse, oder wollen Sie, daß ich weg bleibe? Giebt [sic][es] etwas Besseres als Freundschaft u. Vertrauen, der Rest ist nicht viel Wert, Sie überschätzen das, Sie sind jung. Ich habe nur Angst u. Bitterkeit davon zurück behalten. Das alles klingt kalt u. unangenehm, ist es aber nicht. M.V.«

Mathilde Vollmoeller in Paris, um 1910

Um ihm die Aussichtslosigkeit seines Unterfangens deutlich zu machen, führt sie seine Jugend und die Erfahrungen mit ihrer unglücklichen Liebesbeziehung an und möchte unter allen Umständen ein Zusammentreffen mit ihm in nächster Zeit vermeiden. Bemerkenswert ist, dass sie ihn daran erinnert, was er über ihre Malerei geäußert habe. Es scheint immerhin einen nachhaltigen Eindruck bei ihr hinterlassen zu haben, und man fragt sich, warum sie seiner Meinung so viel Gewicht beimisst, erfährt sie doch beispielsweise von Rilke sehr viel persönliche Hochachtung und auch von anderen Anerkennung ihrer künstlerischen Kompetenz.

Offensichtlich hat Mathildes abwehrender Brief Hans Purrmann weder entmutigt noch davon abgehalten, weiterhin um sie zu werben, und er hat Erfolg. In einem undatierten Brief dankt sie ihm für seine Blumen, »eine tröstliche Gesellschaft, fein und still, wie ich es gern habe«, bedauert, dass er keinen guten Tag gehabt habe, und tröstet ihn damit, »es wird nur eine kleine Störung sein, und morgen machen Sie gewiß das Versäumte wieder gut!« Er möge anderntags zu ihr kommen. »Es soll mir eine schöne Aufgabe sein Ihnen Ruhe zu geben, und wenn Sie meiner Arbeits = unruhe aufhelfen könnten, wüsste ich neuen Dank, der mir gut genug scheint. Aber ich fürchte ich muß mich wie Till Eulenspiegel an meinem eigenen Schwanz aus dem Dreck ziehen, in den ich mich verritten habe.« Ende 1910, spätestens im Frühjahr 1911, sollen sie sich verlobt haben.

Wieso entscheidet sie sich, die Jahre zuvor eine standesgemäße Heirat ausschlug und ihrer künstlerischen Berufung den Vorrang gab, dieses Mal anders? Was empfindet sie für ihn? Während der verliebte Hans Purrmann von ihrem Zauber und Charme schreibt, dem er erlegen ist, lesen wir in ihren Briefen, dass sie ihn »sehr gern« oder »Heimweh« nach ihm habe, dass er ihr »Ruhe und Sicherheit« geben, ihr in ihrer Arbeit »sehr viel nützen« könne, dass sie »Vertrauen« zu ihm gefasst habe. Einmal unterzeichnet sie mit »Ihre Sie ehrlich u. ernst liebende M. V.«. Bezweifelt sie vielleicht doch, in einem allein der Kunst gewidmeten Leben Erfüllung zu finden? So realistisch wie sie in den folgenden Briefen das Für und Wider einer Heirat abwägt, wird sie sich über das schwierige Leben einer frei schaffenden Malerin trotz erster Erfolge keine Illusionen gemacht haben. Selbst eine arrivierte Künstlerin wie Meret Oppenheim (1913–1985), die einer späteren Generation angehörte, bekannte: »Nicht die Kritik an meinen Werken hat meine lähmenden Selbstzweifel ausgelöst, es war mir vielmehr, als würde die Jahrtausende alte Diskriminierung der Frau auf meinen Schultern lasten, als ein in mir steckendes Gefühl der Minderwertigkeit.«

Völlig unerwartet steht die vierunddreißigjährige Mathilde, die vermutlich auch wegen ihres Alters kaum noch an Heirat gedacht hatte, ein zweites Mal vor der Entscheidung. Trifft auf sie zu, was Otto Modersohn einmal schreibt: »Das muß das schwerste für ein Frauenzimmer sein: geistig hoch, intelligent und doch ganz Weib.«? Meldete sich bei Mathilde die »biologische Uhr«, wovon heutzutage oft die Rede ist, wenn Frauen über dreißig oder vierzig nach Jahren der Ausbildung und erfolgreicher Berufstätigkeit alles daran setzen, ein Kind zu bekommen? Hatte der gesellschaftliche Status einer Ehefrau mit Familie für sie doch einen höheren Stellenwert, als sie vielleicht wahrhaben wollte? Die »so sympathisch-einfache Bohemienart«, die Sabine Lepsius bei der in Paris lebenden Künstlerin vermutet und um die sie ihre Freundin beneidet, war jedenfalls nicht die zu Mathilde Vollmoeller passende Lebensform. Sie war keine Frau, die das selbstbestimmte Leben als Künstlerin angestrebt hatte, weil sie sich von ihrer Familie, deren Traditionen und Konventionen befreien wollte; sie hatte weder Leichtlebigkeit noch sexuelle Befreiung gesucht. In Hans Purrmann, einem vielversprechenden Maler aus Berufung, hätte sie einen gleich gesinnten Partner, und ein gemeinsames Arbeiten könnte sie in ihrer künstlerischen Entwicklung voranbringen. Er nimmt sie als Malerin und ihre Arbeit ernst, wie seinem Brief vom 17. August 1910 zu entnehmen ist: »Lassen Sie sich um Gottes Willen nicht um Ihre Arbeit bringen, auch das peinigt mich, ich habe nie um Ihre Arbeit und um Ihr Leben Vergleiche gezogen und ich war immer um Ihre Arbeit interessiert.«

Schwer haben sich beide mit der Entscheidung getan, das belegen ihre Briefe. Nachdem sie zu ihm Ja gesagt hat, entwickelt sie sehr präzise Vorstellungen von einer gemeinsamen Zukunft und bittet ihn, »unsere Angelegenheit ehrlich zu einem guten Ende zu bringen, ich quäle mich furchtbar für und gegen mich.« Hellsichtig schreibt sie: »Aber doch ist es mir, als ob ich auf einem Bein tanzen muss.« Fotos aus jenen Jahren zeigen eine mädchenhaft aussehende Frau, deren große Augen fragend blicken; kein Lächeln umspielt die fest geschlossenen Lippen; melancholisch ist ihr Gesichtsausdruck. Auf einem Bild hat sie die schmalen Schultern zusammengezogen, als drücke sie eine schwere Last.

Als sie von März bis September 1911 von Purrmann getrennt ist, weil sie den schwer kranken Vater auf dessen Wunsch pflegt, hat sie »jeden Tag die größte Not, […] meinen Mut zu stärken, einen Schritt zu Ihnen zu thun, dessen Folgen man so wenig übersehen kann. Charakter, äußere Umstände, Krankheit sind so wechselbare Dinge, und dadurch, daß ich älter bin als Sie, fühle ich hart die Last einer Verantwortung, die ich übernehme, für ein so unsicheres Unternehmen. Es ist mir nicht möglich, blind zu sein, auch nicht jemand gegenüber, den ich sehr gern habe, und ich habe vor Ihnen Angst wie vor mir selber.«

Ob sie hier ganz allgemein an die zusätzliche Belastung einer Beziehung durch Krankheit denkt, weil sie eine vergleichbare Situation gerade mit ihrem Vater erfährt, oder auch an Purrmanns Leiden am so genannten Thomson-Syndrom, geht nicht hervor. Bei diesem Krankheitsbild handelt es sich um eine Störung der Muskelfunktion, die bereits in der Kindheit erkennbar ist, wenn kontrahierte Muskeln, vor allem die der Hand, sich nur langsam wieder entspannen können. Solange Arm- und Handmuskulatur in Bewegung sind, funktionieren sie offenbar normal.

Der Krankheitsverlauf bei ihrem Vater zeigt ein ständiges Auf und Ab. Schreckliche Anfälle, die sie »eine Katastrophe« befürchten lassen, wechseln mit tageweise gesundheitlicher Besserung. Dann sei er sehr ungeduldig, diktiere ihr Briefe, wolle unterhalten werden und denke an Reisen. Insofern vermag sie nicht abzuschätzen, schreibt sie an Rilke, ob sie »für Monate, Jahre nöthig sein sollte«. Außer Frage steht für sie, dass sie »dieses schwierige Amt ohne große Pflichten als die der Überwindung und des Wartens« ausüben wird, auch wenn es sie deprimiert, überhaupt nicht zum Malen zu kommen, und sie am Abend »immer sehr unglücklich« sei. Ende Mai hat sich durch einen Rückfall beim Vater wieder einmal die Hoffnung zerschlagen, »geschwind für 2 Tage nach Paris zu fahren«, um doch noch ihre ausgestellten Arbeiten bei den »Indépendants« und Hans Purrmann zu sehen, dem sie immer wieder begreiflich machen muss, warum sie sich nicht frei machen kann. Der Druck des Zwiespalts zwischen ihrem Pflichtgefühl gegenüber dem Kranken und ihren persönlichen Wünschen lastet auf ihr. »Manche Tage sind recht schwer, dann komme ich mir wie ein halber Mensch vor, und frage mich, wo die andere Hälfte geblieben ist.« Sie kann oder will sich mit ihren Problemen auch keinem ihrer Geschwister anvertrauen, denn vor ihrer Familie hat sie bisher sogar ihre Verlobung geheim gehalten. Noch immer sind sie und Purrmann beim förmlichen »Sie«, weil es Mathilde so will: »Ich finde es natürlicher in der Form auch einen Unterschied zu machen, wie man es im Ton thut […].« Ihre Briefe während der monatelangen Trennung spiegeln wider, wie wenig sicher sie der Liebe des anderen sind, wie sehr sie einander missverstehen und verletzt sind. Er vermisst offenbar in ihren freundlich-zurückhaltenden Briefen spontane Äußerungen ihrer Gefühle für ihn, denn sie fragt ihn: »Warum vertrauen Sie nicht in mich? Es ist mir leid, dass Sie glauben, weil ich nicht mit Worten freigebig bin, dass ich Sie nicht jeden Tag auf's Neue vermisse, und ich mich nicht daran gewöhnen kann so weit entfernt zu sein.«

Wiederholt hat sie Purrmann in den vergangenen Monaten gebeten, sie besuchen zu kommen. Nun verbringt er den Sommer mit Matisse und anderen Malerfreunden in Südfrankreich und zeigt zu ihrer Enttäuschung keinerlei Bereitschaft, den Aufenthalt und seine Arbeit zu unterbrechen. Sehr verletzt fühlt sie sich, als sie erfährt, dass Matisse und seine Frau versuchen, Purrmann gegen sie einzunehmen und ihn mit einem jungen Mädchen zusammenzubringen. Sich zu verteidigen oder ihn gegen Matisse zu beeinflussen, widerstehe ihrem Stolz, erklärt sie in einem Brief vom 11. August 1911. Er müsse sich entscheiden, und alles liege in seiner Hand. Ihr sei klar geworden, so schreibt sie, dass »ich doch nicht geeignet bin, ohne Familie zu leben, ohne mein bisheriges Leben tadeln zu wollen, das gewiß nötig war und mir nützlich gewesen ist. […] Lieber Purrmann, Sie sind frei, jeden Augenblick, jetzt und immer.«

Vielleicht haben sie die Monate mit dem Vater und den kommenden und gehenden Geschwistern überzeugt, wie wichtig ihr eine Familie ist. Jedenfalls lässt sie Purrmann deutlich wissen, dass sie nicht nur an eine Paarbeziehung denkt, sondern sich auch Kinder wünscht, wovon wiederum er sich irritiert zeigt. Mathilde ist sich bewusst, dass besonders ihr dies viel abverlangen wird. Von ihrer Freundin Sabine Lepsius hat sie erfahren, wie sich deren Leben als Mutter von zwei Kindern verändert hat. Allzu gerne, so hatte Sabine Lepsius am 5. August 1908 auf Mathildes Angebot geantwortet, würde sie kommen und eine Zeit lang Paris genießen. Sie sei nämlich »nur noch gewöhnt, dass man mich aufgibt, weil ich zu sehr von meinen Kindern u. sonstigen Pflichten in Anspruch genommen bin.«

Anfang September quält es Mathilde, dass ihre »Angelegenheit« immer noch nicht geklärt ist, und eindringlich bittet sie Purrmann, endlich zu kommen. Sie habe von Heirat gesprochen, weil sie »die dumme Heimlichthuerei und Vorsicht« unerfreulich finde. Immer wieder könne sie nur betonen, dass sie ihm kein »gebundenes Gefühl« geben wolle, aber sie müsse sich Gewissheit verschaffen, dass sie sich in ihm nicht getäuscht habe und sich auf seine »menschlichen Eigenschaften« verlassen könne. In ihren Briefen fordert sie ihn immer wieder auf, sich bei allem Hin und Her auf seine Arbeit zu konzentrieren. Das müsse für ihn Priorität haben; Erfolg komme »so sicher wie von selbst«, und viel Geld zu verdienen sei nicht so wichtig. »Hat man, was man braucht und noch ein bisschen [sic] mehr als genug, dann ist man gewiß glücklicher und beweglicher als mit viel Besitz auf dem Hals. [...] Ich will niemand andres heiraten!« Nach dem Tod des Vaters am 28. Oktober 1911 scheint es endlich zu einer Entscheidung gekommen zu sein, denn sie bittet ihn Ende November, ihr die für das Standesamt benötigten Unterlagen und Papiere zu schicken.

Da man sich noch im Trauerjahr befindet, feiert man im Januar 1912 die Hochzeit nur in kleinem Kreis. Die Hochzeitsreise führt sie über Florenz nach Korsika, wo sie den Sommer malend verbringen. Am 4. Februar schreibt sie an Rilke: »Und jetzt ist ein schweres Jahr vorbei und da es gefährlich für mich ist in seinen dunklen Ecken herumzusuchen, muß ich mit Gewalt die Augen wegthun und gerade vor mich hinsehen.«

Aus ihrem »vagen Plan«, im nächsten Herbst oder vielleicht schon im Sommer nach Paris zu kommen, wird nichts. Auf Korsika an Malaria erkrankt, »flüchtete« sie im September schwanger nach Beilstein, von wo sie Hans Purrmann schreibt, sie sei nach einem ersten Arztbesuch »sehr beruhigt und erfreut«, obwohl sie noch häufig fiebrig ist. Er solle ruhig bis Januar in Ajaccio bleiben. »Nimm keine Rücksicht auf mich.« Anscheinend fährt er Ende September nach Paris, wo er sich nach einer geeigneten Wohnung für die zukünftige Familie umsieht. In einem Brief vom 12. Oktober 1912 beschwört sie ihren »liebsten Püh«, nicht zu glauben, dass sie ihn nur wegen ihres Wunsches nach einem Kind geheiratet habe. Vielleicht habe er sich während der langen Trennung im vergangenen Jahr »eine Phantasie« von ihr gemacht, »die der Wirklichkeit nicht mehr entsprach«. Es betrübt sie, dass sie nicht genug

»devoué« (ergeben) sei. »Lieber Püh, glaube Gutes von mir, ich möchte es, ich möchte sauber sein u. gut u. selbstlos u. nicht kleinlich, nur ich bin es leichter, wenn Du mich dafür hältst. Quäle mich nicht mit Vergangenem, ich bin nur das, was ich heute bin […]. Liebe mich, ich will versuchen es Dir zu vergelten, sag mir, was ich thun soll?«

Im Dezember erfährt Rilke von Mathilde aus Stuttgart: »Ende November habe ich ein kleines Töchterchen Louise Christine geboren, das trotz Malaria sich als ein blühendes Geschöpfchen auswies und sich bis heute als das bewahrheitet hat. Mit großer List habe ich ihm zum Eingewöhnen für die erste Zeit den geordneten Garten eines deutschen Bürgerhauses angedeihen laßen [sic], den es zu schätzen scheint. Vielleicht gelingt es mir ihm Paris, von Ende Januar an, mit ein bischen [sic] Täuschung und Überredung dafür unterzuschieben ohne daß es den Betrug zu schmerzlich merkt. Es ist gewiß schwirig für Eltern und Kinder sich über das zum Leben notwendige zu einigen, vorderhand ist es noch ein Dummchen das sich noch ein Weilchen betrügen läßt. Am 15. Januar beziehe ich eine Wohnung 60, rue d' Enfer Rochereau [Avenue Denfert-Rochereau] d. h. es wird gewiß Ende Januar, da sich tausend Gewichte hier an mich hängen, (die aber nicht wie bei der Uhr das gute u. flinke Gehen bewirken) und teuflische Gründe gegen mich auffahren laßen [sic]. Nicht zum letzten den Krieg der hier mit dem Wort Frühling gleichlautet. Aber ich habe trotz allem beschloßen [sic] mich überraschen zu lassen, reise, richte mich ein, u. thue, als sei es bis ewig.«

Mit den Gewichten sind wahrscheinlich Mathildes Geschwister gemeint, die ihr wegen des drohenden Balkankrieges von der Reise mit dem kleinen Kind abrieten. Hans Purrmann war zur Geburt ihres Kindes gekommen und wieder nach Paris gereist. Ein undatierter Brief Mathildes an ihn klingt sehr unglücklich: »Lieber, warum quälst Du mich, und schreibst nicht, ich verstehe Dich nicht mehr. […] Wenn keine Nachricht kommt reise ich nicht, da ich annehmen muß, ich soll nicht kommen, aber ich verstehe von allem nichts. Dem Kind geht es gut, aber Du machst mich krank und das spürt es auch. Leb wohl M.« Doch ab Januar lebt die kleine Familie in Paris, vereint in der oben erwähnten Wohnung, die mit Werken von Matisse, Picasso, Renoir, Rousseau, Seurat, Cézanne, »Negerplastiken«, Schnitzereien aus Indonesien und orientalischen Teppichen ausgestattet ist.

Hans Purrmann und Mathilde Vollmoeller auf Korsika, 1912

In den folgenden vier Jahren wird Mathilde im Abstand von zwei Jahren einen Sohn, Robert, und noch eine Tochter, Regina (Reginele), zur Welt bringen. Erst einmal scheint sie fest entschlossen zu sein, sich von der Hausfrauen- und Mutterrolle nicht vereinnahmen zu lassen, und arbeitet weiter in ihrem Atelier, das sie sich innerhalb der Wohnung eingerichtet hat. Sie ermuntert Rilke, sie doch einmal aufzusuchen, und lässt ihn wissen: »Von 4 – 6 h hat das Kind keinen Anspruch auf mich.«

Sehr deprimiert scheint sie zu sein, als sie bald darauf zum zweiten Mal schwanger ist – das entnehmen wir einem Brief Purrmanns vom 23. Juni 1913 an Mathilde, die sich in Beilstein aufhält. Sie muss ihm gesagt haben, wie sehr sie sich vor der Geburt fürchte und wie wenig Hoffnung sie habe, mit einem Kleinkind und einem Säugling noch Zeit für ihre eigene Arbeit zu finden. Zu spät sieht er ein, »es hätte nicht so schnell sein müssen, Du hättest zu Ruhe, zu etwas Arbeit kommen müssen«. Er gibt seiner großen Dankbarkeit Ausdruck dafür, von ihr Kinder zu haben, schlägt ihr vor, eine Amme nehmen, und bietet ihr an, aufs Land zu ziehen. Im Übrigen solle sie sich doch freuen, da Kinder »alles ersetzen was jetzt unbequem und überraschend ist«. Da er im selben Brief sehr bedauert, wenn es kein Junge würde, weil sie »vielleicht nicht genug zu Kräften gekommen« sei, hat man den Eindruck, dass er ihre Bedenken und Sorgen nicht so recht zu teilen vermag. Purrmanns Wunsch wird erfüllt. Im Januar 1914 wird Sohn Robert in Paris geboren.

Den Beginn des Ersten Weltkrieges erleben Mathilde und Hans Purrmann mit den beiden Kindern auf dem Familiengut der Vollmoellers, denn ihre Pariser Wohnung und ihr Besitz, auch ein großer Teil der Kunstsammlung, waren ihnen durch Sequestrierung genommen worden. Obwohl sie in Beilstein ein eigenes Haus bewohnen und Mathildes Schwester Liesel ihnen ein großes Atelier mit Nordlichtfenster eingerichtet hat, wo man auch Druckgrafik schaffen kann, wird Hans Purrmann das Familienleben bald zu eng und geht im Herbst 1915 nach Berlin. Noch muss er befürchten, zum Kriegsdienst eingezogen zu werden, bis man ihn kurz nach Weihnachten 1915 für untauglich erklärt. Nach langem Suchen findet er schließlich eine passende Wohnung im Grunewald in der Franzensbaderstraße 3, und Mathilde kommt mit den beiden Kindern nach.

In ihrem 1915 ausgestellten Reisepass lautet der Eintrag unter Beruf »Kunstmalers Ehefrau«. Lange Zeit wurde angenommen, sie habe nach der Geburt ihres Sohnes endgültig aufgehört zu malen, sich nur noch der Familie gewidmet, die Arbeit ihres Mannes gefördert und ihm beratend zur Seite gestanden. So war es nicht, wie die vorliegenden rund dreihundertsechzig Ölgemälde, Aquarelle, Drucke und Zeichnungen, welche verschiedenen Schaffensperioden zugeordnet werden konnten, beweisen. Ein Großteil davon, neben Briefen und Dokumenten, kam allerdings erst vor zehn Jahren in Mathilde Vollmoeller-Purrmanns Nachlass zutage, den ihre jüngste Tochter Regina an sich genommen, über Jahrzehnte verwaltet und sogar vor ihren Geschwistern geheim gehalten hatte. Inzwischen geht man davon aus, dass Mathilde nach Roberts Geburt nicht mehr in Öl malte. Ihr letztes bekanntes Ölbild »Stilleben mit Kamelie« stammt aus dem Jahr 1913. In den folgenden Jahren zeichnet und malt sie immer wieder ihre Kinder und konzentriert sich auf die weniger aufwändige Aquarellmalerei. So entsteht beispielsweise 1916, als sie zum dritten Mal schwanger ist, während eines Aufenthalts im Ostseebad Bansin eine Serie zauberhafter, meist sehr kleinformatiger Aquarelle. »Mit großem Gespür«, schreibt Maria Leitmeyer im Ausstellungskatalog aus dem Jahr 2001, »weiß Mathilde Vollmoeller-Purrmann die Atmosphäre der Meer-Landschaft in Farbwerte und Farbklänge zu übersetzen. Ganz im Sinne der Aquarelle von der Hochzeitsreise 1912 arbeitet die Künstlerin vor allem mit dem Verlauf der Aquarellfarbe. Farbkleckse verlaufen zu Farbflächen, die im virtuosen Spiel mit dem Bildgrund, dem Papierton, eine kompositionelle Einheit bilden.«

Während für Hans Purrmann Arbeiten auf Papier häufig Vorstufen seiner Ölgemälde sind, setzt sie meisterhaft »die technischen Möglichkeiten des Aquarellierens ein. Aquarellfarben lassen sich stark verdünnen und bieten so eine große Bandbreite unterschiedlicher Ausdrucksmöglichkeiten – hier arbeitet die Künstlerin vor allem mit Farbverläufen, malt nass in nass. Sie kennt die Spielarten der Technik und setzt sie gekonnt ein. Ihre Aquarelle sind zum Ventil der künstlerischen Passion und einstigen Berufung Mathilde Vollmoeller-Purrmanns geworden.«

Ihrer Schwester Anna teilt sie am 28. August 1916 mit: »Er ist selig in Berlin und es geht ihm gut von der Hand.« Purrmanns Erfolg lasse sie »getroster in die Zukunft sehen«. Es soll nicht der Eindruck entstehen, dass sie Grund zur Klage hätte; lediglich, dass sie »in Gottes Namen« die Aufgabe des Wirtschaftens übernommen habe, bemerkt sie beiläufig, denn »mit dem Geld umgehen oder gar haushalten wird er nie lernen«. Mathilde hält ihr Versprechen, das sie Purrmann im Jahr 1910 gegeben hat: »Es soll mir eine schöne Aufgabe sein Ihnen Ruhe zu geben, […].«

In der Realität sieht das so aus, dass sie ihn möglichst wenig behelligt mit den Erfordernissen des Alltags, ihn, nachdem im Oktober 1916 die Tochter Regina geboren ist, nicht spüren lässt, wie unbefriedigend es für sie ist, vom Haushalt, der Versorgung und Erziehung von drei Kindern völlig vereinnahmt zu werden. Ihre künstlerische Entwicklung, die so vielversprechend begonnen hat, kommt unweigerlich zum Stillstand.

Am 5. Oktober 1918 schreibt Hans Purrmann seiner Frau nach Beilstein: »Es ist sehr einfach, wenn Du an Deine Malerei glaubst.«

Das mag grundsätzlich richtig sein, einfach ist es dennoch nicht, vor allem nicht für eine Frau mit festen Prinzipien wie Mathilde und ihrem ausgeprägten Verantwortungsgefühl. Mehr Freiraum für ihre künstlerische Arbeit hätte sie sich zweifellos schaffen können, wenn sie eine Kinderfrau oder ein Kinderfräulein eingestellt hätte. In »einer großen Anzahl gebildeter und intelligenter Familien«, mit denen sie verkehrte, schreibt die Frauenrechtlerin Hedwig Dohm, sei es damals üblich und für die Frauen selbstverständlich gewesen, die Kinder in die Obhut von Personal zu geben. Das familiäre Miteinander habe oft nur in einem täglichen Besuch der Mutter im Kinderzimmer und der Präsentation der Kinder bestanden, wenn Gäste anwesend waren. Ob finanzielle Gründe dies Mathilde und Hans Purrmann nicht gestatteten, wissen wir nicht. Nahe liegend ist, dass es nicht Mathildes Art entsprach und sie es nicht übers Herz brachte, ihre kleinen Kinder Fremden anzuvertrauen. Nach dem frühen Tod ihrer Mutter hatte sie erlebt, was dieser Verlust für die jüngeren Geschwister bedeutet hat.

Innerlich hin und her gerissen ist sie dennoch. Sie ist an einem Punkt angekommen, wo sie sich nach ihren Perspektiven fragt, überlegt, für welchen Part im Zusammenleben mit Purrmann und den Kindern sie sich entscheiden will oder muss – und sie scheint Orientierungshilfe gesucht zu haben. Darauf deutet jedenfalls ein Bündel mit von Hand beschriebenen Blättern und Notizen über Clara Wieck-Schumanns frühe Karriere als Pianistin und Komponistin hin, das sich in ihrem Nachlass fand. Die Auswahl der von Mathilde nicht kommentierten Zitate lässt auf eine intensive Beschäftigung mit dem Künstlerpaar Robert Schumann und Clara Wieck-Schumann schließen, möglicherweise anhand der erstmals publizierten Briefe und Tagebücher. Clara Wieck-Schumanns Konflikt, als sie trotz aller Widrigkeiten ihre Pianistinnen-Karriere wieder aufnimmt, und Robert Schumanns Gefühl der Zurücksetzung lassen Mathilde für sich beschließen, nicht diesen Weg gehen zu wollen. Völlig frei kann sie sich offensichtlich nicht machen von der herrschenden Meinung, dass die Frau in der Kunst der schöpferischen Kraft des Mannes unterlegen ist und sie sich im Schatten des Größeren mit der zweiten Rolle bescheiden solle. Man kann nicht alles wollen und alles haben, macht sie sich zur Devise. Ehe ihre Kinder zu kurz kommen und Purrmanns künstlerische Entwicklung leidet, stellt sie ihr individuelles Lebensglück zurück. Müsste sie stärker an ihre Kunst glauben, wie Hans Purrmann mehrmals schreibt? Wie soll sie ihren Konflikt lösen mit einem in jeder Hinsicht hohen Selbstanspruch, wenn sie schreibt: »Ich möchte es so gern allen Teilen zum Besten machen.« Sie hört auf, sich als Malerin mit eigener Berufung neben ihm sehen zu wollen, und identifiziert sich mehr und mehr mit Purrmanns Arbeit. Ein künstlerischer Austausch im eigentlichen Sinne findet nicht mehr statt, so weit man dies ihren Briefen entnehmen kann. Sie steht dem oftmals an sich zweifelnden und zu Depressionen neigenden Purrmann mit kompetentem Rat zur Seite, ermutigt, bestätigt ihn, gibt ihm Sicherheit wie in einem undatierten Brief: »Ich freue mich sehr, daß Dein Stillleben noch gut geworden ist, ich habe die feste Hoffnung gehabt, wenn Du genug Kraft aufbringst, daß Du es auch herausreissen [sic] wirst.«

Von Anbeginn hatte Hans Purrmann wenig Bereitschaft gehabt, sich in die Familie seiner Frau zu integrieren. Offenbar hat er sogar einmal seine Bedenken ihr gegenüber dahingehend geäußert, es könne ihm mehr schaden als nützen, wenn er eine Tochter aus reichem Hause heirate, wie aus Mathildes Brief vom 11. August 1911 hervorgeht. Von »all den peinlichen Familiengeschichten, nichts war mir schauderhafter und grässlicher […]«, schreibt er, und dass er froh wäre, wenn Mathilde sich nicht damit belasten und ihren Verpflichtungen entziehen würde. Auch zu seiner in Speyer lebenden Mutter und der mit einem

Postler verheirateten Schwester Riekchen in München steht er wohl nicht in engem Kontakt. Purrmanns Mutter Elisabeth macht in ihren Briefen den Eindruck einer einfachen, herzensguten Frau, die mit der Malerei ihres Sohnes sicherlich wenig anzufangen weiß und anfangs ihre Schwiegertochter respektvoll mit »Geehrte Frau Mathilde« anspricht, sich aber unendlich über die Geburt der Enkelkinder freut und sie gerne öfter sähe.

Da Purrmann häufig nicht der Sinn nach Aufenthalten in Mathildes großer Familie steht, bleibt er in Berlin, während sie beispielsweise die Sommermonate 1917 und 1918 mit den Kindern in Beilstein verbringt – und fühlt sich von ihr allein gelassen. Ihre starke familiäre Bindung und Unterstützung der jüngeren Schwester Liesel bei der Verwaltung des Beilsteiner Besitzes sind ihm ein Dorn im Auge, und er regt sich darüber auf, wie sehr sie sich einspannen lasse von der »Beilsteiner Sippschaft«. Man muss ihm allerdings zugute halten, dass er in diesem Zusammenhang sehr deutlich anspricht, wie sehr sie sich selbst überfordert und dass daraus zumindest ein Teil ihrer Unzufriedenheit resultiert. Sie solle mehr an sich denken, an ihre Malerei glauben, sich eine Haushälterin nehmen, anstatt »mit dummen Bauernmädchen« zu arbeiten, das Geld habe sie ja dazu, fordert er sie in einem Brief vom 5. Oktober 1918 auf: »Einer kann nicht Weinbauer, Familientante, Mutter und Malerin und weiß der Teufel alles in einer Person sein. Ich leide auch darunter unter dem halb zufriedenen und unentschiedenen Leben. Ich [...] habe immer selbst mir eine andere Richtung für Dich gedacht. Ich muß aber auch mich selbst schützen, ich sehe immer mehr ein, zu wie wenig ich fähig bin über das will ich wenigstens ernst machen, um nicht ein verfehltes Leben zu führen.«

Längere Aufenthalte in Beilstein, die ihre Beziehung sehr belasten, werden anscheinend seltener, nachdem sie 1919 in Langenargen am Bodensee ein ehemaliges Fischerhaus erworben haben. Das direkt am Seeufer liegende Grundstück ist für die drei Purrmann-Kinder ein Paradies. Vom Frühling bis zum Herbst wird Langenargen in den folgenden Jahren zum dauerhaften Wohnsitz, da die Kinder dort auch zur Schule gehen können. Für Mathilde sind das freilich jährlich zwei Umzüge, bedeuten mehrfaches Ein- und Auspacken von Hausrat, den man benötigt für die damals weitaus umständlichere und aufwändigere Bewirtschaftung eines Haushalts. Andererseits scheint sie sich während der monatelangen Aufenthalte am Bodensee mehr Zeit zum

Malen nehmen zu können. Es entstehen farblich zart abgestimmte, von Licht durchflutete Aquarelle mit Früchten und Blumensträußen in formschönen Gefäßen. Eines ihrer Lieblingsmotive ist die Bodenseelandschaft vom Garten aus gesehen. Sie »spielt mit den unzähligen Nuancen von Leuchtkraft und Transparenz der Farben, mit Farbflächen und Farbverläufen. Das Weiß des Papiers ist integratives Element der Komposition. Die stilistische Bandbreite der Landschaftsdarstellungen von Mathilde Vollmoeller reicht von skizzenhaft angelegten Bildern in gedeckten Farben bis hin zu furiosen, kraftvollen Farbkompositionen. Die Landschaft ist nicht nur Motiv, sondern transportiert auch Atmosphäre. Ganz in der Tradition der Impressionisten stellt die Künstlerin das gleiche Motiv zu unterschiedlichen Lichtsituationen und Tageszeiten dar.«

In Langenargen haben sie häufig Gäste, beispielsweise Mathildes Patenkind, Liesels Sohn Jürgen, für den sie in »Ein Jahr für Jürgen« zu jedem Monat passende Reime verfasst und mit Aquarellen illustriert hat, und Künstlerfreunde, die Mathilde als eine fürsorgliche, unauffällige Gastgeberin in Erinnerung behalten, wie es Rudolf Grossmann auf einer kolorierten Zeichnung mit Widmung festgehalten hat: »Frau Purrmann sie wirkt und strickt in der Stille – in Verehrung überreicht.« Ihr Wirken besteht auch darin, da sie die Praktischere ist von beiden und von ihrem Vater kaufmännisches Denken geerbt hat, das Vermögen zu verwalten, Geld einzutreiben und es gewinnbringend anzulegen. Sie ist es vor allem, die Kontakte pflegt, korrespondiert, verhandelt und die Familie während der Inflation durch die Veräußerung von Bildern, Kunstgegenständen oder Antiquitäten wirtschaftlich unterhält. »Man kommt aus dem Zahlengitter nicht heraus«, und »das Geld fliegt nur so«, lässt sie ihren Mann 1922 wissen, den sie ansonsten mit den Schwierigkeiten des damaligen Überlebenskampfes nicht behelligen will. »Denke Du nur nicht viel über die Lire nach, Du sollst es gut haben u. verkümmer Dir den Aufenthalt nicht mit Sparen.« Er hält sich damals über mehrere Monate in Italien auf, zunächst in Rom, später in Neapel und Ischia, wo er hofft, aus einer tiefen Schaffenskrise herauszufinden.

Wenn es Purrmanns Arbeit förderlich ist, nimmt sie vieles hin, auch langes Alleinsein mit den Kindern. Maria Grossmann spricht bewundernd in einem Brief von Mathildes »innere(r) Harmonie, die einem so not tut«. Keiner ahnt, was es sie an Kraft und Willensanstrengung kostet, den Schein der in sich ruhenden Ehefrau zu wahren, auch vor sich selbst. Schwäche zu zeigen, ihre persönlichen Defizite wichtig zu nehmen oder sie gar zu artikulieren, verbietet sie sich. Sie muss den Gedanken, dass sie, anders als erhofft, in ihrer Beziehung zu kurz kommt und nicht die Erfüllung gefunden hat wie möglicherweise in einem selbstbestimmten Leben, gewaltsam verdrängt haben. Erschreckend ist ihre Selbstanklage in einem Brief vom 14. Dezember 1922, das Einzige, was sie sich offenbar zugesteht, und woraus tiefe Verzweiflung spricht: »Doch werde ich den Stachel nicht los, daß ich nicht genug leiste u. komme mir dadurch so minderwertig u. unfähig vor, daß ich mich selber an die Wand schmeissen möchte.«

Krisen, Konflikte will sie, die seit jeher um Selbstkontrolle bemüht ist, allein bewältigen und Auseinandersetzungen, Zerwürfnisse vermeiden. Die meisten der erhaltenen Briefe an ihren Mann klingen positiv, ermunternd und versöhnlich. Sie schont ihn, und er gewöhnt sich an ihre uneingeschränkte Rücksichtnahme, was ihn mitunter dazu verleitet, in seinen Wünschen und Forderungen egoistisch und maßlos zu werden.

In einem Brief vom 26. Dezember 1922 an ihren »lieben Püh« nach Italien entlädt sich eruptiv, was sich wohl schon lange in ihr angestaut hat, ihre Enttäuschung, ihre Verletztheit ob seines Unverständnisses und seines geringen Einfühlungsvermögens in ihre Situation: »Du drängst mich sehr, daß ich kommen soll; u. ich kann's doch nicht möglich machen! Ich habe eine solche Angst vor der langen Reise, der Unruhe, die ich dadurch vorher schon habe, die Angst um die Kinder, die Reise zurück, an Ostern wieder der Umzug nach Langenargen, die ewigen Sorgen um den Haushalt, neu aus- und einräumen, die ewige Hetze, ich weiß nicht, wie ich es schaffen soll u. dazu noch einen Pass besorgen sollen, alles allein, kein Mensch hilft mir, ich kann es einfach nicht; […] ich komme zu keiner Ruhe u. nicht zu mir selber mehr. Ich kann nicht diese kurze Zeit, die mir bis Ostern bleibt, noch einmal unterbrechen, ich bin ganz krank, wenn ich daran denke. Du weißt doch selbst, wie schnell so ein paar Wochen fliegen, ich habe soviel Arbeit mit den Kindern, jeder Tag ist voll von oben bis unten, immer noch ein mehr als das gewohnte, ich kann es einfach nicht leisten. Das alles geht für Leute, die keine Pflichten haben, […] keine Kinder. Ich habe sie nun einmal u. muß für sie einstehen. […] Ich habe ganz verzweifelte Momente, dass Du mich so drängst, u. ich es nicht machen kann. Du kannst es mir nicht abnehmen, ich soll alles bereiten u. dann soll ich frei sein, Du verlangst Unmögliches. Freue Dich Deiner Freiheit, mache mir nicht schwer, daß ich mich allein fühle, Du kannst einen Gewinn davon haben, mache es Dir u. mir nicht schwer, man kann nicht alles haben, man muß verzichten, will man das Eine haben. Du kannst nicht auf Reisen sein u. Familienleben zur selben Zeit. Deine Ungeduld zerreisst [sic] mich u. läßt mich nicht zu einer Ruhe kommen, die ich so nötig brauche, siehst Du denn nicht, daß es über meine Kräfte geht, wenn Du so tyrannisch über alle Umstände verfügen willst? Das Leben ist heute so schwierig, daß Du dem doch Rechnung tragen mußt. Ich hoffte, Du würdest dort, wo alle die störenden Kleinigkeiten wegfallen, Dich ruhig fühlen, jetzt ist es wieder nichts; ich bin sehr mutlos; habe die Verhältnisse hier auf mich genommen u. nun soll ich schnell alles liegen u. stehen lassen u. auf und davon. Ich kann es nicht schaffen.«

Sie hält ihm vor, dass auch sie hat lernen müssen, nicht alles haben zu können, und auf vieles verzichten muss, ohne zu resignieren. Als »tyrannisch« bezeichnet sie ihn, da er, ohne sich eine Vorstellung davon zu machen, von ihr eine beschwerliche Reise fordert mit drei Kindern im Alter von zehn, acht und sechs Jahren.

Schon am folgenden Tag, vermutlich in der Sorge, ihn mit ihren massiven Vorwürfen noch mehr aus dem Gleichgewicht gebracht zu haben, schickt sie einen erklärenden Brief hinterher: »[...] u. ich sehne mich ja so unendlich nach sehen u. hören von anderen Dingen! Ich war so caput [sic] die letzten Tage, da sehe ich die Welt nicht mehr, u. alles sind unübersteigbare Berge.«

Zwar habe ihr Brief ihn sehr bedrückt, schreibt Purrmann zurück, aber letztendlich sei es doch »immer die alte Geschichte«. Sie bürde sich zu viel auf, wozu er seinen Wunsch nach ihrem Kommen wohl nicht zählt, und fern aller Verpflichtungen und täglichen Erfordernisse gibt er ihr den vielleicht wohlgemeinten, aber dann sehr ungeschickt formulierten Rat, nur das zu tun, »was Du ohne Schaden mit Vergnügen machen kannst.« Emotional muss sie sich bereits von ihm sehr weit distanziert haben, da sie darüber offenbar hinweggeht. Wie allein gelassen sie sich von ihm fühlt, äußert sie sehr verhalten in einem Brief vom 6. April 1923: »Es war ein öder Winter vis-à-vis von Deinem leeren Stuhl!« Die Siebenundvierzigjährige wirkt erschöpft und müde auf einem Foto aus demselben Jahr mit den drei Kindern; Traurigkeit liegt in ihrem Blick.

Als Purrmann sich neben Berlin und Langenargen in Italien »ein weiteres Standbein« schaffen will, aber nicht ohne die Familie, tut sie alles, um das zu ermöglichen. Nur sehr wenig wissen wir über die folgenden Jahre. Ab 1924 leben sie zusammen in Rom. Bilder in Mathildes Nachlass zeigen, dass sie sich dort immer wieder Zeit zum Malen nimmt. Sie ist fasziniert von den römischen Plätzen in der Umgebung ihrer Wohnung, schildert sie atmosphärisch dicht, in kräftigen Farben. Auf Studienreisen an den Golf von Neapel, nach Ischia und Sorrent mit Purrmann, an denen die Kinder wohl in den Schulferien auch teilnehmen, malt sie »Bilder von höchster farblicher Brillanz und kompositorischer Kraft«, und in den Jahren 1929/1930 bereisen sie Südfrankreich. Zwischendurch gibt es immer wieder längere Aufenthalte sowohl in Berlin als auch in Langenargen, was die dort entstandenen und datierten Stadt- sowie Bodenseelandschaften belegen. Wann immer es ihr möglich ist, gibt sich Mathilde Vollmoeller-Purrmann mit Leidenschaft der Malerei hin, und ihre große Begabung lässt sie Werke von hoher Qualität schaffen. Insofern stellt sich die Frage, warum nirgendwo in der Literatur über Hans Purrmann seine Frau als Malerin beziehungsweise sie – wie im Lexikon Thieme-Becker – nur als Gattin des Koloristen Purrmann erwähnt wird. Ein Grund dafür könnte sein, dass in ihren Briefen die künstlerische Arbeit von Mathilde Vollmoeller-Purrmann im Verlauf ihrer Ehe weder von ihr noch von ihm thematisiert wurde. Seine Arbeit stand im Mittelpunkt, auch für sie, die aufgehört hatte, sich als professionelle Künstlerin zu sehen. Ihr Malen war zur Nebenbeschäftigung geworden.

Am 2. Januar 1931 schreibt Mathilde ihrer Schwester Anna: »Das Leben hier ist eine permanente Peitsche und wird immer aufreibender. Der Pessimismus von Berlin ist schwierig zu ertragen; man wird von allen Seiten angesteckt, nicht nur vom Schnupfen. Und die Zukunftsangst ist groß, in jüdischen Kreisen besonders. Aber die bildende Kunst hat am wenigsten zu lachen. Und ob ein verarmtes Deutschland sich noch den Luxus von Künstlern wird gestatten können, ist fraglich. So fühlt man sich als aussterbende Rasse, überrannt von den lebensnotwendigen Berufen und ganz nutzloser Luxus, wie uns die Väter schon vorhielten. Sei froh, daß keine deiner Töchter einen Maler oder Schriftsteller geheiratet hat; das Unglück hätte auch leicht passieren können.«

Welche Zukunftsangst spricht bereits aus diesem Brief. Vier Jahre später tritt ein, was sie befürchtet hat. Nachdem Hans Purrmann 1935 an der Beerdigung Max Liebermanns teilgenommen hat, kann er sich nicht mehr in Deutschland halten, und man ahnt, wie viel Zuspruch Mathilde ihrem Mann in dieser Situation hat geben müssen. Im Oktober geht er nach Florenz, wo er die Verwaltung der 1904 unter anderem von Max Klinger initiierten »Deutschen Kulturstiftung Villa Romana« übernimmt, wozu ihm Freunde verholfen haben. Mathilde folgt ihm nach und unterstützt ihn dabei, die heruntergekommene Villa wieder in einen bewohnbaren Zustand zu bringen und die verfallene Orangerie 1936 zu zwei Gartenateliers um- und auszubauen.

In Deutschland gilt Purrmann seit 1937 als »entarteter Künstler«. Sechsunddreißig Gemälde und eine große Zahl grafischer Blätter werden aus öffentlichen Museen in Bremen, München, Kaiserslautern, Karlsruhe, Köln, Breslau und anderen entfernt, die größtenteils bis heute als verschollen gelten. In der Wanderausstellung »Entartete Kunst« sind zwei Bilder Purrmanns zu sehen. Er unterliegt dem Ausstellungsverbot und wird zu Unrecht verdächtigt, nach 1919 Mitglied der revolutionären Künstlervereinigung »Novembergruppe« gewesen zu sein, was die Arbeit in seiner Position in Florenz erschwert. Als sich am 9. Mai 1939 Hitler und Mussolini in Florenz treffen, wird Purrmann für einige Tage in Schutzhaft genommen und kommt ins Gefängnis »Murate«.

Über Mathilde Vollmoeller-Purrmanns letzten vier Lebensjahre ist nicht viel bekannt. Es wird offiziell auch als ihr Verdienst gesehen, dass die Villa Romana wieder zu einem anerkannten Kulturinstitut wurde und zu einem Zufluchtsort für zahlreiche Künstler und Kunstinteressierte, für die es wie für sie und ihren Mann kein Bleiben im nationalsozialistischen Deutschland gab. Dazu gehörten Toni Stadler, Monika Mann, Kasimir Edschmid, Werner Gilles und viele andere, denen sie auch hier als »Seele des Hauses« einen angenehmen und unvergesslichen Aufenthalt bereitet habe. Wenn sie Zeit zum Malen findet, entstehen großformatige Stillleben, Arrangements aus italienischen Blumen, Gemüse, einer Chiantiflasche. »Der Pinselduktus ist ausladend und kräftig. Monumentalität und Ausdrucksstärke charakterisieren die Aquarelle aus der letzten Schaffensperiode der Künstlerin.« Ein Foto aus jener Zeit zeigt das Ehepaar an einem Kaffeetisch.

Hans Purrmann, der von einem Neffen als eher wortkarg bezeichnet wird, wirkt unbeteiligt und blinzelt, die Augen von einem Hut beschattet, in die Kamera. Mathilde Vollmoeller-Purrmann spricht gut gelaunt, mit einem Arm einen weißen Pudel haltend, mit dem anderen Arm temperamentvoll gestikulierend, zu einem unsichtbaren Tischnachbarn. Sie ist rundlich geworden, ihr Haar ist straff zurückgekämmt, im Nacken geknotet, und sie strahlt in der Tat die Ruhe und Harmonie aus, die sie zu verbreiten vermochte.

Am 16. Juli 1943 stirbt sie im Alter von siebenundsechzig Jahren in der Münchner Wohnung ihres Sohnes Robert, gepflegt von ihrer Tochter Regina und ihrer Schwester Liesel. 1940 war sie an Brustkrebs erkrankt und hatte sich, wie es heißt, in Frankreich einer Behandlung unterzogen. Ihren letzten erhaltenen Briefen vom 11. April und 10. Mai 1943 aus Florenz an ihre Schwester Maja und ihren Schwager Walter Knoll kann man entnehmen, dass sie wusste, wie es um sie stand, und dass nicht die Hitze in Florenz der Grund war, warum sie sich vor ihrem Tod von Regina und einer Krankenschwester im Auto hatte nach München bringen lassen.

»Liebe Maja, […]. Wir haben himmlisches Wetter u. mein Mann, der Fleissige [sic] wie immer, genießt eine ununterbrochene Arbeitszeit. Er tut mir Leid, wenn ich ihn so bekümmert an meinem Bette sehe, er hat kranke Leute nicht gern; darin ist er genau wie unser Vater u. keiner brachte ihn zum Besuch ins Krankenhaus, da machte er einen großen Bogen.«

»Lieber Walter, […]. Ich muß nun meinen oft recht dunklen Kreuzweg gehen. Aber alle sind sie gut und hilfreich und ich habe zwei gute Ärzte und es war ein himmlischer Frühling. […] Bin froh, dass Ihr mich nicht seht in dem hilflosen Zustand. Man sollte nicht glauben, dass so eine Maschine, auf die man sich glaubte verlassen zu können, plötzlich streikt und nicht mehr vom Fleck will […].«

Selbst in dieser Situation nimmt sie Rücksicht auf die, die ihr nahe stehen, und keinesfalls wollte sie ihren Mann mit ihrer Hinfälligkeit belasten, seine Arbeit zum Erliegen bringen.

Ihr Grabstein in Langenargen trägt den Leitspruch ihres Lebens:

Was ich behalten, habe ich verloren.
Was ich verschenkte, habe ich noch.
Was ich versagte, daran trage ich Leid.

Hans Purrmann flieht, als deutsche Truppen nach dem Sturz Mussolinis Florenz besetzen, in die Schweiz, wo er in Montagnola im Tessin, seinem neuen Wohnsitz seit 1944, das Ende des Krieges erlebt. Er freundet sich mit Hermann Hesse und der Gobelinweberin Maria Geroe-Tobler an. Die Jahre bis zu seinem Tod am 17. April 1966 sind erfüllt von einer rastlosen Ausstellungstätigkeit und zahlreichen Ehrungen.

Erstmals kehrt er 1950 nach Deutschland zurück, und im Jahr 1951 schreibt er an seine Tochter Regina: »In Kaiserslautern wurden von 18 Bildern 16 verkauft und zu guten Preisen. Der Erfolg ist jetzt allgemein. […] Wenn das nur Mama hätte erleben können! Das ist zu traurig und schmerzt mich sehr. Wie hätte sie Genugtuung gehabt, [sie], die einzig zu mir gehalten und Vertrauen schenkte.«

Quellen

Glauert-Hesse, Barbara (Hg.): »Paris tut noth«. Rainer Maria Rilke. Mathilde Vollmoeller. Briefwechsel, Göttingen 2001.
Leisen, Adolf/Leitmeyer Maria (Hrsg.): Mathilde Vollmoeller-Purrmann (1876–1943). Lebensbilder einer Malerin, Speyer 2001.
Korrespondenz, Tagebuchaufzeichnungen etc. im Hans-Purrmann-Archiv München

»Ich würde alles wieder genauso machen«

Anna von König (1897–1992)

Am 12. Oktober 1945 feiert man auf dem Besitz der Familie Vollmoeller in Beilstein die Hochzeit von Mechtild von König und Robert Purrmann. Im Herbst 1938 hatte es sich ergeben, dass die Familien von König und Purrmann in Siena zusammentrafen. Es heißt, Leo von König und Hans Purrmann hätten dort eine Zeit lang zusammen gemalt. Vermutlich malte auch Mathilde Vollmoeller-Purrmann, aber das wird nicht erwähnt. Mathilde Vollmoeller-Purrmann und ihr früherer Lehrer Leo von König durften die Verbindung der beiden Künstlerfamilien nicht mehr erleben. Es hätte sie sicherlich gefreut und glücklich gemacht, vor allem Mathilde Vollmoeller-Purrmann, da sie vor ihrem Tod Robert geraten haben soll, Mechtild, die ältere Tochter von Leo von König und Anna von König, geborene Hansemann, zur Frau zu nehmen. Mechtild von König hatte vor ihrer Heirat eine Ausbildung an der Schauspielschule von Otto Falckenberg absolviert. Zwischen ihr und ihrem Schwiegervater Hans Purrmann entwickelte sich ein inniges Verhältnis; sie beschäftigte sich intensiv mit dessen Werk und verwaltete nach dessen Tod kenntnisreich den künstlerischen Nachlass. Robert Purrmann, promovierter und habilitierter Chemiker, gründete 1947 bei Seefeld am Ammersee ein erfolgreiches Unternehmen für pharmazeutische Zahnpräparate. Drei Kinder gingen aus Mechtilds und Roberts Ehe hervor, Annette, Regina und Marcel.

In einem Sessel schläft eine junge Frau in anmutiger Haltung. Den Kopf hat sie in die Hand des aufgesetzten linken Arms gebettet und die rechte Hand unter ihre Wange gelegt. »Porträt einer Schlafenden« nannte Leo von König ohne Namensnennung die von ihm gemalte Szene mit seiner Schülerin Anna von Hansemann.

Ein Gemälde zeigt eine sehr schöne Frau in einem weißen, locker zusammengehaltenen und tief dekolletierten Morgenmantel. Ihr langes, in der Mitte gescheiteltes Haar umrahmt ein ernstes, etwas starr wirkendes Gesicht. Der Blick der dunkel verschatteten Augen ist vom Betrachter abgewendet. Sie hält in der rechten Hand einen tiefgrünen Apfel. Das Porträt mit dem Titel »Mont Blanc« soll Anna von Königs Lieblingsbild von insgesamt dreizehn Einzelporträts gewesen sein, zu welchen sie ihrem Mann im Laufe der Jahre Modell saß.

Auf einem großen Bild mit dem Titel »Spanierinnen im Fenster« gruppieren sich drei Frauen im weißen Rahmen eines weit geöffneten Fensters. Auf dem Fensterbrett liegen drei Äpfel. Die beiden aparten Frauen im Vordergrund, zwischen ihnen ein Korb mit Obst, tragen tief dekolletierte Kleider. Ihre schmalen Gesichter sind hell beleuchtet. Die dritte, unscheinbar gekleidete Frau steht im verschatteten Hintergrund. Ihr Kopf wird oberhalb der Stirn von einem Rollladen überschnitten, an welchem ihre emporgestreckte rechte Hand sich festhält. In der linken Hand hält Anna von König einen Apfel, worauf ihr ernster, nachdenklicher Blick ruht. Die Frauen im Vordergrund sind Schwestern, Charito Caballero und Lola von Grunelius.

Eingehend hatte sich Leo von König mit dem Mythos beschäftigt, nach dem Paris einen goldenen Apfel, von der Göttin Eris mit der Aufschrift »Der Schönsten« versehen, an Aphrodite, Göttin der Liebe, übergab und damit Zwietracht säte. Vor diesem Hintergrund hatte der Maler bereits 1921 und 1922 zwei Gemälde mit dem Titel »Parisurteil« geschaffen. Zehn Jahre liegen zwischen dem Porträt »Mont Blanc« (1930) und dem Gruppenbild mit Anna von König (1940); auf beiden hält sie einen Apfel in der Hand.

Anna von Hansemann war in den Jahren nach dem Ersten Weltkrieg eine von Leo von Königs Schülerinnen. Der aus einer Offiziersfamilie stammende, in Braunschweig geborene, an der Berliner Akademie und der Académie Julian in Paris ausgebildete Maler erteilte, nachdem er im Jahr 1900 an die Spree zurückgekehrt war, zur Sicherung seiner Existenz privat und in der Schule des Kunstgewerbemuseums in Berlin Mal- und Zeichenunterricht. Der fast dreißigjährige Leo Freiherr von König zählte zu den renommierten zeitgenössischen Künstlern, seit er mit seinen einfühlsamen, vornehmen Einzelporträts an einer Ausstellung in der Berliner Secession teilgenommen hatte. 1901 war er in die Secession eingetreten und gehörte über viele Jahre dem Vorstand an. In Paris war er an der Académie Julian der Malerin Mathilde Tardif begegnet. Er ließ sie und ihre Tochter Yvonne nach Berlin nachkommen, heiratete sie 1907 und adoptierte Mathilde Tardifs Tochter.

Anna Freiin von Hansemann, geboren 1897 in Berlin, wuchs in hochherrschaftlichen, sehr vermögenden Verhältnissen auf. Ihr Großvater Adolph von Hansemann (1826–1903) war beteiligt an ausländischen Bahnunternehmen, wirkte an zahlreichen Bankgründungen in verschiedenen europäischen Ländern sowie in Übersee mit und war einer der reichsten Männer des Kaiserreichs. 1872 wurde er wegen seiner Verdienste um die Finanzierung des Deutsch-Französischen Krieges in den erblichen Adelsstand erhoben. In seiner prunkvollen Berliner Villa und auf Schloss Dwasieden, das er für vier Millionen Mark, einschließlich der Gestaltung des sechzehn Hektar großen Parks, auf Rügen erbauen ließ und das 1877 fertig gestellt wurde, verkehrten führende Bankiers und Industrielle, Staatsmänner und Diplomaten aus aller Welt. 1895 kam selbst die deutsche Kaiserfamilie zu einem Urlaubsaufenthalt nach Dwasieden, wofür eigens eine Telegrafen- und Telefonleitung nach Saßnitz gelegt und im Pförtnerhaus ein vollständiges Postamt eingerichtet wurde. Neben Dwasieden besaß Adolph von Hansemann noch weitere Güter wie die Herrschaft in Lissa-Laube oder die Herrschaft Pempowo im ehemaligen Posen-Westpreußen, wo sich Anna von Hansemann besonders gerne aufgehalten haben soll.

Vor diesem familiären Hintergrund, so lässt sich vermuten, wird es Anna in ihrer Kindheit materiell an nichts gefehlt haben. Sie wurde als drittes Kind von Ferdinand und Josephine von Hansemann geboren und war elf Jahre jünger als ihre Schwester Ottilie und zehn Jahre jünger als ihr Bruder Albrecht. Im Jahr 1900 starb ihr Vater, als Anna drei Jahre alt war. 1908 ging ihre Mutter eine zweite Ehe mit Hans Graf von Schlippenbach ein. Im Ersten Weltkrieg kam Annas geliebter Bruder Albrecht um.

Auf einer Postkarte vom 12. August 1966 erzählt Anna von König ihrer Enkelin Annette, die in England weilt: »Denke Dir, ich war im selben Alter wie Du in einer School in Eastbourne, ich war 17, es war grade vor dem 1. Weltkrieg, ich war 3 Monate dort und hatte die ersten 4 Wochen solches Heimweh, dass ich zweimal in meinen Rock gepasst hätte. Dann war' s vorbei und ich fand es schön und genoss vor allem das Reiten in den Dünen, besonders weil keine anderen Mädchen mitritten.«

Die zwanzigjährige Anna von Hansemann verliebte sich unsterblich in Leo von König, ihren Lehrer, und setzte alles daran, seine Aufmerksamkeit auf sich zu ziehen. Nach dem Unterricht habe sie herumgetrödelt und sich nützlich gemacht, so hat Anna von König ihrer Enkelin Annette erzählt, indem sie beispielsweise die Pinsel ausgewaschen habe. Josephine von Schlippenbach, Annas Mutter, war offensichtlich gegen diese Beziehung, denn sie schickte ihre Tochter für ein Jahr zu Verwandten nach Heidelberg, wohl in der Hoffnung, fern von Leo von König würde Anna zur Vernunft kommen. Die Trennung änderte jedoch nichts an Annas Wunsch, Leo von Königs Frau zu werden. In einem Brief vom 8. Mai 1982 an ihre Enkelin Annette schreibt Anna von König, dass sie die damals »andauernden Kämpfe um Leo« in der Familie nicht mehr ausgehalten und in einer dunklen Novembernacht »mit Zahnbürste und Waschlappen« unbemerkt das Elternhaus verlassen und bei einer Freundin Zuflucht gesucht habe, die sie jedoch umgehend heimgeschickt hätte. »Es war wohl das erste Mal, dass meine Mutter die Haustür aufmachte. Sie stand auf der Eingangstreppe, sie hatte geweint, aber sie sagte kein einziges Wort. Aber von da an ließ man mich in Ruhe.« Die fünfundachtzigjährige Anna von König bedauert im selben Brief die »Kränkungen und Rücksichtslosigkeiten«, die ihre Mutter von ihr habe hinnehmen müssen. »Noch lange Zeit nach ihrem Tod war mir, als hätte man mir alle Wurzeln abgeschnitten. So lernt man alles, wenn es zu spät ist.«

Die Entscheidung, sich von seiner Frau und seiner Adoptivtochter zu trennen, scheint dem fast fünfzigjährigen Leo von König sehr schwer gefallen zu sein. Letztlich erlag er wohl der Anziehungskraft von Annas Jugend, denn er ließ sich scheiden und heiratete Anna im Jahr 1920. Mathilde Tardif-von König soll gesagt haben: »Du hast mich noch einmal in jung geheiratet.« Innerlich zerrissen fühlte sich Leo von König weiterhin und hielt sehr engen Kontakt zu Mathilde und Yvonne, was Anna toleriert habe.

Leo und Anna von König bezogen nach der Hochzeit ein komfortables, elegant eingerichtetes Haus mit großem Garten in der Seestraße am Schlachtensee. 1921 wurde Tochter Mechtild und 1923 Esther geboren, die der Vater beide als Säugling malte und die ihm auch später immer wieder Modell standen. Inspiriert von seiner jungen, schönen Frau, malte Leo von König sie einige Male als Akt, allerdings sehr dezent, nicht vergleichbar beispielsweise mit Lovis Corinths sinnlicherotischen Frauenakten.

Anna von König, um 1920

1929 starb Mathilde Tardif-von König während eines Besuchs bei Leo von Königs Eltern, was bei ihm zu schweren Depressionen führte. In dieser Zeit entstand das Porträt von Anna mit dem Titel »Mont Blanc«. »Großflächig, ohne Berücksichtigung von Details, bringt der Maler das für ihn Wesentliche seines Modells zum Ausdruck. Stilllebengleich ruht der Apfel in der rechten Hand Annas, deren Hände sich von dem weißen Stoff durch die schwarzen Konturlinien abheben, aber genauso flächenhaft ausgeführt sind wie das Gesamtporträt. Das Kühle, Statische des großflächig aufgetragenen Weiß wird im Bildtitel hervorgehoben, ohne die Symbolkraft der Farbe anzusprechen. Weiß als Farbe der Unschuld und Reinheit gegenüber dem Symbol des Apfels als Zeichen der Sünde, aber auch der Liebe offenbart die Ambiguität der Beziehung des Künstlers zu seinem Modell.«

Mit der Inflation verschlechterten sich die wirtschaftlichen Verhältnisse für die Familie von König spürbar. Das Haus am Schlachtensee wurde aufgegeben. 1932 bezogen sie auf dem Grundstück der Familie von Hansemann in Berlin-Charlottenburg einen ehemaligen Pferdestall, welcher nach Leo von Königs Plänen und unter Mithilfe seines Freundes Otto Firle zu einem sehr originellen Wohnhaus mit Atelier umgebaut worden war. Anna von König musste mit wenig Personal, auch ohne Köchin, auskommen und vieles selbst im Haushalt übernehmen. Spätestens von da an, meint Esther von König, habe ihre Mutter nicht mehr gemalt und darunter »doch wohl sehr gelitten«. Um die Eintönigkeit des Fensterputzens zu ertragen, habe ihre Mutter dabei Gedichte von Rilke auswendig gelernt. Damit ihr Mann nicht gezwungen sein sollte, Aufträge, die ihn künstlerisch nicht interessierten, wegen des Geldes anzunehmen, gewöhnte sich Anna von König an, sehr sparsam zu wirtschaften. Für ihre Töchter kaufte sie immer Schuhe zum Hineinwachsen und immer welche zum Schnüren, damit sie nicht verloren gehen konnten. Auch wurden Räume in der oberen Etage ihres Hauses untervermietet.

Der Tod der Eltern im Jahr 1934 und die Ermordung seines Freundes Erich Mühsam führten bei Leo von König zu einem physischen Zusammenbruch, der längere Kuraufenthalte nötig machte. Die Machtübernahme Hitlers sollte für den Maler, der sich auf dem Höhepunkt seines künstlerischen Schaffens befand, tief greifende Veränderungen bringen. Seine Haltung gegenüber den nationalsozialistischen Machthabern wird beschrieben als »anfangs geprägt von einer fast naiven Überzeugung, sie seien Vernunftargumenten zugänglich und flexibel im Umgang mit Andersdenkenden. […] Noch nicht einmal das vielen Künstlern auferlegte Ausstellungsverbot überzeugte ihn anfangs […].«

1935 malte Leo von König die Töchter von Josef Goebbels, Helga und Hilde, zwei Porträts vom Reichsminister selbst und eines von Magda Goebbels. Man nimmt an, dass sich Goebbels an den Künstler gewandt hatte, weil dieser einen herausragenden Ruf als Bildnismaler besaß und sein an der klassischen Maltradition orientierter Stil dem Geschmack der nationalsozialistischen Führungsschicht eher akzeptabel erschien als die neueren Stilrichtungen. Für ein Ablehnen des Auftrags habe Leo von König wohl keinen Grund gesehen, da er zu diesem Zeitpunkt noch die Hoffnung gehegt hätte, Einfluss nehmen zu können. Goebbels soll »einigermaßen zufrieden« gewesen sein mit seinem Porträt, ganz im Gegensatz zu Hitler, der seinen Unmut kundgetan habe.

1935 wurde Leo von König in die Kommission für die Ausstellung Berliner Kunst in München berufen. Nachdem die meisten der ausgewählten Werke abgehängt worden waren, verließ er gemeinsam mit Arno Breker und anderen Künstlerkollegen unter Protest das Haus der Kunst. Das Bildnis seiner Eltern wurde zeitgleich aus dem Museum der Düsseldorfer Kunstsammlung entfernt, und in den folgenden Jahren sollten weitere seiner Werke aus den Museen verschwinden. Sie landeten in den Depots oder gingen an die Leihgeber zurück. Offensichtlich lastete man ihm an, dass er sich für »verfemte« Künstler wie Käthe Kollwitz oder Ernst Barlach öffentlich einsetzte. »1937 kam es mit den beiden großen Ausstellungen in München über die ›entartete Kunst‹ und die ›Große Deutsche Kunst‹ zur Klärung und Positionsbestimmung des Künstlers. Von Leo von König sollte mindestens eines seiner Werke in der offiziellen Kunstausstellung im Haus der deutschen Kunst gezeigt werden, aber Adolf Hitler missfielen seine Bilder derart, dass er vor lauter Wut ein Loch in eines der Gemälde trat und Königs Arbeiten nicht duldete.« Erst danach schlug Leo von Königs »Glaube an eine gute Wendung um in ein Gefühl der Hoffnungs- und Ausweglosigkeit«.

Im Gegensatz zu ihrem Mann soll Anna von König von Anfang an keinen Zweifel daran gelassen haben, dass sie Hitler niemals wählen würde. Wie entschieden und mutig sie sich zu ihrer politischen Einstellung auch öffentlich bekannte, erfährt man in Reinhold Schneiders Essay über Leo von König in »Verhüllter Tag«, wo er daran erinnert, dass Anna von König eine rote Rose vor einer Plastik Ernst Barlachs in der Ausstellung »Entartete Kunst« niedergelegt hat.

Wenn es galt, Freunden zu helfen und Künstler zu unterstützen, erzählt Esther von König, habe Leo von König die volle Unterstützung seiner Frau gehabt. »Oft half er Kollegen, indem er auf den wenigen öffentlichen Ausstellungen Bilder von ihnen kaufte, wie zum Beispiel von Hans Jürgen Kallmann und Bruno Müller-Linow.«

Um Ernst Barlachs Würde nicht zu verletzen, soll Leo von König einen Vetter erfunden und vorgegeben haben, für diesen Barlachs Werke zu kaufen. 1936 erstmals und während der Kriegsjahre mehrfach lebte der mit Leo von König befreundete Reinhold Schneider für einige Monate bei der Familie von König, da der Schriftsteller aufgrund seiner ablehnenden Haltung gegenüber dem Nationalsozialismus kaum veröffentlichen konnte. Während dieser Aufenthalte entwickelte sich eine tiefe geistige Freundschaft zwischen dem Schriftsteller und Anna von König. Als Esther von König später gemeinsam mit ihrer Mutter Reinhold Schneider besuchte, habe sie erleben können, »was für ein Lächeln auf sein Gesicht kam, meine Mutter zu sehen. Er hat gestrahlt.«

Ende der Dreißigerjahre suchte der in früheren Jahren sehr gesellige Leo von König zunehmend die »Abgeschlossenheit« und zog sich fast völlig aus dem kulturellen Leben Berlins zurück. Er reiste allerdings viel, suchte Künstlerfreunde auf, porträtierte einige bei diesen Aufenthalten und fuhr, so oft er konnte, an den Starnberger See, wo er bisweilen im Hotel Kaiserin Elisabeth in Feldafing logierte oder sich in Tutzing aufhielt, wo seit 1939 Yvonne von König, verheiratet mit dem Maler Walter Becker, lebte.

Leo von König plante damals, sich auch in Bayern niederzulassen. Während eines Aufenthalts mit seiner Familie im Sommer 1940 gelang es ihm, die sogenannte Brahmsvilla in Tutzing käuflich zu erwerben. Nachdem im August 1943 ihr Haus in Berlin von einer Brandbombe getroffen worden war, zog die Familie im November endgültig nach Tutzing. Anna von König soll der Wechsel von Berlin in das dörfliche Tutzing sehr schwer gefallen sein, und in dem bayerischen Landhaus, dessen obere Etage sie bewohnten – die Parterrewohnung war vermietet – habe sie sich nie besonders wohl gefühlt.

Anna und Leo von König, um 1920

Vermutlich das letzte Porträt, das Leo von König von seiner Frau gemalt hat, zeigt Anna mit verschränkten Armen vor aufgeschlagenen Büchern an einem Tisch sitzend. Ihr Gesicht ist verschattet, der Blick gesenkt, sie wirkt ernst, in sich gekehrt. Mitte der Dreißigerjahre war der Künstler Lola von Grunelius begegnet, die wie schon Mathilde Tardif und Anna von Hansemann dem Frauentypus entsprach, dem seine Vorliebe galt. 1937 malte er die Neunundzwanzigjährige zum ersten Mal. Das Halbbildnis zeigt sie in einem weich fallenden, cremig weißen Bademantel, der über der Brust weit offen steht und ein weißes Hemd im Ansatz sehen lässt. Das schmale Gesicht mit den dunkelroten, geschlossenen Lippen, umrahmt von kurzen, lockigen, braunen Haaren, die den Blick auf den schlanken Hals frei lassen, ist weniger beleuchtet als der Oberkörper und die übereinander gelegten Hände mit den langgliedrigen Fingern. Er sollte sie in den folgenden Jahren mehrfach als Modell wählen, und sie wurde seine Geliebte.

Wegen Leo von Königs Beziehung zu Lola, die aus erster Ehe einen Sohn und nach ihrer Scheidung wieder ihren Mädchennamen Caballero angenommen hatte, habe es zwischen ihren Eltern keine Probleme gegeben, erklärte Esther von König, »weil sie [ihre Mutter] sich seiner Liebe so bewusst war. [...] Sie war diejenige, die nach wie vor das Zepter in der Hand hielt und mit der er die wichtigen und ernsten Sachen besprach.« Außerdem sei Anna von König immer am wichtigsten gewesen, »dass mein Vater schöne Bilder malen konnte«.

Wie inspirierend die Schönheit und stimulierend die erotische Ausstrahlung einer jungen Frau für ihren Mann war, hatte Anna von König selbst erlebt. Nun widerfuhr ihr nach zwanzig Ehejahren dasselbe wie Mathilde Tardif-von König, ihrer Vorgängerin. Vielleicht sah sie darin einen gerechten Ausgleich und bewies ihrem Mann und sich selbst die Stärke ihrer Liebe, indem sie diese Beziehung tolerierte.

Von schwerer Krankheit geschwächt – man glaubte zunächst an eine Grippe – wurde Leo von König im Januar 1944 in ein Münchner Krankenhaus gebracht, doch es gab keine Heilungschancen. Am 20. April 1944 starb er im Alter von dreiundsiebzig Jahren in seinem Tutzinger Haus. Anna von König war siebenundvierzig Jahre alt. Nach Esther von Königs Erinnerung war ihre Mutter sehr gefasst; sie habe sehr kontrolliert sein können. Drei Monate später, am 21. Juli 1944, wurde Dominik, Leo von Königs und Lola Caballeros gemeinsamer Sohn, geboren. Lola wohnte in München, arbeitete aber in einer Arztpraxis in Tutzing und brachte nach einiger Zeit den kleinen Jungen in einem Heim in Söcking bei Starnberg unter. Als Anna von König erfuhr, dass es dem Kind dort psychisch sehr schlecht gehe, »ist sie mit Lola hingefahren und hat den kleinen Dominik geholt, und dann kam er selbstverständlich zu uns ins Haus.« Nicht nur er sollte die folgenden Jahre bei ihnen leben, auch Lola Caballero kam ins Haus und wohnte für längere Zeit mit Anna von König unter einem Dach.

Aus den Briefen, die Anna von König später an Dominik während seiner Zeit im Internat in Ettal schrieb, spricht eine große Zuneigung zu dem Jungen, in dem für sie ein Teil von Leo von König weiterlebte. Vor seinem Tod hatte der Maler sich schriftlich zu seinem noch nicht geborenen Sohn bekannt, und Anna von König erfüllte seinen letzten Willen, indem sie veranlasste, dass Dominik den Namen von König erhielt.

Zusammen mit ihrer jüngeren Tochter Esther, einer Schülerin des Bildhauers Gerhard Marcks und Expertin für ägyptische Kunst, lebte Anna von König im Brahmshaus in Tutzing, bis sie in München eine gemeinsame Wohnung mit Atelier für Esther von König bezogen. Gemeinsam mit ihren beiden Töchtern verwaltete sie den Werknachlass Leo von Königs. Als die Kunsthistorikerin Alexandra Bechter Ende der achtziger Jahre ein Werkverzeichnis Leo von Königs erstellte, gab Anna von König, bereits hoch betagt, Auskünfte zum Schaffen ihres Mannes. 1992 starb sie im Alter von fünfundneunzig Jahren und wurde neben Leo von König auf dem Friedhof in Tutzing bestattet. Kurz vor ihrem Tod hat Anna von König auf die Frage ihrer Enkelin Annette, ob sie ihr Leben bereut habe, geantwortet: »Ich würde alles wieder genauso machen.«

Quellen

Aufzeichnung eines Gesprächs mit Esther von König und Annette Wieland
Briefe Anna von Königs an ihre Enkelin Annette.
Auskünfte von Dr. Dominik und Marieanne von König
Bechter, Alexandra: Leo von König 1871–1944. Leben und Werk, Wiesbaden 1998.
Küster, Bernd (Hg.): Maler der Berliner Secession. Leo von König. Ausstellungskatalog, Bremen 2001.

Eine Frau »mit dem Schuss Pulver im Blut, der das Leben nun mal angenehmer macht als das Gleichmaß«

Charlotte Berend-Corinth (1880–1967)

Habe ich gelitten? Oftmals?«, fragt sich Charlotte Berend-Corinth vier Jahre nach dem Tod von Lovis Corinth, am 23. März 1929, nach einem Gespräch mit einem Journalisten, der unter dem Titel »Wie ich wurde« über sie schreiben wollte. Ihr Kommentar dazu: »Was für Vorstellungen sind doch so bei den Leuten; Lovis und ich – und bereichert oder gelitten und all der Unsinn, hat nie existiert. [...] Oft stand ich allein in meinem Schlafzimmer und knetete die Hände ineinander und biß die Zähne fest zusammen, wenn ich nicht das geringste Verständnis für mich fühlte – aber ich ging jedes Mal ein Stück gestärkter aus dieser einsamen Stunde hervor; es hieß stets, allein fertig werden.« Einige Monate später notiert sie: »Meine stärksten Lebensjahre gab ich Lovis, die Jahre meiner Jugend und die meiner Reife. Ich beklage mich nicht, ich stelle es fest – in der Nacht, wenn ich mein Leben, welches nun schon vorgeschritten ist, überblicke. In der Welt gelte ich für eine Frau, die sich durchgesetzt hat.« Ob sie Letzteres auch für Unsinn hielt oder zutreffend fand, lässt sie dieses Mal offen.

Unter dem Titel »Mein Leben mit Lovis Corinth« veröffentlichte Charlotte Berend-Corinth im Jahr 1947 ihre Tagebuchaufzeichnungen von zwölf Jahren, die sie im Dezember 1937 abgeschlossen hatte. Zweifellos war sie sich bewusst, dass ihre Aussagen das Bild des Künstlers mitprägen würden. »Denn ich habe nicht irgendeinen Mann geliebt, ich habe Corinth geliebt«, schreibt sie am 7. Februar 1926. Muss man also davon ausgehen, dass sie geglättet, geschönt hat, was ihn und ihre Beziehung betraf? Hat sie den Gedanken nicht zugelassen, dass ihre Begabung von ihrem Mann »kanalisiert« wurde, um sie dem eigenen Werk zugutekommen zu lassen, wie im Zusammenhang mit talentierten Ehefrauen oftmals vermutet wird? Einmal schreibt sie, dass Künstlerinnen an den Belastungen einer Ehe oft scheitern würden, scheint sich aber damit nicht gemeint zu haben. Sie hätte sogar in den ersten Jahren trotz aller Hausfrauenverpflichtungen zumindest viel gezeichnet, um sich in Übung zu halten, und ihre Tochter erinnerte sich, dass sie die Eltern vom Morgen bis zum Abend habe arbeiten gesehen.

Als Charlotte Berend-Corinth am 30. August 1925 dieses Tagebuch beginnt, hat sie sicherlich noch nicht daran gedacht, es zu ihren Lebzeiten zu veröffentlichen. Nach Corinths Tod am 17. Juli 1925 fing sie sehr bald an, seinen Nachlass zu sichten und zu ordnen. Sie bereitete Ausstellungen vor – die erste in der Berliner Nationalgalerie mit 500 Werken wurde am 29. Januar 1926 eröffnet. Sie säuberte Bilder und firnisste sie, wobei sie wehmütig und bewundernd Pinselstrich für Pinselstrich nachvollzog. Es war Teil ihrer Trauerarbeit. In kurzen Abständen schrieb sie damals nieder, was ihr durch den Kopf ging. Das Leben rollte an ihr vorüber, »sein Leben ohne mich, sein Leben mit mir. Mein Leben, welches ich nun distanziert sehe, war außergewöhnlich.« Sie denkt über sich selbst nach und geht dabei oftmals hart mit sich ins Gericht. Im Alter von siebenundvierzig Jahren stellt sie für sich fest, sie hätte »reichlich spät die Kinderschuhe ausgetreten; ich seh erst jetzt das klare kalte Erdenleben, wie es wirklich ist.«

Einerseits hat dieses Tagebuch für sie eine therapeutische Funktion. In dem Gefühlsaufruhr von tiefster Verzweiflung über den Verlust ihres Lebensgefährten und dem schmerzhaften Bewusstwerden der Endgültigkeit ist das Tagebuch Zuflucht und Mittel, um Zwiesprache mit ihrem »Luke« zu halten, um ihn festzuhalten und den Zusammenhang nicht zu unterbrechen. Andererseits, so schreibt sie ausdrücklich, will sie aufdecken, »damit es alle Menschen wissen«, wer Corinth »auch im intimen Leben« gewesen sei, ohne »nachträglich einen Engel aus ihm zu machen.«

In den letzten Jahren vor Abschluss des Tagebuchs werden die Abstände zwischen den Einträgen größer. Nach schwerer Krankheit im Sommer 1935 beschließt sie, es mit dem Leben noch einmal aufzunehmen, und überschreibt die Aufzeichnungen bis zum 13. Dezember 1937 mit »Neue Lebensgeister«.

Wie ihr Leben weiter verlief, erfährt man ansatzweise in einem zweiten Tagebuch, das die siebenundsiebzigjährige Charlotte Berend-

Corinth in Saratoga Springs während eines Kuraufenthalts innerhalb von knapp zwei Monaten, vom 3. Juli bis 29. August 1957, schrieb und das 1958 unter dem Titel »Lovis« veröffentlicht wurde. Sie bezeichnet es zweiunddreißig Jahre nach Corinths Tod als ihr Vermächtnis zu Lovis Corinth. Da sie zur selben Zeit an einem Vorwort zum Œuvre-Katalog arbeitete, äußert sie sich hier eingehender über den Maler und sein Werk und detaillierter zu einzelnen Bildern, zollt seinem Können uneingeschränkt Bewunderung und bezeichnet ihn wiederholt als ein Genie. Auch in diesem Tagebuch betont sie, Corinth nicht glorifizieren zu wollen, sondern sich strikt an die Tatsachen zu halten. Sie räumt ein, »daß sein Charakter auch Züge aufwies, die einem das Leben schwer machen konnten«, um im folgenden Satz sofort hinzuzufügen, dass »diese Komponenten seines Charakters, aufs Ganze gesehen, notwendig und sinnvoll« gewesen wären. Dessen sei sie sich immer bewusst gewesen, was letztlich nichts darüber aussagt, wie sie es ertragen hat. Apodiktisch stellt die Siebenundsiebzigjährige fest: »Eine Frau, die diese Grundbedingungen des Genies nicht versteht, ist hier als Partnerin, um es mit einem Wort zu sagen, fehl am Platz.«

Wie diese zweiten Aufzeichnungen zu sehen sind, schreibt Hans Maria Wingler in einem Nachwort: »In diesem Tagebuch aus Saratoga Springs sind persönliche Erlebnisse, subtile Schilderungen von Ereignissen aus dem Leben und Wirken Corinths und Reflexionen über diese Vorgänge, die nun schon seit mehr als einem Menschenalter Vergangenheit sind, unauflösbar ineinander verwoben, so daß es kaum möglich ist, festzustellen, wo die Grenze zwischen dem streng Tatsächlichen und dem subjektiv Erlebten liegt und wo etwa das Gedächtnis im Laufe der Jahrzehnte die unausbleiblichen Modifikationen vorgenommen hat.«

In beiden Tagebüchern, davon muss man ausgehen, gibt sich nicht die ganze Charlotte Berend-Corinth preis. Mit erstaunlicher Offenheit erzählt sie jedoch, vor allem in den ersten Aufzeichnungen, wie sie selbst sich sah und beurteilte. Wie sie als Ehefrau Corinths gesehen werden wollte, vielleicht auch von der Nachwelt, darüber erfährt man sehr viel mehr in dem späteren Tagebuch, auch durch das, was sie hervorhebt und was sie weglässt.

Das Kind Charlotte, ihre Mädchenjahre und das Leben in ihrem Elternhaus beschreibt sie in ihren 1950 veröffentlichten Erinnerungen »Als ich ein Kind war«. Mit Stolz spricht sie von der »Gediegenheit eines tadellos geführten feinbürgerlichen Haushalts«, der luxuriösen Einrichtung, zunächst in dem Haus in der Berliner Burggrafenstraße, in welches die Familie Berend einzog, als Charlotte vier Jahre und ihre Schwester Alice neun Jahr alt war, und zuletzt in der Kantstraße gegenüber dem Tiergarten. Delikatessen gehörten nicht zum Alltag, aber bei Abendgesellschaften wurde Kaviar mit Champagner gereicht, und in Vaters Weinkeller lagerten erlesene Weine. Die Eltern stammten aus wohlhabenden jüdischen Familien. Ernst Berend, Charlottes Vater, war der Sohn eines Unternehmers für Baumwollimport in Hamburg und gründete eine eigene Firma am Alexanderplatz. Seine zwölf Jahre jüngere Ehefrau Hedwig war eine Tochter von Julius Gumpertz, Mitbegründer des Berliner Bankhauses »Gumpertz und Samuel« am Molkenmarkt. Obwohl die Familie Gumpertz im Alltag nicht streng nach jüdischen Regeln lebte, soll Hedwigs Vater die Wahl des Schwiegersohnes nicht dem Zufall überlassen, sondern nach alter Sitte einen Heiratsvermittler, im Jiddischen einen »Schadchan« oder »Schadchen«, beauftragt haben, um seine Tochter unter die Haube beziehungsweise unter die »Chuppa«, den Hochzeitsbaldachin, zu bringen. In ihrer Beschreibung der Eltern wird deutlich, dass Charlotte eine »Vater-Tochter« war. Die Mutter nennt sie eine »Musterhausfrau«, deren übertriebene Sparsamkeit so weit ging, dass sie die abgelegten und umgeänderten Kleidungsstücke ihrer älteren Schwester tragen musste und als junges Mädchen »alttantig« ausgesehen habe. Hedwig Berend sei eine schöne Frau, aber ihrem gesellschaftlichen Status unangemessen bescheidene Frau gewesen. Kostbare Stoffe, die Erwin Berend auf seinen Geschäftsreisen nach Paris und London für seine Frau kaufte, verwahrte sie ungenutzt in Truhen und Schränken; sie habe, schreibt Charlotte, nicht »den Dreh« gehabt, »der einer Frau jenes gewisse Etwas verleiht [...].« Außerdem habe sie es einfach nicht verstanden, als elegante Frau ihres Standes einem Haus mit zahlreichem Personal vorzustehen, sondern sei völlig undiplomatisch, in ihrem Putzwahn ewig nörgelig, »ein richtiger Hausdrache«, gewesen. Ihr »Vatelchen« hingegen liebte und bewunderte Charlotte, weil er ein weltmännisches Auftreten hatte, großzügig gedacht und gelebt habe, die Geselligkeit liebte und Abende mit der Mutter ohne Gäste als langweilig empfand.

Auch die ältere Alice fühlte sich mehr zum Vater hingezogen, aber ansonsten waren die beiden Schwestern sehr verschieden. Die mehr introvertierte, unauffällige Alice wuchs im Schatten der hübscheren, lebhaften kleinen Schwester auf. Charlotte betrachtete sich mit ihren üppigen Korkenzieherlocken gerne im Spiegel, stand überall im Mittelpunkt und hatte keine Scheu, sich zu produzieren, ob in einem Kinderballett bei einer Hochzeit in der Verwandtschaft oder bei einem Tanz- und Singspiel als schlesisches Bauernmädchen im Alter von zwölf Jahren. Sie wollte vor allem dem Vater gefallen und wusste, wie sie seine Aufmerksamkeit auf sich lenken konnte. Ein paar Jahre später genoss sie es, wie man ihrem damaligen Tagebuch entnehmen kann, die in sie verliebten jungen Männer »am Bändel« zu führen. Um der in ihren Augen über die Maßen strengen Mutter zu entkommen, blieb nach ihrer Erfahrung nichts anderes, als »daß man sie beschwindeln müßte an allen Ecken und Enden, sonst käme man nie zu seinem Ziele […].«

Bis zu ihrem siebzehnten Lebensjahr besuchte sie das Lyzeum, die Charlottenschule in der Nähe des Magdeburger Platzes, eine fortschrittliche Lehranstalt mit Sportunterricht, ihrem Lieblingsfach. Noch war sportliche Betätigung für Mädchen keine Selbstverständlichkeit, denn für viele galt sie nach wie vor als unschicklich. Bis Ende der achtziger Jahre hielt man es nach dem Berliner Turnlehrer Karl Euer sogar noch für schädlich für die Geburtsfähigkeit. Charlotte jedoch durfte Schwimmen lernen, spielte Tennis, ruderte mit ihrer Schwester auf dem Neuen See im Tiergarten und »holländerte«, lief Schlittschuh.

Kulturelle Bildung spielte im Hause Berend eine eher untergeordnete Rolle. Man ging gelegentlich in Konzerte und ins Theater, und die Töchter erhielten den in ihren Kreisen üblichen Klavierunterricht. Der heranwachsenden Charlotte, die von klein auf gern malte und zeichnete, imponierte ihre Kunsterzieherin Eva Stort, eine im Verein Berliner Künstlerinnen ausstellende Malerin. Sicherlich motiviert durch ihre Schwärmerei für diese Lehrerin, besuchte sie, die im Elternhaus dazu nicht angeregt wurde, von ihrem Taschengeld Kunstausstellungen. Ihre Schwester Alice hingegen entdeckte die Welt der Bücher und liebte die Erzählungen aus vergangenen Zeiten ihrer Großmutter Selma Gumpertz, deren erklärter Liebling sie war. Charlotte und Alice, beide fantasiebegabt, verspürten den Drang, aus »dieser Philisterfamilie auszubrechen«, wie Alice gesagt haben soll, während Charlotte in ihrem Tagebuch den lieben Gott inständig bat, sie »nicht alltäglich«, sondern eine richtige Künstlerin werden zu lassen.

Es gelang ihr tatsächlich, die Bedenken des Vaters, der seine Tochter als »alte Jungfer« und »Blaustrumpf« enden sah, zu zerstreuen und seine Einwilligung zu erhalten, sich zur Prüfung an der Kunstschule in der Klosterstraße anzumelden.

»Diese Woche war die schönste meines sechzehnjährigen Lebens!«, schreibt sie in ihren Erinnerungen. Sie wolle malen und weder einen Mann noch Kinder haben, soll sie einer Mitschülerin anvertraut haben. Ob sie nach bestandener Prüfung die Ausbildung, welche an dieser Art von Schulen üblicherweise im Abzeichnen nach Vorlagen von Pflanzenteilen und Gipsabgüssen von Köpfen, Händen etc. bestand, auch noch begeistert hat, erfahren wir nicht. Immerhin habe sie später »in der Herren-Klasse« nach lebendem Modell und auf der Kunstgewerbeschule bei Professor Manzel »in der Klasse für die fortgeschrittenen Herren« nach Aktmodellen zeichnen dürfen.

Von einem Tag auf den anderen änderten sich die wirtschaftlichen Verhältnisse der Familie Berend und damit auch Charlottes Leben. Der Bankrott seiner Firma, den Ernst Berend durch Spekulationen an der Börse verschuldet hatte, und die Veruntreuung von Treuhändergeldern ließen ihn am 28. Februar 1900 zur Pistole greifen und seinem Leben ein Ende setzen. Für die fast zwanzigjährige Charlotte, in deren Armen der Vater starb – jede Hilfe kam zu spät –, war es ein traumatisches Erlebnis, über das sie lange nicht zu sprechen vermochte. Die Wohnung in der Kantstraße mussten sie aufgeben und eine bescheidene Dreizimmerwohnung in der Ringbahnstraße in Halensee mieten, in der sich die beiden Schwestern ein Zimmer teilten. Verschlossen waren Alice und Charlotte fortan die Gesellschaftskreise, zu denen ihre Familie bislang gehört hatte.

Im November desselben Jahres wurde die um den Vater trauernde Charlotte in der Kunsthandlung von Paul und Bruno Cassirer tief berührt von einem Bild, das Lovis Corinth vom älteren Bruder seines Vaters gemalt hatte und das den Titel »Ohm Friedrich« trug. Ein Jahr später sollte sie Schülerin in Corinths neu eröffneter »Malschule für Weiber« in der Klopstockstraße und vier Jahre später seine Frau werden.

Der in Ostpreußen geborene Maler hatte nach einem Akademiestudium in Königsberg und München sowie Malunterricht in Antwerpen und Paris von 1888 bis 1891 in Berlin und danach bis 1897 in München, Giselastraße 7/IV, gelebt, wo rund hundert Gemälde entstanden, unter anderem sein berühmtes »Selbstbildnis mit Skelett« (1896).

Eine Zeit lang war er zwischen München und Berlin hin- und hergependelt, hatte in Berlin ausgestellt und von dem befreundeten Maler Walter Leistikow Porträtaufträge vermittelt bekommen. Eine endgültige Trennung von der »Münchner Allotria«, einer 1873 gegründeten Künstlergesellschaft, fiel ihm schwer, was sich jedoch änderte, als sein Bild »Salome« (1900) von der Münchner Secessionsjury zurückgewiesen wurde. Auf Drängen von Walter Leistikow gab er es nach Berlin, wo es in der zweiten Ausstellung der Secession als Sensation gefeiert, von dem Wuppertaler Industriellen Carl Toelle zu einem damals spektakulären Preis gekauft und er selbst »für Berlin eine ›Kapazität‹ wurde«. 1902 sollte er dann auch in den Vorstand der Berliner Secession gewählt werden.

Den Andrang der Schülerinnen auf seine Anzeige »Louis Corinth – Malschule für Akt und Portrait. Vom 15. Oktober an: Berlin NW., Klopstockstraße 52, III. Auskunft wird erteilt: im Bureau der Secession« erlebte Corinth als geradezu »colossal«. Dreißig Mark kostete der Unterricht monatlich, für Charlotte inzwischen viel Geld. Noch niemals hatte sie einen so nachlässig gekleideten Mann wie ihren neuen Lehrer gesehen. »Ein hühnenhafter [sic] Mann, mit einem offenen Flanellhemd bekleidet, das einen Teil der nackten Brust unbedeckt läßt. Ich sehe den leicht geröteten Kopf über dem mächtigen Hals, zerwühlte dunkelblonde Haare und zwei blaue Augen, die mich durchdringend fixieren.« Darüber war sie aber keineswegs schockiert, zumal Corinths gut gelaunte Art, mit der er ihre Mappe begutachtete und ihr das Atelier zeigte, sie sehr positiv einnahm. August Macke, einer von Corinths späteren Schülern – auch Max Beckmanns erste Ehefrau Minna Tube gehörte dazu –, hat in einem Brief eine lebhafte Schilderung von Corinths Unterricht gegeben: »Er ist trotz Ruppigkeit doch ein Kerl, der einem, wenn man selbst mit will, viel, viel beibringen kann. Vor allem nimmt er selbst die Kohle in die Hand oder den Pinsel und zeigt einem, wie er es machen würde. […] Er merkt es allen an, ob man frisch ist oder nicht. ›Wenn Sie schlapp werden und murksen, fangen Sie lieber etwas anderes an. Nur frisch bleiben.‹ Das sagt in der Akademie niemand. Er ist sehr ehrlich und sachlich, und ich fühle mich immer erfrischt nach der Korrektur.«

Über ihre Anfänge als Schülerin Corinths schreibt Charlotte: »Meine Zeit in Corinths Malklasse verflog, die Arbeit gedieh, das Können wuchs, ich war von den schönsten Hoffnungen erfüllt. Dass ich zu

Recht hoffen durfte, eine tüchtige Künstlerin zu werden, bestätigte des Lehrers Lob.« Im schönsten Ostpreußisch habe er sie manchmal ermuntert: »Hibsch, machen's nur so weiter!«

Schon bald sollte der »Herr Lehrer« von ihr als seiner Lieblingsschülerin sprechen, die auf einem Foto der Malklasse von 1902 mit sieben Mitschülerinnen in unförmigen, bodenlangen Kitteln direkt hinter dem gravitätisch posierenden Corinth zu sehen ist. Die Lieblingsschülerin zeigte nicht nur Begabung, sondern machte sich auch nützlich, kümmerte sich morgens um den »tückischen Ofen«, bestellte die Modelle, so dass ihr Corinth auch eine erste Präsentation der Schülerarbeiten im Atelier gerne überließ, um selbst Reißaus vor den Besuchern nehmen zu können. In ihrem Übereifer verkaufte sie dabei ohne seine Erlaubnis eine seiner Zeichnungen, was einen Zornesausbruch zur Folge hatte. »Seine Blicke schienen Dolche zu sein.« Doch nachdem sein erster Ärger verraucht war, deckte er »ein Tischlein à deux« und futterte mit ihr Kaviar. Immer öfter zog der Maler seine Schülerin nach dem Unterricht ins Gespräch, was Charlotte natürlich schmeichelte. »Ich gestehe, daß ich dem gern ein bißchen Vorschub leistete, indem ich beim Aufräumen der Utensilien trödelte und etwas länger als notwendig blieb, hoffend, seine große Ateliertür werde sich öffnen und er rufe mich zu sich herein.«

Ganz offensichtlich wollte er sie fördern, und weil nach seiner eigenen Erfahrung der Kontakt mit der finanzkräftigen, einflussreichen Berliner Gesellschaft dabei unerlässlich war, nahm er sie zu Gesellschaften bei seinen Mäzenen und in der Secession mit. Dort erlebte Charlotte ihren Lehrer im maßgeschneiderten Anzug und in Lackschuhen und wie er von den Gastgebern »verhätschelt« und den Damen regelrecht »becirct« wurde, wie er scherzte, tanzte, schäkerte, »sprühend vor Humor«. Der urwüchsige, kraftstrotzende, sich unverstellt gebende Mann erfreute sich großer Beliebtheit, und Charlotte erfuhr von einem Tischherrn: »Corinth ist der interessanteste Mensch, den man sich denken kann; er erscheint doch so brutal, aber denken Sie, der kann Jean Paul auswendig hersagen, so einer ist das.«

Dass aus Franz Heinrich Louis, Sohn eines Landwirts, Lohgerbers und Ratsherrn in Tapiau, das geworden war, hatte er seinem Vater Franz Heinrich, den er »abgöttisch liebte«, zu verdanken. Zeitlebens musste das von ihm gemalte Porträt seines Vaters gegenüber seinem

Lieblingssessel hängen, »denn ich will den Alten täglich sehen, ich denke jeden Tag an ihn.« Der empfindungsvolle und kluge Franz Heinrich Corinth, schreibt Charlotte, habe »von Kinderzeit an beobachtet, was für ein kleiner Wunderbaum da im Gemüsegarten Wurzel geschlagen hatte.« Gegen den Willen der Mutter hatte er den Sohn das Gymnasium und anschließend die Kunstakademie in Königsberg besuchen lassen, wohin Franz Heinrich Corinth nach dem Tod seiner Frau auch übersiedelt war.

Der vierundvierzigjährige Lovis Corinth, in dessen Münchner Atelier in der Giselastraße es laut seinem Hausmitbewohner, dem Dichter Joseph Ruederer, »Wein und Weiber« in Hülle und Fülle gegeben habe, war, bis er Charlotte begegnete, noch nie eine feste Beziehung eingegangen. Ganz offensichtlich hatte er sich verliebt in seine lebhafte, kapriziöse Schülerin. In einem ersten Brief fordert er sie, sprachlich etwas plump und ungeschickt, auf: »Ich würde mich freuen, wenn Sie mal zu mir rankommen, so es Ihre kostbare Zeit erlaubt.« Obwohl er im Juni 1902 einem Bekannten schrieb, er sei »immer noch ein armer Maler« und trotz gelegentlicher Bilderverkäufe könne er immer noch keinen eigenen Hausstand gründen, habe er sie schon recht bald »durch die Blume gefragt«, ob sie gewillt wäre, ihn zu heiraten. »Er kleidete das lachend folgendermaßen ein: ›Es gibt zwei Möglichkeiten für mich für die nächste Zeit – entweder ich kaufe mir einen neuen Pelz oder – ich heirate. Was antwortest du darauf?‹« Kokett habe sie dann jedes Mal geantwortet, er solle besser den Pelz kaufen, und sich damit aus der Affäre gezogen. Auf einer Redoute dann übermannte es ihn, und während eines Tanzes küsste er sie zum ersten Mal. »Ich tat den dummen Quietscher der jungen Mädchen, war aber doch wirklich überrumpelt gewesen. […] Geküßt vom Herrn Lehrer! Ich war verwirrt. […] und wie von mir selbst berauscht.«

Zu jener Zeit malte Corinth auch ihr erstes Porträt »Fräulein Berend im weißen Kleid«, signiert »vom Herrn Lehrer Lovis Corinth 1 Juli 1902«, und gleich anschließend »Maske im weißen Kleid«. Beim Malen habe er ausgelassen gesungen und in den Pausen versucht, sie »ein bisschen zu haschen«. Daraufhin habe sie ihm scherzend gedroht: »Meisterchen, Meisterchen!« und sich zugleich spröde und kokett gegeben. Das sei überhaupt »ihre Grundnote« gewesen, die auch andern den Kopf verdreht habe. Wenn sich Männer ihr erklärten – einer sogar mit einem Heiratsantrag –, machte sie einen Rückzieher. Am liebsten führte sie mehrere Männer gleichzeitig »am Bändel« und genoss es, ihre Verehrer »an der Angel zappeln« zu sehen. Sie habe damals ein flatterhaftes Herz gehabt, sei noch unausgeglichen und zu unreif, sich ihrer Verliebtheit in Corinth nicht bewusst gewesen. Im Nachhinein bezichtigte sie sich »kärglicher Neigungen«, die sie damals »nach mehr oder weniger kurzer Zeit in dieses kühle Stadium der Abkehr« geraten ließen. Sie sei eben kein »Lämmchen« gewesen und fügt hinzu: »Hätte ein Mann wie Corinth ein Lämmchen geliebt?«

Corinth schien jedoch nicht länger unverbindlich mit ihr tändeln, sondern herausfinden zu wollen, woran er bei ihr war. Im Sommer 1902 lud er sie zu einer Reise ein an die pommersche Ostseeküste nach Horst (heute polnisch: Niechorce), wo der »Herr Lehrer« bei seinem Freund Georg Roll wohnte und das »Fräulein Schülerin« ganz korrekt »im Turmzimmer der Frau des Organisten« einquartierte. Man ging zum Du über, jeden Abend machten sie eng umschlungen Spaziergänge und sanken »sich küssend in den weichen Heidekrautboden«. Zum Unterricht in Landschaftsmalerei, wie sie die Reise vielleicht ihrer Mutter erklärt haben mag, kam es wohl nicht, denn meistens steht sie ihm Modell: Es entstehen die Bilder »Paddel-Petermannchen« (Charlotte durchs Wasser watend), »Mädchen mit Stier« (Charlotte, die einen mächtigen Stier am Nasenring führt, als bildliche Umsetzung seiner, Corinths, Zähmung) und »Petermannchen im roten Stuhl«.

»Auf diesem Bild hielt er meinen ihm zugewandten Blick hingebender Liebe, von dem ich selbst nicht wusste [sic], fest; seine Liebe zu mir manifestierte sich in der Zärtlichkeit der Darstellung insbesondere meiner Hand. Einmal ließ er beim Malen den Pinsel sinken. Er blickte mich ernst an: ›Du bist ja überhaupt nicht berechnend‹, sagte er. Ich schaute verständnislos drein, und er nickte, seine Worte bekräftigend. Sie sind mir heilig geworden, als ich sie viel später begriff.«

Corinth nannte sie »Kerlchen« beziehungsweise »Petermannchen«, nachdem sie ihm erzählt hatte, wie ihr Vater sie damit geneckt hätte, sie sei ein vertauschtes Zigeunerkind, das man hinter dem Zaun gefunden habe, und dass sie einmal einen lästigen Verehrer losgeworden sei, indem sie sich ihm als eine Zigeunertochter aus dem berühmten Stamm der Petermanns offenbart habe.

Es sei ihr damals nicht in den Sinn gekommen, ihn erobern oder gar an sich binden zu können. Es war ein Spiel für sie. An einem Abend in Horst habe sie in ihrer spröden Manier zu ihm gesagt, dass sie ihn nicht mehr so besonders liebe. Zu ihrer grenzenlosen Überraschung machte Corinth nicht die von ihr erwartete Szene, sondern dankte ihr stattdessen sehr ruhig für die schöne Zeit und küsste sie wie zum Abschied. Damit wäre ihr plötzlich erstandener Widerstand in sich zusammengebrochen. Doch noch wollte und konnte sie sich nicht entscheiden.

Nach einem gemeinsamen Aufenthalt in Brunshaupten an der Ostsee, erzählt Charlotte, sah es wirklich nach Trennung aus. Corinth war allein nach Berlin zurückgefahren, während Charlotte sich von einem »Dr. U.«, der ihr sein »junges, einsames Herz« zu Füßen gelegt hatte, nach Kopenhagen einladen ließ und zum Abschluss der Reise mit ihm als »Herr und Frau Dr. U.« einen Aufenthalt in einer luxuriösen Suite des Berliner Hotels Savoy genoss. Völlig irritiert durch Corinths dieses Mal abweisende Haltung bei ihrem ersten Atelierbesuch danach – »nie zeigte ich sonst mein Gefühl, war spröd und ließ den andern werben« – fiel sie ihm zu Füßen. »Doch hier gab es keinen Rückhalt, meine innige, meine leidenschaftliche Liebe schrie ich ihm zu. Es wurde still. Zwei Hände, seine geliebten Hände suchten nach meinem Kopf und zogen ihn an seine Brust. Er sprach kein Wort. Er fragte nichts. Aber ich erfuhr Erlösung, Dankbarkeit, und eine große Bewunderung für seine Größe, wie ich mich nicht entsinne, sie erlebt zu haben. Keine Anklage seinerseits, keine Andeutung meines Seitensprungs, keine kleine Regung. Er hatte mich wirklich gekannt, er sah wirklich, wie es um mein Gefühl stand. Er wußte, daß auch für mich eine Schicksalsstunde geschlagen hatte, da ich vor ihm auf den Knien lag. Nie ist diese Szene zwischen uns erwähnt worden und nie hat sie sich wiederholt in unserm Leben.«

Im September 1902 lud Corinth sie zu einer Reise nach München ein. Nach einem Oktoberfestbesuch, woran ein Foto erinnert, auf dem beide ziemlich abgekämpft aussehen, fuhren sie mit dem Zug an den Starnberger See. Vielleicht hatte er ihr das malerische Bernried zeigen wollen, wo er den Sommer 1899 mit Max Halbe verbracht und das Bild »In Max Halbes Garten« gemalt hatte, das heute in der Städtischen Galerie im Lenbachhaus in München hängt. Doch ihr Ausflug ins Voralpenland endete in Tutzing damit, dass Charlotte mit Fieber und Schüttelfrost in einem »öden Gasthof« das Bett hüten musste, von Corinth umhegt und natürlich auch gemalt und gezeichnet.

Nach ihrer Rückkehr zog sie sich in Berlin einen schweren Bronchialkatarrh zu, als sie ihm halb entblößt im kalten, zugigen Atelier Modell stand zu »Selbstbildnis mit Frau und Sektglas«. »Zwei Tage beschäftigte ihn nichts anderes«, schreibt sie, »er malte und malte.« Er habe es als ihr »Verlobungsbild« bezeichnet.

Ob Charlotte weiterhin als Schülerin an seinen Kursen teilnahm oder die Gelegenheit von ihm erhielt, in seinem Atelier zu malen, erfahren wir nicht. Auch erwähnt sie nicht, dass sie, wie es woanders heißt, während des ganzen Winters gekränkelt, während Corinth sich auf Festen der Berliner Gesellschaft amüsiert und damit geprahlt habe, wie »sehr fêtiert« er von den Damen werde. In ihrem ersten Tagebuch schreibt sie, sie habe damals »am Scheideweg« gestanden und den Sprung getan – zu ihrem Vorteil. In dem in den Tag hinein liebenden Mädchen sei die Egoistin erwacht, als sie begriffen habe, nur eine dauernde Verbindung bewahre vor Lebensunglück. »Da packte ich hart zu und sicherte mir diesen Platz an seiner Seite.« Wie dieses harte Zupacken gemeint ist, lässt sie allerdings offen.

Noch die Siebenundsiebzigjährige hält daran fest, sie hätten im März 1903 geheiratet, in Brunshaupten einen ebenso künstlerisch ertragreichen Sommeraufenthalt wie im Jahr davor verbracht und ihre Ehe »vor der Welt« geheim gehalten. Laut Aussage des Standesamts Berlin-Wilmersdorf gegenüber der Autorin El-Akramy fand die Hochzeit jedoch erst am 23. März 1904 statt, und sieben Monate später wurde Sohn Thomas geboren. Vor der Welt sollte also wohl eher geheim gehalten werden, dass Charlotte bereits schwanger war, als sie ganz unauffällig und nur standesamtlich in Berlin-Wilmersdorf sich das Ja-Wort gaben und sie den Ring von Corinths Vater, in den ihre Namen eingraviert waren, erhielt. Dafür, dass man kein Aufsehen erregen wollte, spricht auch, dass es nur »ein elegantes, kleines Essen für uns nebst Mutter und Trauzeugen im Savoy« gab. Ihre Schwester Alice war weder Trauzeugin noch anwesend, sondern an den Gardasee gereist, aber das erwähnt Charlotte nicht. Es heißt, Alice hätte auch ein Auge auf Corinth geworfen gehabt, und insofern hätte sie den Triumph der Jüngeren, mit dem Mann ihres Herzens, noch dazu vor ihr, unter die Haube zu kommen, nicht miterleben wollen.

Die Zurückdatierung des Hochzeittages wurde von der Familie jahrzehntelang aufrechterhalten und findet sich deshalb bis heute in Büchern, Katalogen und offiziellen biografischen Zeittafeln. Wahrscheinlich hat Charlotte mit der Zeit selbst daran geglaubt. In ihrem ersten Tagebuch erinnert sie sich nach einer Autofahrt nach Innsbruck und Taur im August 1927: »In Taur ist das wunderbare Bild von mir entstanden Im Liegestuhl. Als ich mein erstes Kind erwartete, wohnten wir auf einer Mühle, die meistens von einem Pleitegeier umkreist war und stillstand. Wir hatten zwei primitive Stübchen, neben einer Tagelöhnerfamilie des Hofes, weil uns das sogenannte Vorderhaus nicht gefiel.« Nachdem sie hätte miterleben müssen, wie ein Kind der Tagelöhnerfamilie an der Ruhr gestorben sei, wären sie abgereist. »Noch lagen die Monate August, September vor uns, ehe das Kind, [...], das Licht der Welt erblicken sollte. Wir beschlossen nach kurzem Aufenthalt in Berlin, nach Dievenow zu gehen. [...] In dieser Zeit hatte Corinth das schöne Bild des Apfelbaums mit den unzähligen Äpfeln gemalt, welches ich sehr liebe. Es heißt Der Bauerngarten.« In ihrem zweiten Tagebuch erzählt sie von ihrem Aufenthalt »in einem einsamen Nest, in der Waitlager Mühle« im Jahr 1904, ohne ihre Schwangerschaft zu erwähnen. Auf Empfehlung einer Bekannten habe sie sich dort für längere Zeit in eine Zweizimmerwohnung zurückgezogen und dort gemalt; ihre Mutter, Alice und eine Freundin hätten sie gelegentlich besucht. Corinth sei zunächst übers Wochenende gekommen und später ganz bei ihr geblieben. »Dort hat er mich ›im schwarzen Seidenmantel‹ porträtiert. Auch das Bildnis Junge Frau mit Kätzchen ist ein Produkt unserer Waitlager Idylle.«

Noch zwei Tage vor der Geburt ihres Sohnes Thomas am 13. Oktober 1904 steht Charlotte ihrem Mann Modell, »ganze Figur, obwohl mir die Beine etwas zittrig waren. Es entstand das schöne Bild Die Schwangere, das ich aber nie ausstellen ließ.« Beim Malen habe Corinth immer gesagt: »Dein Kopf ist direkt reizend, wirklich warraftig!« »Warraftig« hätte bei ihm »höchste Beteuerung« bedeutet. Die Hausgeburt, zu der man keinen Arzt, nur eine Hebamme, gerufen hatte, gestaltete sich wegen der Steißlage des Kindes als sehr schwierig und hätte Charlotte das Leben kosten können, aber alles ging gut. Anders, als sie es sich womöglich vorgestellt hatte, forderte sie der Alltag als Hausfrau und Mutter. Damals wohnten sie laut ihrem Tagebuch »noch im Atelier, sehr primitiv, aber sehr nach unserem Geschmack.« Nun da sie zu dritt waren, wurde die Atelierwohnung, in der Corinth auch seine Malkurse abhielt, ihm zu eng, vor allem wenn er für ein Gemälde mehrere Modelle kommen ließ; deshalb mietete er ein zweites Atelier in der nah gelegenen Händelstraße. Im Nachhinein fragt sich Charlotte, wie sie es damals immer noch geschafft habe zu malen, trotz Kind, Wirtschaften mit beschränkten Geldmitteln und Modell stehen, denn bis auf Aushilfen, »die uns beständig im Stich ließen«, war sie auf sich gestellt, wenn nicht ihre Mutter bei der Betreuung des Säuglings aushalf. Eine innere Stimme habe ihr jedoch immer gesagt: »Gib dich nicht auf! Sei achtsam, energisch, sei auch auf dich bedacht, geh nicht unter im Kleinkram, in all den immer neu geformten Arten der Pflicht.«

Als Sohn Thomas mit einem halben Jahr an Ostern 1905 in der Kaiser-Friedrich-Gedächtniskirche getauft wird, sind seine Paten Corinths langjähriger Freund Walter Leistikow und John Jönsson, ein schwedischer Schriftsteller und der Ehemann von Alice Berend. Im Sommer 1904 hatte Charlottes Schwester Alice, die nach dem Schulabschluss zunächst für das »Berliner Tageblatt« schrieb und 1901 mit der Veröffentlichung ihres ersten Romans ihre schriftstellerische Laufbahn begann, in London geheiratet, vielleicht aus Torschlusspanik, denn sie ging bereits auf die Dreißig zu und war nach damaliger Anschauung »eine alte Jungfer«. Das bislang distanzierte Verhältnis der Schwestern verschlechterte sich noch, als Alice mit ihrem Mann nach Berlin zurückkehrte, in der Nähe der Corinths eine Wohnung bezog und am 22. Juni 1905 ihren Sohn Nils-Peter zur Welt brachte. Charlotte argwöhnte, dass ihre Schwester nun auch die Hilfe der Großmutter beanspruchen würde. Bei der Taufe von Nils-Peter kam es zwischen Charlotte und Alice zu einem für alle Anwesenden peinlichen Streit. Noch im selben Jahr verließ Alice Berlin und zog mit ihrer Familie nach Florenz. Mit keinem Wort erwähnt Charlotte diese Vorkommnisse, vielleicht weil sie hätte eingestehen müssen, mit ihrer egoistischen und feindseligen Haltung, über die sich selbst Corinth in einem Brief betroffen äußerte, erheblich beigetragen zu haben. Sie soll auch weiterhin nichts getan haben, um das Verhältnis zu ihrer Schwester zu verbessern, eher das Gegenteil.

Charlotte Berend-Corinth in Berlin, 1904

Finanziell ging es ihnen nicht schlecht, da es Corinth gelang, Kontakte zu Sammlern zu halten und immer wieder Gemälde zu verkaufen, wobei ihm sein Engagement in der Berliner Secession auch von Nutzen war. Nicht ungern nahm er jeden Freitag an den dortigen Zusammenkünften teil, denn da »fressen und saufen wir auf die feinste Weise«, wie er in seiner manchmal groben Art sich auszudrücken beliebte. Genugtuung über den Erfolg ihres Mannes liest man auch aus Charlottes Eintrag in einem für Thomas angelegten Kindertagebuch im Januar 1906: »Wir sind jetzt enorm viel eingeladen, zu sehr eleganten Festlichkeiten, bei den größten Finanzleuten von Berlin – ein jeder spricht bewundernd von Deinem Papa, meinem geliebten Luke.«

Dennoch, zufrieden oder glücklich war die sechsundzwanzigjährige Ehefrau nicht, ansonsten hätte die Begegnung mit einem Mann, der sogar vier Jahre älter war als Corinth, sie damals nicht in eine derartige Gefühlskonfusion gestürzt. Sehr ausführlich beschreibt sie die Beziehung zu dem Schweizer Maler Ferdinand Hodler, sogar mit wörtlich wiedergegebenen Dialogen. Bei einer Soiree sprach er sie an, machte schmeichelhafte Komplimente zu ihrer jugendlichen Erscheinung, suchte sie andrentags auf und zeigte, was ihr noch mehr schmeichelte, offensichtliches Interesse an ihrer Malerei, was sie bei ihrem Mann wohl zunehmend vermisste. Er habe sie ungestüm bedrängt, »Berlin, Ehe und bürgerliche Pflichten mal beiseite« zu lassen und mit ihm nach Genf zu kommen, denn er möge Corinth nicht und sie passe auch gar nicht zu ihm. Obwohl sie das verletzt hätte, schreibt sie, traf sie sich auf der Durchreise nach Florenz zu ihrer Schwester mit Hodler in München, wo er den Wunsch geäußert habe, wenn er sie schon nicht haben könne, wolle er zumindest ein Kind von ihr. Und als sie ihm dies entsetzt abschlug, habe er sich zu dem Ansinnen verstiegen, ob sie nicht seinen achtzehnjährigen Sohn in das Wissen der Liebe einweihen und für kurze Zeit dessen Geliebte sein könnte. »Hodler stand vor mir in der Vollkraft eines Mannes – ich stand vor ihm und öffnete den Mund – völlig sprachlos.« Durch immer neue Aufträge wäre er verhindert gewesen, nach Florenz zu kommen und sie wieder zu sehen, und »ich selbst wünschte es auch nicht.« Sie schrieben sich jedoch weiterhin. Als Corinth gegen seine sonstige Art einen ihrer Briefe las, in dem von Liebe zu Hodler die Rede war, und er ihre keine Szene machte, sondern sie lediglich ruhig darauf ansprach, kam sie wieder zur Vernunft. »Ich schloß dann die Kammer meines Herzens energisch ab, es sollte nichts anderes mehr darin Platz gewinnen, als das, was ich voll und ganz liebte – Lovis!«

Es kriselte trotzdem weiter. War es der Altersunterschied, war es Corinths ostpreußische Wortkargheit, sein eher schwerfälliges Wesen, womit die lebenshungrige, kapriziöse Charlotte nicht zurechtkam? Sie habe »eben mehr heiße Lebenswünsche«, schreibt sie ihm in ihrer Enttäuschung über einen belanglosen Kurzbesuch Corinths in Hohenlychen, wo sie den Sommer 1906 in ländlicher Abgeschiedenheit mit dem zweijährigen Thomas und dem Hausmädchen, und vor allem die schönen Sommernächte, »allein und einsam« verbrachte. Dieses Mal reagierte er allerdings verärgert, bezeichnete sie als einen »Backfisch« und »egoistisch«. Er erwartete von ihr, dass sie »zum Besten des Ganzen« manches hintenansetzen könne. »Solltest Du irgendwie glauben, daß mein Alter für Deine Jugend zu unverständlich ist, so muß an Änderung gegangen werden; jedenfalls will ich Klarheit und Vertrauen und kein Gejammer von Juni und schwühlen [sic] Nächten, was ich alles für Pose halte.«

Zwar verteidigte sie sich in einem folgenden Brief – so kleinlaut gab sie nicht bei –, hielt aber in Hohenlychen durch bis Ende August und war anscheinend wieder versöhnt, als sie Corinth anschließend auf einer Reise begleitete nach Königsberg, Tapiau, seine Geburtsstadt, und Zoppot, wo sie bei der Familie Schlepps »vergnügt und wie Gott in Frankreich« lebten. Ganz unberechtigt war Corinths Vorwurf hinsichtlich Charlottes Egoismus wohl nicht. Ihre Schwester Alice und deren Familie weilten zur selben Zeit am oberbayerischen Kochelsee, wohin sie die Mutter eingeladen hatte, und nicht einmal erkundigte sich Charlotte in ihren Briefen an die Mutter nach der Schwester. Es ist überhaupt auffallend, dass sie das Schwestern-Kapitel mehr oder weniger ausklammert, und lässt vermuten, dass sie ihr eifersüchtiges Konkurrenzdenken nicht überwinden konnte.

Zumindest mit ihrer gesellschaftlichen Stellung und dem, was sie erreicht hatten, konnte Charlotte zufrieden sein. »Unsere äußeren Lebensumstände wurden nach und nach günstiger. Es wurden so viele Bilder verkauft, daß wir uns ›verfeinern‹ konnten.«

Zunächst mieteten sie im Haus in der Klopstockstraße die frei gewordene erste Etage mit fünf Zimmern hinzu, sodass das ganze obere Stockwerk der Kunst vorbehalten bleiben konnte. Corinth sei froh gewesen, das Atelier in der Händelstraße aufgeben zu können, war er doch so näher bei der Familie, die »für ihn eine nie versiegende Quelle der Inspiration« war. Charlotte behielt für sich das Oberlicht-Atelier, »in dem ich – wie lang (oder eigentlich gar nicht lang) war das nun her – als Schülerin angetreten war. Auch ich stand täglich malenderweise an der Staffelei.« Schließlich nahmen sie auch noch die Parterre-Wohnung mit Balkon dazu. Corinth habe immer Freude an ihrer Art gehabt, das Geld zu verwenden, und so richtete sie die Parterre-Räume, die ausschließlich der Repräsentation dienten, »mit prunkvollen rot-goldenen Barockmöbeln beziehungsweise im Queen-Anne-Stil« ein und ließ sie mit »schweren, altgoldenen Tapeten bespannen, vor der Corinths Gemälde sich außerordentlich wirkungsvoll abhoben [...].« Sie hatten nun Telefon, ein richtiges Badezimmer mit Wanne und jede Menge Personal, also eine Köchin, Zimmermädchen und sogar einen Diener, der die Herrschaften abends zum Essen bat. »Corinths Ruhmeskurve stieg in den Jahren zwischen 1905 und 1911 steil und immer steiler an. Die Kette der Porträtaufträge riß nicht mehr ab. Die ›freien‹ Arbeiten wurden fast sofort vom Atelier aus durch Paul Cassirer oder auch bei den Ausstellungen [...] verkauft.« Außerdem schrieb Corinth häufig Artikel für Zeitungen und Zeitschriften sowie die kurz hintereinander erscheinenden Bücher: »Das Erlernen der Malerei« (1908), »Legenden aus dem Künstlerleben« (1909), »Das Leben Walter Leistikows. Ein Stück Berliner Kulturgeschichte« (1910). Insofern darf man Corinths Klage in einem Schreiben an Charlotte im Frühling 1910 auch nicht ernst nehmen: »Die Malschule ist verflucht leer; ich glaube, daß auch schon für Mai nicht viel rauskommen wird.« Zumal er ihr schon kurz darauf mitteilt: »Na, nun können wir wohl sagen, ›was kost't die Welt?‹; denn Du malst doch nun auch auf Bestellung.« Obwohl sie darin nicht gerade von ihrem Mann unterstützt wurde, malte Charlotte 1907 beispielsweise ein Porträt von Ludwig Kraft, der aus einer reichen Berliner Familie stammte und mit dem sie befreundet waren. Großen Erfolg erzielte sie im darauf folgenden Jahr mit ihrem eindrucksvollen Gemälde »Die schwere Stunde«, das von der Jury für die Frühjahrssecession angenommen und von Else Lasker-Schüler enthusiastisch gefeiert wurde: »Ich habe nie in Wirklichkeit ein tragendes Weib mit solcher Ehrfurcht betrachtet wie diese Riesenmutter, von einer Riesin gemalt, auf ihrem Riesenbilde [...]. Charlotte Berend hat ein Historienbild des Naturgesetzes gemalt; es müsste neben Michelangelos Moses im Tempel der Galerien hängen.«

Charlotte und Lovis im Atelier, Juni 1908

Das Bild (es gilt heute als verschollen) kaufte ein Freund der Corinths, Professor Paul Strassmann, und ließ es im Eingang seiner Frauenklinik in der Schumannstraße aufhängen, wo Charlotte im Jahr darauf von ihrem zweiten Kind entbunden werden sollte.

Am 13. Juni 1909 brachte Charlotte eine Tochter zur Welt, die in Erinnerung an Corinths Mutter den Namen Wilhelmine Charlotte erhielt. Auch ihre Schwester Alice gebar am 24. Oktober eine Tochter, der sie, immerhin bemerkenswert, den Namen Carlotta gab. Die kleine Wilhelmine Charlotte, genannt Mine, wurde im Atelier in der Klopstockstraße getauft, wo auf Geheiß des Pfarrers und sehr zum Widerwillen Corinths für die feierliche Zeremonie alle Aktbilder abgehängt werden mussten.

Wenig später komponierte Corinth unter Verwendung eines großen Spiegels, der in seinen Ausmaßen denen des Bildes entsprach, das »Familienbild des Künstlers«, nach Charlottes Worten »in genauer Übereinstimmung mit unserer Pose, die von ihm (noch ehe ich davon wußte) aufs sorgfältigste durchdacht worden war. Wir saßen und standen alle gleichzeitig Modell – Corinth sah uns alle im Spiegelbild, und er malte und malte.« Corinths vorgebeugte Haltung mit hoch erhobener Palette in der linken Hand – Charlotte sah sie als schützendes Symbol über seinen Lieben – und dem schwingenden rechten Arm, in der Hand den Pinsel, und sein konzentrierter Blick in den Spiegel drücken höchste Anspannung und Erregung aus. Mit nie nachlassender Nervosität und in geradezu zitternder Erwartung des schöpferischen Erlebnisses sei er an jedes neue Bild herangegangen, schreibt Charlotte, weil es für ihn immer ein erstes Bild gewesen sei. Das Malen eines Bildes, das er im Geiste schon angelegt und vor sich gesehen habe, habe ihn jedes Mal derartig gefordert, dass er anschließend völlig erschöpft gewesen sei. Ganz anders sei sein Verhalten gewesen, wenn er sich auf ein religiöses Thema vorbereitet habe. Keine Gereiztheit und Nervosität vorher, dann habe er vor sich hin gesonnen, wäre wie entrückt gewesen.

Zwei Jahre nachdem Corinth ihr Familienglück und sich selbst athletisch und kraftstrotzend als Halbakt gemalt hatte, veränderte sich ihr Leben dramatisch. Im Laufe des Jahres 1911 hatte der Maler »einundsechzig Ölgemälde und ungezählte Zeichnungen, Lithos und Radierungen – zum Teil Illustrationen« geschaffen, dann erlitt er einen Schlaganfall in der Nacht des 19. Dezember. Da sie in getrennten Zimmern schliefen, eilte Charlotte auf sein Rufen zu ihm. Mit wärmenden Wasserflaschen entlang den Beinen versuchte sie, dem laut Stöhnenden Erleichterung zu verschaffen, und flößte ihm Cognac ein zur Beruhigung. In Erwartung des Arztes begann Corinth plötzlich zu toben, wild sich auf die Brust hämmernd: »Ich war unglücklich, immer, immer, zu jeder Zeit meines Lebens, immer unglücklich. Jawohl«, schrie er, »auch bei dir – überall!« – »In mein Herz drang dieses Wort wie ein Schwert, ich meinte, es wäre zerschnitten. Man gab eine Morphiumspritze, und die unbändige Kraft ward still. [...] Ich kniete an seinem Bett. Der Engel des Todes war im Zimmer, aber ich stand auf, ich stellte mich vor sein Bett und sagte: ›Du bekommst ihn nicht, nicht, nicht, und nochmals nicht!‹«

Gemeinsam mit einem Krankenpfleger umsorgte sie ihn Tag und Nacht und quälte sich mit den Fragen: »Würde er jemals wieder zu malen imstande sein? [...] Was würde für Corinth ein Leben ohne die Möglichkeit freier künstlerischer Entfaltung sein?« An Weihnachten konnte er sein Bett erstmals verlassen. »Hohlwangig, mit weit aufgerissenen Augen brütete er in seinem Sessel vor sich hin.«

Auf Anraten der Ärzte entschloss sie sich Mitte Februar 1912, mit ihrem kaum ansprechbaren Mann, der sich, nur auf sie und einen Stock gestützt, Schritt für Schritt vorwärts schleppen konnte, zur Rekonvaleszenz nach Bordighera an der Mittelmeerküste zu reisen. Eine schier unzumutbare Aufgabe für die Einunddreißigjährige, die sie mit eisernem Willen und großer Disziplin bewältigte, sodass sich Corinths Zustand langsam, aber merklich besserte.

Ihr Mann sei sich selbst gegenüber, schreibt sie, von einer ihr »stets rätselhaft gebliebenen Unachtsamkeit« gewesen, und die allabendlich reichliche Portion Rotwein schien ihm ja nicht zu schaden. Ich »schöpp mir die Stiebel voll«, pflegte er es zu nennen. Charlotte, selbst kein Kind von Traurigkeit, weiß von Atelierfesten zu erzählen, wo gesungen und gegrölt wurde und sich besonders Corinth hervortat, »die Augen halbblinkernd schon vom Suff«. Gleichgültig stand sie seinem über Jahrzehnte oftmals exzessiven Alkoholkonsum nicht gegenüber, aber viel dagegen ausrichten konnte sie nicht. Sie habe sehr genau gewusst, wo die Grenze ihres Ein- und Mitspracherechts gewesen sei, und habe vermieden, sich als seine Gouvernante aufzuspielen. Auf keinen Fall sollte er ihre Ehe jemals »als Fessel« empfinden. Seine Flasche Rotwein habe sie ihm vor dem Schlaganfall nicht ausreden wollen, denn »das Trunkensein war für ihn nicht Vergnügungssucht; machte diesem schweren

95

Menschen das Tor zum Leben auf. Dann konnte er sich mitteilen, konnte lachen, singen, alles das befreien, was sonst schwer in ihm ruhte.« Corinth soll einmal bekannt haben: »In der Tat war ich, ich kann wohl sagen seit meiner Kindheit, von schwerster Melancholie heimgesucht.« Mit bewundernswerter Disziplin, von Charlotte unterstützt, sollte er es schaffen, »dem Wein für immer Valet zu sagen«.

Tägliche Fortschritte in Corinths Befinden an der Riviera ließen Charlotte Hoffnung schöpfen. Dann gab es einen Rückfall, den sie darauf zurückführte, dass Paul Cassirer in Berlin das Gerücht von Corinths Unzurechnungsfähigkeit und geistiger Umnachtung durch den Schlaganfall verbreitet hatte. »In der Folgezeit peinigten ihn Depressionen der allerschlimmsten Art. [...] Wie wohl die meisten genialen Künstler lebte Corinth insgeheim in der Furcht, den Verstand zu verlieren.«

Bis in unsere Tage wird kolportiert, dass Corinths rechter Arm gelähmt gewesen sei und er mit links hätte weitermalen müssen, obwohl der Maler in seinem Tagebuch erklärt: »Ich bin von einem Schlaganfall linksseitig gelähmt. Die rechte Hand zittert stark. Das kommt vom vielen Radieren auf der Kupferplatte und von vorangegangenen Exzessen.« Charlotte fügt hinzu, dass seine rechte Hand ruhig wurde, sobald sie den Pinsel umfasste und: »Von der Erkrankung verblieb ihm die linke Hand schwerfällig in ihren Bewegungen, obwohl er sie alle auszuführen imstande war.« Er habe später sogar wieder das Radieren aufgenommen, wobei »die halbgelähmte Hand es schwer hatte, die Platte mit dem hartgeschliffenen Rand frei in der Luft so festzuhalten [...].« Was blieb, waren ein etwas steifes Bein und der dadurch schleifende Gang, weshalb er einen Stock benutzte. Inzwischen sprechen Neurologen als Folge des Schlaganfalls bei Lovis Corinth von »einem linksseitigen Neglect«, der sich zunächst dahingehend auswirkte, dass er in seinen allerersten Selbstbildnissen und Porträtzeichnungen von Charlotte jeweils die linke Gesichtshälfte undeutlicher ausgeführt hat, was sich aber mit der Zeit wieder regulierte.

Bereits in Bordighera, wo sie bis Ende April 1912 blieben, begann er damit, Charlotte zu malen. Sie wusste, wie sehr sie in schönen Roben »seinen Maleraugen« gefiel, ihn eine veränderte Aufmachung inspirierte. So manches Bild war auf diese Weise entstanden wie »Die elegante Frau« (1910), als sie sich für eine Abendgesellschaft ankleidete und er ausrief: »Donnerwetter noch mal, das möchte ich malen.‹ Wir sagten die Gesellschaft ab und er malte!«

Im leuchtend blauen Chiffonkleid stand sie ihm nun Modell zu dem Bild »Balkonszene in Bordighera« und in einem lilafarbenen Mantel mit passendem Hut zu dem Porträt »Mit lila Hut«. Jahre später entstand das Bild »Charlotte Berend-Corinth in gelber Bluse« (1921), wobei ihm wichtig gewesen sei, dass das volle Licht ihr Gesicht und die zitronengelbe Bluse beleuchtete, während der schwarze Hut sich nur wenig vom schwarzen Hintergrund abheben sollte. Ebenso habe ihn ihre Aufmachung spontan inspiriert zu »Carmencita« (1924). Beim Malen habe er immer wieder ausgerufen: »Das Schwarz ist ja wundervoll und im Hintergrund der flimmernde Kronleuchter und die roten Brokatmöbel.«

Modell stehen ist, was manchmal unterschätzt wird, harte Arbeit und sei ihr keineswegs immer leicht gefallen, vor allem nicht dann, wenn es Corinth spontan in den Sinn kam, schreibt sie. Unabdingbar sei für ihn jedoch gute Laune auf beiden Seiten, »ein schwingender Ton«, gewesen. Er habe ihr gleich zu Anfang erklärt, wenn ein Modell »muckscht und mürrisch ist, dann bin ich wie gelähmt, dann kann ich direkt nischt.« Um ihre und seine Laune aufrechtzuerhalten, habe sie bei dem Carmen-Bild, das er an zwei Abenden malte, Lieder aus Opern und Operetten gesungen und Gedichte im Bühnenpathos aufgesagt. Manchmal hätte sie ihn aber auch, wenn etwas zwischen ihnen in der Luft lag, gezielt dazu gebracht, sie zu malen, weil er sich in dieser aufeinander konzentrierten, intimen Situation am ehesten öffnete. Er habe seiner Frau sehr gern zugehört, schreibt Emma Waldenburg nach Corinths Tod im »Weltspiegel«, da sie »in ihrer anregenden und oft humorvollen Art ihn zu erfrischen und zu erheitern verstand. Sie besaß einen so feinen Takt im Umgang mit ihm, wie er nur aus einer großen Liebe und einem starken Geist entspringen kann. So gelang es ihr immer, sein Angesicht zu erhellen und ihm ein Lächeln abzugewinnen.« Als Charlotte nach seinem Tod einen Bilderkatalog zusammenstellte, fand sie sich mehr als neunzig Mal von ihm in Öl dargestellt, abgesehen von den zahllosen Aquarellen, Zeichnungen, Radierungen und Lithografien.

Zurück ins Jahr 1912 nach Bordighera, wo für sie überhaupt kein Denken daran war, selbst zu malen, was sie in ihrer Sorge um Corinth akzeptiert haben mochte. Zutiefst enttäuscht war sie allerdings, als er ihr während ihres Aufenthalts im Sommer desselben

Jahres in Bernried am Starnberger See regelrecht das Malen verbot. Dem Freund und Kollegen Rudolf Sieger, der sie dort besuchte und Corinth Modell saß, habe er auf dessen Versuch, für Charlotte eine Lanze zu brechen, geantwortet: »Es tut mir leid. Aber ich wäre ohne sie nicht durchgekommen. Und auch jetzt komme ich ohne sie nicht aus. Sie ist noch jung. Sie kann das nachholen. Aber mit mir ist's was anderes.« Vierundvierzig Ölgemälde habe Corinth im Jahr 1912 gemalt.

1913 erschien die erste Monografie von Georg Biermann über den Künstler Lovis Corinth, und sozusagen als Geste der Versöhnung zeigte die Berliner Secession eine große Corinth-Retrospektive mit zweihundertachtundzwanzig Ölgemälden, die von Max Liebermann eröffnet wurde. Corinth war, als Paul Cassirer im Dezember 1912 wieder in den Vorstand gewählt worden war, von seinem Amt als Präsident der Secession zurückgetreten, welches er zwei Jahre innegehabt hatte. Außerdem wurden Corinths Werke bei der Großen Kunstausstellung Düsseldorf 1913, der Weltausstellung in Gent sowie in verschiedenen Galerien und Museen in Baden-Baden, München und Dresden präsentiert. Man kann davon ausgehen, dass die Vorbereitungen der Ausstellungen maßgeblich von Charlotte bewältigt werden mussten. Insofern wäre ihr gesundheitlicher Zusammenbruch während eines Aufenthalts in Rom mit Corinth um Ostern 1914 nur allzu verständlich. »Ich entsinne mich noch jetzt«, schreibt sie nach Jahrzehnten, »wie ich delirierte und tobte und zwischen Leben und Tod in der Schwebe war.« Die diagnostizierte beidseitige Lungenentzündung machte einen quälend langen Krankenhausaufenthalt notwendig, da es damals noch keine Medikamente wie Penicillin gab. Als sie einigermaßen transportfähig war, brachte man sie nach Forte dei Marmi in die Obhut ihrer Schwester Alice, die dort mit ihrer Familie den Sommer verbrachte, während Corinth allein nach Berlin zurückkehrte. Kein Wort verliert Charlotte darüber, ob und wie sich ihre Schwester um sie kümmerte. Mitte Juni, als ihr Mann mit den Kindern und seiner Schwiegermutter eintraf, befand sie sich endlich auf dem Weg der Besserung. Nach einem Aufenthalt von anderthalb Monaten fuhren sie nach St. Moritz, wo Charlotte noch eine Kur machte, die sie allerdings abbrachen, als am 1. August Deutschland Russland den Krieg erklärte. Corinth gehörte neben Max Slevogt, Max Liebermann und Ernst Barlach zu den prominenten Künstlern, die den Krieg begrüßten, hatte er doch im Januar 1914 in seinem Vortrag »Über das Wesen der Malerei« vor der Freien Studentenschaft der Universität Berlin patriotisch geäußert: »Wir wollen der Welt zeigen, daß heute deutsche Kunst an der Spitze der Welt marschiert. Fort mit der gallisch-slawischen Nachäfferei unserer letzten Malerperiode!« In der ersten von ihm konzipierten Ausstellung, nachdem er 1915 erneut zum Vorsitzenden der Berliner Secession gewählt worden war, legte er dann auch den Hauptakzent auf die Darstellung der alten Werte in der deutschen Malerei.

Es kam der Tag, heißt es in Charlottes Tagebuch, wo sie erkannt habe, dass sie umlernen müsse. Bis zu Corinths Erkrankung sei sie noch immer das Kind gewesen, das zum Geliebten, zum Erzieher emporgeblickt habe. »Wie oft glaubte ich zu ersticken, denn ich lebte das schwere Leben zwischen zwei Generationen. Corinth dreiundzwanzig Jahre älter, und hinter mir die Kinder, dreiundzwanzig Jahre jünger. Für beide Teile gab ich mich hin. […] Ich bin trotz Fleißes nur sprunghaft vorangekommen, denn ich durfte nur einen Teil meiner Seele für mich klingen lassen, nur einen Teil meiner Kraft für mich brauchen.« Damals habe sie sich gesagt: »[…] auch du lebst nur einmal: nimm dir Zeit für dich, auch du mußt jemand werden, mußt deiner Natur gerecht werden. Und da setzte die Selbstsucht ein, der Ehrgeiz, die vielen Dinge, die mit ihm gehen.«

Auch Corinth, der es bisher gewohnt war, seine Frau um sich zu haben beziehungsweise im Atelier neben sich zu wissen, musste nun umlernen, denn Charlotte ging zunehmend eigene Wege, auch in ihrer künstlerischen Arbeit. Sie entdeckte die Welt des Theaters für sich, porträtierte den Schauspieler Max Pallenberg, dessen große Bewunderin sie war, in allen seinen Rollen und ebenso dessen Ehefrau, die gefeierte Operettendiva Fritzi Massary. Charlottes Zeichnungen und Lithografien hatten in der »Schwarz-Weiß-Ausstellung« der Secession im Juni 1917 außerordentlich großen Erfolg und wurden »kolossal verkauft«, wie Corinth in einem Brief einen Kollegen wissen ließ, während er nichts verkauft hätte. Wenige Jahre später sollte sie in den Tänzerinnen Valeska Gert und Anita Berber zwei Modelle finden, die sie mit ihren aufreizenden Posen zu bemerkenswerten erotischen Zeichnungen animierten und inspirierten.

Gemeinsame Reisen an die Riviera gehörten leider der Vergangenheit an. Stattdessen verbrachten sie den Sommer 1915 am Müritzsee und 1916 und 1917 im Badeort Nienhagen an der Ostsee, wo sich Corinth schon seit Jahren gerne aufgehalten hatte, Charlotte sich aber nun eher langweilte, da Corinth viel malte und abends um acht Uhr zu Bett ging. Erst die Schauspielerinnen Lucie Höflich und Ilka Grüning brachten Abwechslung in die tägliche Gleichförmigkeit, und Charlotte porträtierte beide.

Eine insofern für alle glückliche Lösung scheint das Haus im oberbayerischen Urfeld am Walchensee gewesen zu sein, wo sie sich ab 1919 in den sechs Jahren, die Corinth noch verblieben, zumindest zweimal jährlich mehrere Wochen aufhielten und wo laut Charlotte ungetrübtes Familienleben stattfand. Am 21. Juli 1918 feierten sie Corinths sechzigsten Geburtstag in Urfeld noch im Hotel Fischer am See. Die Flut der Glückwunschschreiben hätte den Beamten des kleinen Postamts gezwungen, seinen Schalter für zwei Tage zu schließen. In einem Nebensatz erwähnt Charlotte auch die Anwesenheit ihrer Schwester, was wohl mehr eine Geste von Alice gegenüber dem Jubilar war. Das Verhältnis der beiden Schwestern hatte sich nach der Rückkehr von Alice und ihrer Familie 1915 nach Berlin, nachdem sie wegen zunehmender Ausländerfeindlichkeit Italien verlassen hatten, offensichtlich nicht verbessert. Ein Vorfall im sogenannten »Steckrübenwinter« soll Alice besonders verletzt haben. Im Tagebuch für Sohn Thomas notiert Charlotte: »8. Dezember 1917. Um 7 Uhr kam mein Schmuggler aus München, der mir 50 Pfund Butter à 20 Mark brachte.« Sie habe noch mit Corinth überlegt, ob man »das schöne Geld wirklich dafür hingeben sollte«. Wie Tochter Wilhelmine erzählt, habe ihre Mutter von der riesigen Buttermenge Großmutter Hedwig einen Teil gegeben, die ihn wiederum mit Alice geteilt habe. Das jedoch habe Charlotte derartig geärgert, dass sie Hedwig Berend angefahren habe, wenn sie ihrer Schwester etwas davon hätte zukommen lassen wollen, hätte sie es selbst getan. Charlottes nach wie vor feindseliges Verhalten bleibt unerklärlich, könnte aber auch ein Grund gewesen sein, weshalb Alice mit ihrer Familie 1919/1920 abermals Berlin den Rücken kehrte und nach Konstanz übersiedelte.

Doch zurück nach Urfeld. Es sei ihr der liebste Platz auf der Welt geworden und geblieben, schreibt Charlotte, da sich für sie mit diesem Ort »die Erinnerung an eine köstliche Zeit [...] und an ein sonniges

Glück« verbunden hätte. »Friede lag über dem Haus, das ich gebaut hatte, das meine eigenste Idee gewesen war!« In der Tat war es Charlottes alleiniges Verdienst. Corinth hatte »mit einem Bild dreißigtausend Mark verdient« gehabt, den Vorschlag des Hausbaus seiner Frau gutgeheißen und sie gewähren lassen, unter der Bedingung, das Bauvorhaben in seiner Gegenwart mit keinem Wort zu erwähnen. Sie verhandelte mit den Behörden, beschaffte trotz widriger Zeitumstände das Baumaterial, »sogar Kupferdraht« für die elektrische Anlage, warb zusätzliche Arbeiter an, sodass ihr Haus am Hang oberhalb des Walchensees bereits Ende September 1919 bezugsfertig war. »Auf meine telegraphische Nachricht hin begaben Vater Lovis und Sohn Thomas sich von Berlin aus gen Süden per Zeppelin auf den Weg.« Corinth habe eines schönen Abends zu ihr gesagt: »Mein Petermannchen! Von allem, was du getan hast, war deine größte Tat doch der Bau unseres Hauses am Walchensee.« Das Leben mit den Kindern und Tieren im »Haus Petermann«, wie es in der Familie genannt wurde, und vor allem der See waren für Corinth »unerschöpfliche Quellen der Inspiration«. Neben zahlreichen Aquarellen und Radierungen schuf er sechzig Ölbilder vom Walchensee in allen nur möglichen Jahres-, Tages- und Abendstimmungen. Das Farbenspiel und der Wechsel von blitzendem Smaragd zu tiefblauem Saphir haben den Maler immer wieder aufs Neue entzückt. Die Bilder wurden ihm geradezu von der Staffelei weggekauft, wissen wir von Corinth. »Jeder Berliner wollte ein Bild aus jener bayerischen Gebirgsecke besitzen, und so kam es, daß ich nebst dem Stilleben ein Spezialist für diesen schönen Winkel vom Walchensee wurde. Auch die Galerien wollten durchaus diese Bilder haben.«

Charlotte, die ebenso »vor dieser Schönheit das höchste menschliche Entzücken empfand«, scheint die von ihr bewunderte Landschaft malerisch nicht umgesetzt zu haben, zumindest schreibt sie nichts dazu. Oder sie durfte nicht, weil Corinth es ihr »strikt verboten« hat, was wir aber nur von Tochter Wilhelmine erfahren, nicht von ihr selbst. Dass sie oft habe zurückstehen müssen, erwähnt sie wie schon bei Bernried auch anlässlich eines Aufenthalts 1924 in Luzern, wo Corinth »zwei köstliche Ansichten des Vierwaldstätter Sees« auf Leinwänden gemalt habe, die ihr gehörten; »ich hatte sie mitgenommen, um selbst ein wenig zu malen«. Sie kannte ihre »Pflichten«, die ihr »als Frau eines großen Künstlers auferlegt waren, sehr genau«, schreibt sie in ihrem zweiten Tagebuch. Die Erhaltung des Friedens über dem Haus in Urfeld und der familiären Harmonie zum Wohle von Corinths Schaffenskraft standen für sie an erster Stelle. In diesem Zusammenhang schildert sie eine Episode, als Corinth ihren Diener Singer eines schönen Tages Äste von einer Ahorngruppe an ihrer Terrasse absägen ließ, die ihm die Sicht versperrten. Tochter Wilhelmine will sich erinnern können, dass er einen ganzen Baum habe fällen lassen und Charlotte brüsk erklärt hätte, sie habe gar nichts anzuordnen und es sei seine Landschaft. Charlotte hingegen schreibt, sie habe sofort eingelenkt, als er bockte wie ein kleiner Bub und wütend geschrien habe, dass er nie, nie mehr malen würde. Vielleicht überließ sie ihm Urfeld und den Walchensee und trat nicht zu ihm in Konkurrenz, weil sie es ohnehin als schwierig genug empfand, da andere ihre Arbeiten »stets nur in Verbindung mit Corinth sahen und beurteilten!«

Außerdem war weniger nach außen hin, aber für Charlotte deutlich merkbar, wie abrupt jedes Mal nach ihrer Rückkehr von Urfeld Corinths Ausgeglichenheit in Berlin abnahm, »seine Nerven verheddert waren«, die Depressionen sich häuften. Mit der Zeit hatte sie gelernt, dass Trösten und gutes Zureden dann nicht halfen. Am ehesten konnte sie ihn »ausbalancieren«, wie sie es nennt, wenn sie scheinbar unbeteiligt, in scherzhaftem Ton oder mit »beißender Ironie, was er ungemein liebte« reagierte. »So gewann ich eine Art Sicherheit über seine Natur. [...] Leider hatte ich es mir etwas angewöhnt, derartige Situationen nicht mehr so tragisch zu nehmen wie in den ersten Zeiten. Schließlich lebten wir bald fünfundzwanzig Jahre zusammen, und stets kam so eine Depression wieder, besonders nach seiner Krankheit 1912. So tat ich es schon oftmals wie eine gut studierte Rolle. Der Effekt für ihn blieb der gleiche gute; aber für mein Gefühl, da war es von Schaden, denn innerlich griff eine gewisse Kälte Platz. Es wurde zur Gewohnheit, was ich einst aus Liebe geformt hatte. Ich schreibe das mit Kummer, denn es ist schmerzhaft, seine Schäden aufzudecken.« Andererseits, so tröstete sie sich, habe Corinth sie vielleicht deshalb geliebt, weil sie eine Frau war mit »dem Schuß Pulver im Blut, der das Leben nun mal angenehmer macht als das Gleichmaß. Und ich weiß auch, daß ihm keine andere so viel Spaß bereitete wie ich in guten Zeiten.« Was sie ihm in schlechten Zeiten bedeutet hatte, las sie nach seinem Tod in seinen Aufzeichnungen: »Außer, dass sie ein großes Talent besitzt und meine Schülerin vor der Ehe wurde, besitzt sie einen großen Verstand und einen weiten vorausgehenden Blick. Sie war es hauptsächlich, die mich stützte und mir half in allen schwierigen Lagen des heutigen Lebens. So arbeitete ich weiter, und ihr zu danken hätten die Menschen, wenn ich noch in meinem späten Alter einiges Gute geleistet habe.«

Zu Charlottes eigenem Erstaunen schuf Corinth die Hälfte seines Lebenswerks nach seinem Schlaganfall – das wurde ihr bewusst, als sie das Werkverzeichnis erstellte: »Fast fünfhundert Gemälde und ungefähr tausend druckgraphische Blätter hat er in der Zeit zwischen 1912 und 1925 hervorgebracht! Dabei sind die vielen, vielen Aquarelle und Zeichnungen nicht mitgezählt.«

Allen Depressionen zum Trotz, schreibt sie, war Corinths physische Verfassung durchaus zufriedenstellend. Fast täglich ging er, wenn das Wetter es zuließ, zu Fuß durch den Tiergarten zum Kurfürstendamm und zur Berliner Secession. Im Jahr 1923 sei er besonders produktiv gewesen mit allein fünfundvierzig Ölgemälden. Das gab ihr die Sicherheit, im Frühjahr 1925 zum ersten Mal auf eine Studienreise nach Spanien zu gehen, in Begleitung des Malers Paul Paeschke und seiner Frau. Der Abschied von Lovis sei »herzzerreißend« gewesen, als er ihr leise gewünscht habe: »Reise nur vergnügt, Petermannchen!« Mit reicher Ausbeute, einer großen Anzahl von Ölgemälden wie »Toledo« und »Alhambra«, die anschließend im UFA-Palast am Zoo ausgestellt und allesamt von Privatleuten gekauft werden sollten, kehrte sie Ende Mai zurück.

Kurz darauf, am 16. Juni 1925, reiste Corinth mit dem Maler Leo Michelsohn nach Holland, um das Rijksmuseum in Amsterdam zu besichtigen. Begeistert schreibt er an Charlotte von einer noch nicht eröffneten Rembrandt-Ausstellung, die er anschauen konnte, und der Absicht, die Werke von Franz Hals in Haarlem anzusehen. Kurz vor seiner erwarteten Rückkehr kam der Anruf, er sei erkrankt, eine Lungenentzündung, könne nicht abreisen, sie möge kommen. Man brachte den Schwerkranken mit einem Krankenwagen auf ärztlichen Rat in ein Hotel im klimatisch milderen Seebad Zandvoort. »Statt der erhofften Besserung trat jedoch rascher Verfall der Lebenskräfte ein. Am 17. Juli 1925 ist Lovis Corinth in Zandvoort gestorben. Seine irdische Hülle wurde nach Deutschland überführt und seinem ausdrücklichen Wunsch entsprechend eingeäschert. Die Urne mit seiner Asche wurde auf dem Waldfriedhof in Stahnsdorf bei Berlin beigesetzt.«

Ihre Mutter sei nach Corinths Tod eine gebrochene Frau gewesen, schreibt Wilhelmine. Ihre künstlerische Arbeit wieder aufzunehmen, dazu fehlte ihr die Energie. Am 20. Dezember 1925 notiert Charlotte: »Meine Tatkraft ist immer nur wach bei allen Dingen, die mit Lovis zusammenhängen, aber mir selbst gegenüber bin ich ganz schlaff.« Nach einem Nervenzusammenbruch, Suizidgedanken und einem Sanatoriumsaufenthalt fühlte sie sich am 29. September 1926 imstande, das Leben wieder aufzunehmen. Innerhalb einer Woche malte sie sechs Bilder. Am 2. Februar 1927 eröffnete sie ihre Malschule, an der auch ihre Tochter zunächst Schülerin war, um sich später für den Beruf der Schauspielerin zu entscheiden. Im Juni nahm Charlotte neben Käthe Kollwitz und Paula Modersohn-Becker an der Ausstellung »Die schaffende Frau in der Bildenden Kunst« teil, und Anfang September brach sie mit ihren Kindern zu ihrer bis dahin größten Reise auf. Vier Monate waren sie unterwegs, besichtigten Konstantinopel, Beirut, Damaskus, Alexandria, Kairo und Luxor mit dem Tal der Könige, und überall malte sie. »Ich Hasenherz habe solche große Reise gewagt?«, notiert sie im Tagebuch, und am 16. Mai 1928 schreibt sie: »Das Leben hat ein anderes Gesicht bekommen, ich bin ehrgeizig geworden. Eine gewisse Welle des Erfolges spüre ich, keine ›Bomben‹-Erfolge, aber Anerkennung und Interesse. Doch auch das Gegenteil da und dort. Ich bin also im Kampfe.«

Ihr Entschluss, sich »noch einmal ganz anzugehören« und alle ihre Kräfte für ihre Malerei zu sammeln, wurde noch bestärkt durch den Tod ihrer Mutter am 11. August 1930, deren Leben hingegangen sei »ohne Bejahung des Glücks«. Ihrer Schwester Alice hätte Charlotte nie verziehen, dass sie nicht zur Beerdigung gekommen sei, schreibt Tochter Wilhelmine, die ihren Urlaub an der Riviera dafür allerdings auch nicht abgebrochen hatte. Alice, deren Ehe mit Jönsson zerbrochen war und die inzwischen mit dem Maler Hans Breinlinger zusammenlebte, weilte zu der Zeit in Florenz und kehrte erst später nach Berlin zurück. Die inzwischen mit ihren Romanen zu einer bekannten Unterhaltungsschriftstellerin avancierte Alice Berend baute für sich und ihren Mann in Zehlendorf ein Haus, das wie in Konstanz schon bald zu einem Mittelpunkt eines intellektuellen Kreises wurde. Charlotte soll seit jeher die Sorte von Künstlern nicht gefallen haben, mit denen ihre Schwester sich umgab. Auch in Konstanz hätte sie Alice nicht einmal besucht.

Im Mai 1932 trug sich Charlotte mit dem Gedanken, von Berlin fortzuziehen, da sie sich nach schöner Natur sehnte und ungestört malen wollte. Sie versuchte es mit der Bretagne, wo sie sich als Frau allein nicht wohlfühlte und ihr auch das Landschaftsbild nicht zusagte. Nachdem sie den Süden Italiens bereist hatte, beschloss sie, sich in Italien niederzulassen und lebte in den folgenden Jahren überwiegend in Alassio in einer Villa am Meer. Eine kurze Zeit genoss sie mit einem Italiener, den sie nur als Fernando erwähnt, das Glück, umworben und begehrt zu werden.

1933 wurde sie wie andere jüdische Mitglieder aus der Berliner Secession ausgeschlossen, und auch sie wurde mit ihrer Kunst zu den »entarteten« Künstlern gezählt. Erst im Frühjahr 1939 gab sie dem Drängen ihres Sohnes, der schon 1931 zum Studium nach New York gegangen war, nach, Europa zu verlassen. Während sie bei Freunden in Ascona auf ihre Ausreise wartete, wofür Thomas alle notwendigen Papiere besorgte, erlitt die fast Sechzigjährige eine Herzattacke. In Begleitung ihres Sohnes kam sie im Mai in New York an, wo es sie jedoch nicht hielt. Sie entschied sich für Kalifornien, wo sie in Santa Barbara ein Haus direkt am Pazifik mietete und sich alsbald »in einen Freundeskreis künstlerischer, geistiger Menschen, hinein genommen« fand, wozu Fritz Massary, Ilka Grüning, die Sopranistin Lotte Lehmann und Franz und Alma Werfel gehörten.

»Sie liebte Amerika vom ersten Tage an«, schreibt ihre Tochter. »Ihr gefiel die Atmosphäre.« Auch hier eröffnete Charlotte eine private Malschule, die sie bis 1955 unterhielt, malte weiterhin Landschaftsaquarelle und Porträts, wurde ausgestellt, und was für sie neu und beflügelnd war: »[...] man beurteilte meine Arbeit unvoreingenommen und ohne mich mit der stereotypen Frage zu quälen, ob ich die Malerei Lovis Corinths fortzusetzen versuche oder einen eigenen Weg zu gehen willens sei.«

Nach Franz Werfels Tod im August 1945 folgte sie Alma Werfel, der sie sich eng verbunden fühlte, nach New York. Ihr familiäres Glück war vollkommen, als 1947 auch ihre Tochter nach New York übersiedelte.

Als Charlotte ins amerikanische Exil ging, war ihre Schwester schon ein Jahr tot. Nachdem sich Hans Breilinger, wie es heißt, unter dem Druck der damaligen Verhältnisse von ihr hatte scheiden lassen, soll Alice noch bis 1935 in Berlin ausgehalten haben und im Herbst mit ihrer fünfundzwanzigjährigen Tochter Carlotta nach Florenz gegangen sein. Dort habe sie sich im Juni 1936 taufen lassen, und am 2. April 1938 sei sie völlig vereinsamt und ohne finanzielle Mittel für medizinische Hilfe im Alter von zweiundsechzig Jahren gestorben. Auch in den Jahren, als Charlotte Italien bereiste und in Alassio lebte, soll es zu keinem Kontakt der beiden Schwestern gekommen sein.

Weder das Schicksal noch das traurige Ende ihrer Schwester, weder ihr Judentum, die Diffamierung ihrer und Corinths Kunst noch das erzwungene Exil, als das sie es wohl auch nicht wahrhaben wollte, werden von Charlotte in ihren Tagebüchern angesprochen.

Charlotte Berend-Corinth starb am 10. Januar 1967 im Alter von siebenundachtzig Jahren und wurde auf dem Mount Hope Cemetary in Hastings-on-Hudson in New York begraben. Die Ausstellung ihrer Werke 1967 in der Berliner Nationalgalerie, wo einst Lovis Corinth seine großen Triumphe feierte, hat sie nicht mehr erlebt.

Wenn man Charlotte Berend-Corinth glauben darf, so ist sie in dem Bewusstsein gestorben, dass ein künstlerisches Werk wie das von Lovis Corinth nur möglich wird, »wenn eine Frau neben ihm steht, ohne sich vordrängen zu wollen, nicht einen Schritt – eher noch hinter ihm mag sie verbleiben.«

Quellen

Badischer Kunstverein Karlsruhe (Hg.): Lovis Corinth. Das Portrait, Karlsruhe 1967.
Behling, Katia; Manigold, Anke: Die Malweiber. Unerschrockene Künstlerinnen um 1900, München 2009.
Berend-Corinth, Charlotte: Als ich ein Kind war, Hamburg 1950.
Berend-Corinth, Charlotte: Mein Leben mit Lovis Corinth, München 1958.
Berend-Corinth, Charlotte: Lovis, München 1958.
Corinth, Lovis: Selbstbiographie. Herausgegeben und mit einem Vorwort von Charlotte Berend-Corinth, Leipzig 1926.
Corinth, Wilhelmine: Ich habe einen Lovis, keinen Vater. Erinnerungen. Aufgezeichnet von Helga Schalkhäuser, München 1990.
El-Akramy, Ursula: Die Schwestern Berend. Geschichte einer Berliner Familie, Hamburg 2001.
Englert, Kerstin (Hg.): Lovis Corinth. Gesammelte Schriften. Charlotte Berend-Corinth, Mein Leben mit Lovis Corinth, Berlin 1995.
Reiser, Rudolf: Alte Häuser. Große Namen, München 2002.

Stephan, Inge: Das Schicksal der begabten Frau. Im Schatten berühmter Männer, Stuttgart 1989.
Tworek, Elisabeth: Spaziergänge durch das Alpenvorland der Literaten und Künstler, Zürich / Hamburg 2004.

Es war »immer aufregend, mit ihm zu leben – manchmal nicht so angenehm aufregend, aber nie langweilig«

Marta Feuchtwanger (1891–1987)

Auf die Frage, ob sie es jemals bedauert habe, ihr ganzes Leben auf ihren Mann und sein Werk abgestimmt zu haben, antwortete die hochbetagte Marta Feuchtwanger: »Ich war nur eine Frau, seine Frau, und er brauchte mich.«

Das klingt nach der bescheidenen Zurücknahme der Ehefrau eines Schriftstellers von Weltrang, ist aber wohl das ehrliche Resümee einer Frau, die unsentimental und sehr realistisch auf ihr Leben zurückblickte. Sie, die nach eigener Aussage als junge Frau gar nicht an sich geglaubt hatte, empfand es offenbar als eine Genugtuung, den Anforderungen ihres wahrhaftig nicht einfachen Zusammenlebens mit diesem Künstlerehemann beinahe fünfzig Jahre standgehalten zu haben, und als einen Triumph, trotz aller Anfechtungen ihrer Beziehung bis zum Lebensende Lion Feuchtwangers seine Lebensgefährtin geblieben zu sein. Den Wunsch nach eigener Selbstständigkeit oder größerer Unabhängigkeit will sie nie gekannt haben. Rollenangebote von Otto Falckenberg und Werner Krauss schlug sie beispielsweise aus, da sie nicht die Berufung gespürt habe, zur Bühne zu gehen. »Meine Berufung war L. F«, erklärte sie Kadidja Wedekind in einem Brief vom 14. März 1980, und außerdem fand sie es »immer aufregend, mit ihm zu leben – manchmal nicht so angenehm aufregend, aber nie langweilig.« Gleichberechtigt sollten Frauen in der Bezahlung, in Beruf und Gesellschaft sein, »aber nicht so sehr im Verhältnis zum Mann«, fügte sie kryptisch hinzu. »Da sollte Vive la difference, wie die Franzosen sagen, nicht vergessen werden.« Wenn sie sich nicht immer wieder an diesem Grundsatz orientiert hätte, wäre die Lebensgemeinschaft dieses ungleichen Paares dann vielleicht gescheitert?

Marta Feuchtwanger war eine auffallend aparte Erscheinung – Thomas Mann fand sie »ägyptisch aussehend« – mit ihren dunklen, ausdrucksvollen Augen, einer eigentümlich vorspringenden Mundpartie, ihrem meist gebräunten Teint, dem schwarzen Haar, in jungen Jahren mit einem Stirnpony, später straff zurückgekämmt, im Nacken geknotet, und einem schlanken, sportlich trainierten Körper, den sie mit ausgewählter Kleidung vorteilhaft zu unterstreichen wusste. Im Alter bevorzugte sie streng geschnittene Gewänder nach chinesischer Art aus kostbaren Seiden- und Brokatstoffen, die ihrer Erscheinung etwas Exotisches und überaus Würdevolles gaben. Sich selbst befand sie nur als gut aussehend, denn ihr »Eidechsenkopf« und zu großer Mund hätten nicht ihrem Schönheitsideal entsprochen. Sie wusste aber schon als junges Mädchen, sich wirkungsvoll in Pose zu setzen. Ein Foto aus dem Jahr 1910 zeigt die etwa neunzehnjährige Marta Löffler in graziöser Haltung und einem weißen Kleid mit Schärpe, die ihre schlanke, biegsame Taille betont. Das ovale Gesicht mit den großen dunklen Augen ist umrahmt von einer üppigen, lockig aufgebauschten Haarpracht unter einem auffallend ausladenden Hut.

Die Lebensverhältnisse, in denen Marta Löffler in München aufwächst, können als wohlhabend bezeichnet werden. Martas Eltern, Johanna und Leopold Löffler, hatten das von Johannas Mutter gegründete Geschäft für Damenbekleidung übernommen und zu einem Kaufhaus erweitert, das auch andere Läden mit Stoffen belieferte. Die Familie gehört zu der großen Gemeinde der Reformjuden in München. Daheim wird koscher gekocht, aber bei den sonntäglichen Familientreffen in einem Restaurant isst man auch nichtkoschere Speisen. Samstags geht man in die Synagoge, und man begeht die hohen jüdischen Feiertage entsprechend. Regelmäßig darf Marta die Eltern ins Theater begleiten, wo sie eine Loge abonniert haben. Das attraktive Mädchen erregt Aufsehen und wird umworben, aber Marta nimmt die jungen Verehrer nicht ernst. Weitaus interessanter findet die Neunzehnjährige den eigenwilligen Bruder Lion ihrer Freundin Franziska Feuchtwanger. Sie hätte, erklärt sie später, sich von diesem Lion ein Bild gemacht, aus dem, was sie in der Zeitung von ihm und über ihn gelesen und ihr dessen Schwester erzählt habe.

Marta Feuchtwanger, um 1910

Er ist der Älteste von neun Kindern des Sigmund Feuchtwanger, jüdischer Münchner Fabrikant und Eigentümer der Margarinefabrik »Saphir Werke«. Bald nach dem Abitur hat er sein Elternhaus verlassen. Er studiert Neuere Literaturgeschichte in München und Berlin und versucht sich recht und schlecht als Hauslehrer und mit Verkäufen seiner Habseligkeiten durchzuschlagen. 1907 promoviert er mit dreiundzwanzig Jahren über Heinrich Heines Erzählfragment »Der Rabbi von Bacherach«. Zur Habilitation kann er sich nicht entschließen, auf sein Erbe verzichtet er und schreibt Erzählungen, Romane und Theaterstücke, die mit mehr oder eher weniger Erfolg aufgeführt werden. Mit Theaterkritiken für die in Berlin erscheinende »Schaubühne« hält er sich einigermaßen über Wasser. Seine oftmals bissigen Artikeln und scharfzüngigen Kritiken provozieren, und er wird deshalb häufig attackiert. Martas Bild von ihm können, nach ihren eigenen Worten, alle »unvorteilhafte Publizität« und »sein schlechter Ruf«, den er seinen ständigen Affären mit Frauen und seiner meist glücklosen Spielleidenschaft verdankt, nichts anhaben.

Auf einem Ball im Hause Feuchtwanger im Januar 1909, zu dem Lion nur auf eindringliche Bitte der Mutter gekommen ist, findet ihre erste Begegnung statt. Als einen äußerlich attraktiven Mann kann man ihn nicht bezeichnen. Er ist klein, mit 1,65 Metern fast einen Kopf kleiner als Marta, schmächtig, hat dunkelblondes, gewelltes Haar. Eine Brille beherrscht das noch sehr jungenhafte Gesicht des stark Kurzsichtigen. Er hat eine helle Stimme, die manchmal unangenehm klingen kann, andererseits, nach Aussage von Zeitgenossen, eine ausnehmend herzliche, gut gelaunte und ansteckende Art zu lachen, auch über sich selbst. Bei dieser Gesellschaft in seinem Elternhaus tritt er betont arrogant auf, und seine direkte und provozierende Art schüchtert Marta ein. Sie sagt wenig, und ihr Herz klopft heftig.

Kurz darauf erhält sie zu ihrem neunzehnten Geburtstag einen großen Strauß Parma-Veilchen, was damals im Januar ein Aufsehen erregendes Geschenk ist. In einem Begleitschreiben habe er sie aufgefordert, sich die nächste Ausgabe der »Münchner Jugend« genau anzuschauen. Nach Marta Feuchtwangers vager Erinnerung sei darin ein Gedicht mit Namen »An Marta Gabler« abgedruckt gewesen – als Wortspiel für Martas Nachnamen Löffler. Möglicherweise trügen sie dabei ihre Erinnerungen, da ein solches Gedicht nicht veröffentlicht wurde, Lion jedoch ein Chanson über ein »Fräulein

Marta Marie« schrieb, das er der Zeitschrift anbot, aber nicht abgedruckt wurde.

Zunächst telefoniert man und geht zusammen spazieren, ohne dass es zu einer ernsthaften Annäherung kommt, wie Lion im Tagebuch vermerkt. Er hat weiterhin Beziehungen zu anderen Frauen, macht Spielschulden, will eigentlich keine Karten mehr anrühren, wird aber immer wieder rückfällig. Ebenfalls laut seinen Tagebuchnotizen hat Marta ihm nach und nach in schönster Offenheit anvertraut, dass auch sie schon Liebesabenteuer gehabt habe. Allmählich kommt es zum Austausch erster Zärtlichkeiten, und Anfang Oktober, nach einer Fahrt nach Grünwald, folgt sie ihm erstmals in sein gemietetes Zimmer in der Gewürzmittelstraße. Ob es dieser Ausflug war oder ein weiterer im März 1911, mag dahingestellt sein. Für Marta war eines dieser intimen Zusammensein der Beginn ihrer Ehe, wie sie es nannte.

Völlig unerheblich sei damals für sie beide gewesen, wie lang ihre Beziehung dauern würde, und von Heirat sei zwischen ihnen keine Rede gewesen. Das hätten sie als einen »höchst lächerlichen Rückfall in die Bürgerlichkeit« betrachtet. Auflehnung gegen bürgerliche Scheinmoral und die konservative Gesinnung in ihren Elternhäusern verbindet sie. Sie haben nur den einen Wunsch, als Liebespaar zunächst »unentdeckt zu bleiben«.

Das gelingt ihnen auch eine ganze Weile, doch dann erwartet Marta ein Kind. Auch in dieser Lage sei ihr der Gedanke an Heirat nicht in den Sinn gekommen. Sie habe Lion keinesfalls mit einer solchen Bürde belasten wollen, und ihren Eltern gegenüber habe sie sich frei von jeder Pflicht und Rücksichtnahme gefühlt. Sie habe »nicht einen Augenblick ein schlechtes Gewissen« gehabt, da das Verhältnis durch übermäßige Strenge der Eltern und eine keineswegs schöne Kindheit und Jugend ohnehin getrübt gewesen sei. Marta war die dritte Tochter von Johanna und Leopold Löffler. Emilie, 1884 geboren, starb im Alter von zwei Monaten. Ida, 1885 geboren, erkrankte früh an Typhus und behielt eine Behinderung zurück. Mehr oder weniger im Schatten dieses Sorgenkindes erlebte Marta wohl die ersten fünf Jahre ihrer Kindheit. Als Ida mit elf Jahren an Meningitis stirbt, konzentriert sich die ängstliche Sorge der Eltern auf die einzige, ihnen verbliebene Tochter. Marta besucht eine Privatschule, das Siebert-Institut, in dem das Französische im Mittelpunkt steht. Den Respekt ihrer Lehrerinnen und katholischen Mitschülerinnen verschafft sie sich durch gute Leistungen und indem sie sich nicht einschüchtern lässt, auch nicht durch antijüdische Äußerungen. Mit zwölf Jahren darf sie, die aus eigenem Antrieb daheim Gymnastik treibt, einem Sportclub beitreten und eine Tanzschule besuchen. Zum Missfallen des Vaters liest sie viel, will bereits in jungen Jahren Ibsen und Nietzsche gelesen haben, was sie an allem Herkömmlichen habe zweifeln lassen.

Insofern ließe sich vermuten, dass Marta sich damals bereits von den konservativ-bürgerlichen Eltern abgenabelt hatte, während Lion sich zwar äußerlich, aber noch nicht emotional vom Elternhaus gelöst hatte.

Marta ist also schwanger, und in dieser Situation erweist er sich als couragiert. »Trotz seiner Armut zögerte er keinen Augenblick, die volle Verantwortung zu nehmen.« Er sucht Martas Eltern auf, macht einen Antrag, und überraschend reagiert gerade ihre Mutter milde und verständnisvoll. Sie soll von ihrem zukünftigen Schwiegersohn von Anfang an hingerissen gewesen sein, wozu sicherlich das höfliche und einnehmende Wesen Lion Feuchtwangers, das ihm Freunde und Bekannte attestieren, beigetragen haben wird. Außerdem war Martas Mutter die Verbindung ihrer Tochter mit der in München angesehenen und wohlhabenden Familie Feuchtwanger wohl nicht unsympathisch. Lions Familie hingegen zeigt sich von den Heiratsabsichten keineswegs erbaut. Sigmund Feuchtwanger soll sogar Martas Vater gewarnt haben: »Mein Sohn ist ein Lump, und wenn Ihre Tochter ihn heiratet, ist sie auch nicht besser.« Nach einer offiziellen Verlobungsfeier in München findet die Hochzeit im Mai 1912 in Überlingen am Bodensee statt, allerdings nur standesamtlich ohne religiöse Zeremonie, in Anwesenheit beider Elternpaare.

Der elterlichen Zucht endgültig entronnen, sind sie beide nach Martas eigener Aussage weiterhin höchst unvernünftig. Unbekümmert um die Schwangerschaft machen sie keine Hochzeitsreise, sondern eine Art »Hochzeitswanderung«, die sie von einer kleinen Erbschaft Martas und dem Verkaufserlös von Lions Promotionsschrift an die »Frankfurter Zeitung« finanzieren. Das Wandern über Stock und Stein und gelegentliche Fahrten auf Pferdefuhrwerken sind Martas Schwangerschaft nicht zuträglich. Gezwungenermaßen beenden sie ihre Reise in Lausanne, wo Marta am 11. September 1912 eine Tochter, Elisabeth Marianne, zur Welt bringt. Hohes Fieber lassen Mutter und Kind in Lebensgefahr schweben. Martas Eltern reisen an und engagieren ein Schweizer Kindermädchen. Im Rivieradorf Pietra Ligure, wo sie ein kleines Haus gemietet haben, sollen sich beide erholen. Lions unermüdliche Pflege und Martas Zähigkeit lassen sie das Kindbettfieber überleben. Ihre kleine Tochter ist jedoch zu schwach und stirbt am 17. November 1912 im Alter von etwas mehr als zwei Monaten. Lion lässt den Grabstein auf dem Friedhof des kleinen italienischen Dorfes mit der Inschrift versehen: »Aliena in terra – sub terra aliena.« (»Eine Fremde auf Erden – unter fremder Erde.«).

Nach dieser Tragödie und Martas Genesung gehen die beiden, da sie nicht nach München zurück wollen, auf eine Reise, die zwei Jahre dauern und dramatisch mit der Flucht Lions aus einem nordafrikanischen Gefängnis enden sollte. Sie vagabundieren mit sehr wenig Geld durch Südeuropa, hausen zeitweise in primitivsten Unterkünften und sind wie berauscht von den wechselnden Landschaften und den fremden Kulturen. Die Eindrücke, vor allem von der Welt der Antike, und die Einblicke in die Lebensweise der Menschen in südlichen Ländern ohne technischen Fortschritt und oft in bitterster Armut lassen Lion Distanz zu den Zwängen in der Heimat, seinem Elternhaus gewinnen und tragen zu seiner künstlerischen Entwicklung maßgeblich bei. Sie wollen »das absolut Unbekannte sehen« und erleben nebenbei heute unwahrscheinlich klingende Geschichten. Mehrmals bieten Männer in Italien Lion Goldmünzen an, sie wollen allen Ernstes Marta kaufen. Aus einem Dorf fliehen sie, da die Einheimischen sie für reisende Zirkusleute halten und in Erwartung einer Vorstellung ihre Unterkunft belagern. Die wenig anspruchsvolle, unbekümmerte und sportliche Marta ist die ideale Begleiterin für ein derartig abenteuerliches und strapaziöses Unternehmen. Beschwerliche Wanderungen über verschneites Gebirge, der Aufstieg auf den Ätna können sie nicht schrecken; Blasen an den Füßen, Fahrten mit einfachen Fuhrwerken oder in schmutzigen Zügen mit harten, schmalen Sitzbänken, unbequemste Quartiere verdrießen sie nicht. Die gelegentliche Ernährung von am Wegesrand gepflückten Beeren und Nüssen empfindet sie als ganz besonders gesund. Sie weiß allem etwas Positives abzugewinnen. Für eine junge Frau ihrer Herkunft erweist sie sich in schwierigsten Situationen als beherzt und zupackend. Ganz auf sich gestellt, pflegt sie Lion gesund, als er nach dem Genuss eines Muschelgerichts an Typhus erkrankt, und als sie erneut schwanger wird, lässt sie ohne sein Wissen bei einer obskuren Hebamme einen Abbruch vornehmen. Von einer weiteren Schwangerschaft hätten die Ärzte in der Schweiz abgeraten, und Lion hätte sie mit einer Entscheidung nicht belasten wollen. Die Mitteilung im Frühjahr 1913, dass sich die politischen Verhältnisse in der Heimat zuspitzen, verunsichert beide nicht, und auch Geldknappheit, wenn Honorare für Lions Zeitungsartikel nicht eintreffen, kann sie nicht entmutigen. Damit sie ihre Reise ohne Ziel und Ende fortsetzen können – Sizilien und Afrika locken –, bringt Marta kurzerhand ihre Uhren und die Eheringe ins Pfandhaus.

In Tunis angekommen, erfahren sie vom Kriegsausbruch zwischen Frankreich und Deutschland. Kurz darauf wird Lion von französischer Militärpolizei abgeholt und interniert. Da die verschiedensten Konsulate in Auflösung begriffen sind, macht sich die couragierte Vierundzwanzigjährige allein auf die Suche nach ihrem Mann. Vermummt mit einem Schal und einem Mantel, da Frauen normalerweise in Tunis nicht ohne Begleitung unterwegs sind, dringt sie in einer Kaserne bis zum General vor. Ihr Mann habe in der Eile nicht mal eine Zahnbürste mitnehmen können, argumentiert sie. Tatsächlich erwirkt sie damit einen befristeten Freigang für Lion, den sie nützen. Mit den von ihrem letzten Geld gekauften Schiffskarten gelingt ihnen die Flucht auf einem italienischen Schiff über Palermo nach Neapel. Mit dem Zug geht es weiter nach Rom und Österreich, von wo sie Militärfahrzeuge nach München mitnehmen.

Wie hat sich in den zwei Jahren ihrer Abwesenheit die Atmosphäre in München verändert! Tag und Nacht ziehen junge Menschen singend an ihren Fenstern vorbei zum Bahnhof. Eine Verkäuferin in einem Hutladen entdeckt in weißen Filzhüten, die Feuchtwangers zur Reparatur bringen, die Etiketten der französisch-schweizerischen Firma und ruft nach der Polizei, damit »das welsche Gelump«, die Spione verhaftet werden. Wegen ihrer gebräunten Haut werden sie auf offener Straße als »fremdländisches Gesindel« beschimpft. Allmählich gewöhnen sie sich an derartige Ausbrüche, aber Marta fühlt sich »durch den Krieg wie erstarrt, konnte nicht mehr lachen«, während Lion nach ihrem Eindruck alles stoisch hinnahm.

Ohne Widerspruch kommt er Mitte Oktober 1914 seiner militärischen Einberufung nach und bemüht sich gewissenhaft, ungeachtet seiner Kurzsichtigkeit und schlechten körperlichen Konstitution, den Kasernen- und Exerzierdienst zu erfüllen, bis er nach einigen Monaten mit Magenblutung zusammenbricht und vom Militärdienst befreit wird. Bis zum Kriegsende schreibt er rastlos. Mehrere Bühnenstücke entstehen, die mit großem Erfolg an Theatern in verschiedenen Großstädten aufgeführt werden. In höchstem Maße unzufrieden ist Feuchtwanger nach der Premiere von »Jud Süß«, trotz des Beifalls und der rühmenden Kritik Heinrich Manns im »Berliner Tagblatt«. Die Inszenierung empfindet er als »ein leeres, farbiges Schaustück«, das sein Anliegen in keiner Weise zum Ausdruck gebracht hat. Es ist Marta, die ihm zuredet, über das Schicksal des Juden Süß einen Roman zu schreiben. Zunächst will Lion, der sich ganz dem Theater verschrieben hat, nichts davon wissen, da ihm der Misserfolg seines ersten Romans »Der tönerne Gott« noch in Erinnerung ist und ihm das Schreiben von Theaterstücken doch so viel leichter und schneller von der Hand geht. Am Ende schreibt er den Roman, der 1926 in einer englischen Ausgabe erscheinen sollte, in den USA noch erfolgreicher war und ihn weltberühmt machte, innerhalb von dreizehn Monaten und im Anschluss daran den historischen Roman »Die hässliche Herzogin« über das Schicksal der Margarete Maultasch von Tirol im 14. Jahrhundert.

In dem Bewusstsein, dem Romanschriftsteller Lion Feuchtwanger damals zum Durchbruch verholfen zu haben, wird Marta später erklären, sie sei immer froh gewesen, von ihrem Mann zu Rate gezogen worden zu sein und mitarbeiten zu können. Viele Jahre ist sie diejenige, die seine Manuskripte abtippt, bis er sich eine Sekretärin leisten kann, der er seine Texte diktieren wird. Marta liest er auch alles vor, was er geschrieben hat. Zu Anfang hatte sie die umfassende Bildung und Intellektualität Feuchtwangers eingeschüchtert, aber sie lernt schnell dazu, macht Vorschläge, äußert Kritik, und Feuchtwanger weiß mit der Zeit ihr sicheres Urteil durchaus zu schätzen. Für seine literarische Arbeit wurde sie unverzichtbar.

Während der Kriegsjahre und vor allem in der allgemein schwierigen Versorgungslage nach dem Krieg ist Marta vollauf mit dem Organisieren von Lebensmitteln beschäftigt, während Lion die Tage in der Staatsbibliothek verbringt, da die Kohle rationiert war. Sie rackert sich derartig ab, auch mit Hamsterfahrten per Fahrrad aufs Land, dass man bei ihr, die sehr abgemagert ist, eine Tuberkulose-Erkrankung befürchtet. Noch weniger Ruhe gönnt sie sich, als eine Leistenbruch-Operation bei Lion eine lebensgefährliche Infektion zur Folge hat. Auf Krankenmarken ergattert sie weißes Mehl, um für seinen empfindlichen Magen verträgliches Brot zu backen, und im Tausch gegen Theaterfreikarten erhält sie von ihrer Metzgerin mageres Fleisch.

Ihre Lage hat sich insofern verbessert, als sie sich aufgrund der fließenden Honorare für Feuchtwangers Artikel und Theaterarbeiten immerhin eine geräumige Wohnung leisten können, Anfang 1915 zunächst in der Prinzregentenstraße, danach in der Thierschstraße und noch vor Kriegsende in der Georgenstraße 24, die sie bis 1925 beibehalten. Für den häufigen Wohnungswechsel sollen Kündigungen wegen Lärmbelästigung der Grund gewesen sein, denn der Salon der Feuchtwangers wurde zum beliebten Treffpunkt der Münchner Künstler. Junge, noch unbekannte Autoren suchen den für seine Hilfsbereitschaft bekannten Lion Feuchtwanger auf, unter anderem im März 1919 ein Medizinstudent aus Augsburg. Er heißt Bertolt Brecht. Es ist der Beginn einer fruchtbaren Zusammenarbeit und lebenslangen Freundschaft bis zu Brechts Tod im Jahr 1956.

Die politischen Verhältnisse in München spitzen sich zu. Man warnt Lion und Marta nach den ersten Verhaftungen prominenter Juden. Einige ihrer Freunde haben die Stadt bereits verlassen, und Brecht drängt sie, nach Berlin zu kommen, aber es fällt ihnen schwer, München mit dem Alpenvorland und seiner Nähe zu Italien aufzugeben. Bösartige Artikel erscheinen im »Völkischen Beobachter«, Feuchtwanger wird als »jüdisch-bolschewistischer« Schriftsteller diffamiert. Nachdem sein Theaterstück »Vasantasena« mit großem Erfolg auf vielen Bühnen gespielt wird, nehmen die Schikanen über die Steuer zu. Die Fenster ihrer Wohnung werden eingeworfen und sie und ihre Gäste offensichtlich ausspioniert. 1925 entschließen sie sich, nach Berlin umzusiedeln, wo sie wegen der Wohnungsnot nur eine klitzekleine Etagenwohnung am Hohenzollerndamm 34 mieten können, welche der sportlichen Marta jedoch sofort besser gefällt, als sie in unmittelbarer Nachbarschaft Tennisplätze entdeckt, die im Winter außerdem in eine Eisbahn umgewandelt werden.

Lion reist voraus, da Marta noch die Münchner Wohnung auflösen und einiges von ihrer Einrichtung im Haus ihrer Eltern deponieren muss. Bevor sie ihm nach Berlin folgt, fährt sie »schnell noch zum Skilaufen auf die Ulmer Hütte bei Sankt Anton in Österreich«. Seitdem sie es sich finanziell leisten können, schenkt Lion dieses Wintersportvergnügen seiner Frau zu jedem Geburtstag. Marta, eine leidenschaftliche Skifahrerin im Gegensatz zu ihrem Mann, reist immer allein und steigt dabei nicht unbedingt in einem komfortablen Hotel ab, sondern quartiert sich gern auf einer Hütte ein und versorgt sich selbst. Als einen der größten Erfolge ihres Lebens bezeichnet sie die Auszeichnung als gute Skiläuferin zum exklusiven Stammtisch von Walter Bernays, der mit ihrem Skilehrer Hannes Schneider die sogenannte Arlberg-Schule in Sankt Anton entwickelte, eingeladen zu werden. Diese jährlichen Wintersportaufenthalte, aber auch andere Unternehmungen Martas gehörten offenbar zu einer Art »gentleman agreement« in ihrer Ehe. So lässt Lion Feuchtwanger im Jahr 1927 seine Frau auf Einladung eines Wintersportfreundes, Harry Sobotka, allein nach New York reisen. Und von Martas spontanem Entschluss, Sobotka nach Kuba zu begleiten, wo dieser beruflich zu tun hat, erfährt ihr Mann erst, als sie ihm danach ihre endgültige Heimreise telegrafisch ankündigt.

Das klingt nach einer für die damalige Zeit außergewöhnlich partnerschaftlichen Beziehung, da Marta, ökonomisch abhängig von ihrem Mann, von ihm ein Freiraum zugestanden wurde, in dem sie entscheiden konnte, was sie tun und lassen wollte. Lion Feuchtwanger lehnte jeglichen gesellschaftlichen Zwang und Rollenmuster für sich und andere ab. Insofern genoss sie sehr viel mehr Freiheiten als die meisten verheirateten Frauen ihrer Generation. Andererseits bedeutete das für Marta, seine zahllosen Liebschaften zu tolerieren und ebenso die über Jahre andauernden Beziehungen zu seiner Mitarbeiterin Lola Sernau und zu der bildschönen Eva Herrmann. Feuchtwanger durchlebte mit Eva Herrmann, die ihn hinhielt und eifersüchtig zu machen wusste, alle Höhen und Tiefen einer Liebesbeziehung, und seine dadurch verursachte »schlechte Laune und Melancholie«, laut einem Tagebucheintrag vom 25. Juni 1938, musste Marta außerdem aushalten. Ab und an scheint ihr aber doch der Kragen geplatzt zu sein, was Feuchtwanger damit zu kommentieren pflegte, dass Marta mal wieder »strindbergelte«. Das war ihm momentan zwar lästig, gehörte aber wohl dazu, und damit war für ihn der Fall erledigt. Grundsätzlich, so wollte sie es später sehen, hätten sie und Lion sich von Anfang an darauf geeinigt, sich nicht in das Leben des anderen einzumischen. »Jeder sollte seine Freiheit behalten. Wir vertrauten einander und waren absolut offen. Wir haben uns niemals angelogen. Das Leben ist leichter, wenn man alles offen und frei sagt. Wir sprachen nicht über Details, aber man wusste immer, was beim anderen geschah.« Sie war und blieb für den Aus- und Umherschweifenden die verlässliche Konstante, oder wie Marta erklärte: »Ich war seine Heimat. Mich konnte er mit sich nehmen. Mit mir war er in der Wirklichkeit, und zugleich jenseits der Zeit.«

Ob sie sich durch seine Affären, über die seine Tagebücher peinlich genau Auskunft geben, nie in ihrem Selbstgefühl und ihrer Selbstachtung verletzt sah, darüber schwieg sie beharrlich. Auf die Frage, ob sie an ihrem Mann etwas nicht gemocht hätte, antwortete sie ausweichend, ihr Mann sei innerlich »anständig« gewesen, »willentlich« hätte er nichts Unanständiges gemacht. Nur wenn er gelegentlich in Gesellschaft »geprotzt habe« – mit bayerisch lang gesprochenem »o« –, so lenkte sie lachend ab, mit seinen Erfolgen und hohen Auflagen seiner Werke, das habe sie überhaupt nicht gemocht und als peinlich empfunden.

Selbstverständlich machten ihr Feuchtwangers ständige Frauengeschichten, vor allem die langjährigen Beziehungen, zu schaffen. Es gab Zeiten, wo sie ihre Ehe gefährdet sah und Angst hatte, ihn zu verlieren, wie aus Briefen an ihren Mann hervorgeht: »Wie stehen wir denn? Bist noch manchmal für mich?« Sie macht keine Vorwürfe, schreibt nichts von Kränkung durch sein Verhalten, sondern von ihren »vielen Fehlern«, womit sie ihre Sturheit und Rechthaberei bis zur Eigensinnigkeit gemeint haben könnte, und fragt, ob diese Fehler ihm »in der Entfernung erträglicher« geworden seien. Sie erinnert ihn an ihre »guten Seiten«, wozu gehörte, dass sie überhaupt nicht nachtragend war. Vielleicht reagierte sie so, weil sie als kleines Kind neben der älteren kranken Schwester bereits erfahren hatte, dass Liebe und Zuwendung keine Selbstverständlichkeit sind, dass man sie sich unter Umständen erkämpfen muss. Marta wollte Lion Feuchtwangers Frau bleiben, auch wenn sie wusste, dass er diese erotischen und sexuellen Eskapaden immer wieder suchen würde, zur Bestätigung seiner Männlichkeit und als Kompensation seines unscheinbaren Äußeren. Was denn ein Mensch machen solle, schreibt er ihr einmal, der wie er »sein ganzes Leben klein und unscheinbar und äußerst unattractive herumlaufen muß.« Mit den Jahren wuchs in ihr die Gewissheit, dass sie die wichtigste Frau in seinem Leben bleiben würde, wenn sie akzeptierte, dass er zwar nicht hundertprozentig, wie er einmal gesagt habe, aber doch »überwiegend« ihr Lion war. Ob Marta ebenfalls Affären gehabt hat, was von einigen Autoren vermutet wird, darüber ging sie mit derselben Diskretion hinweg wie über die ihres Mannes.

Durchblicken ließ sie nur, dass viele Männer, auch wesentlich jüngere, in sie verliebt waren und sie genügend Chancen gehabt habe, beispielsweise bei Bertolt Brecht und Erich Maria Remarque. Attraktive Männer gefielen Marta sehr wohl, aber, so erklärte sie, die unscheinbaren und schüchternen – wie Lion Feuchtwanger – hätte sie vorgezogen.

Bei öffentlichen Auftritten und in Gesellschaften, wo der berühmte Schriftsteller oftmals scheu und gehemmt wirkte, wenig begabt für Repräsentation, glich Marta dies mit ihrer auffallenden und glänzenden Erscheinung an seiner Seite aus. Wo Lion schwach war, zeigte sie Stärke. Einer Auseinandersetzung oder einem Streit, wenn es darauf ankam, ging sie nicht aus dem Wege, er schon, weshalb er sich im Vergleich zu ihr einmal als »waschlappig« bezeichnete. Gerne und ausführlich erzählte sie von ihren sportlichen, oft gewagten Bravourstücken und den von ihr gemeisterten praktischen Herausforderungen im täglichen Leben. Das waren ihre »Glückserlebnisse«, aus denen sie viel Selbstbestätigung zog. »Am glücklichsten war ich, wie wir ganz ohne Geld durch Italien gezogen sind, zu Fuß, und nachts in den Weinbergen geschlafen haben und nicht wussten, was uns der nächste Tag bringt.«

Auf die Frage, ob sie ein erfülltes, glückliches Leben gehabt habe, antwortete sie: »Ja, aber ich habe es nie gesucht, es kam zu mir.« Wozu sie auch ihre Begegnung mit Lion Feuchtwanger zählte, denn erst damit habe ihr Leben angefangen. Ihre Lebensmaxime war, nicht zurückschauen, sondern sich nur mit dem beschäftigen, was sie zu tun habe. Ähnlich pragmatisch hört sich der Rat an, den sie Marianne Zoff, der ersten Ehefrau von Bertolt Brecht, gegeben haben will: »Wenn man mit einem Genie verheiratet ist, muss man auf manches verzichten können.«

Zurück ins Jahr 1927. Als Marta von ihrer Amerikareise nach Berlin zurückkommt, überrascht Lion sie mit einem kleinen Fiat Cabriolet. Nach dem Erwerb des Führerscheins, kleineren Unfällen und hartnäckigem Üben entwickelt sie sich zu einer rasanten und begeisterten Autofahrerin, während Lion, der mit Müh und Not auch den Führerschein erhält, zeit seines Lebens ein unsicherer Fahrer bleibt und deshalb lieber seiner Frau das Steuer überlässt.

Das Hauptwerk der ersten Berliner Jahre ist Feuchtwangers Gesellschaftsroman »Erfolg«, an dem der Dreiundvierzigjährige zweieinhalb Jahre arbeitet, unterbrochen von offiziellen Reisen ins Ausland und zwei schweren Erkrankungen. Nach einer lebensgefährlichen Blinddarmentzündung und Notoperation in letzter Minute nimmt Marta sich vor: »Ich werde alles hinnehmen, ihm alles erlauben, wenn er nur überlebt.« Dem Genussmenschen, andererseits oft magenkranken Lion Feuchtwanger alles zu erlauben, widerstrebt ihr prinzipiell, und mit ihren Verhaltensmaßregeln für ein gesundes Leben kann sie ihm, wie man seinen brieflichen Stoßseufzern entnehmen kann, geradezu auf die Nerven gehen. Unterschiedlicher in der Auffassung von Lebensqualität können zwei Menschen kaum sein. Während Lion Feuchtwanger erlesenes Speisen schätzt, auf Reisen bevorzugt in Luxushotels absteigt, leidenschaftlich gern in Spielcasinos geht und großen Wert auf elegante Kleidung legt, neigt Marta, in deren Leben Gesundheit und der Sport eine zentrale Rolle spielen, fast zur Askese. Doch Lion ändert tatsächlich auf ärztlichen Rat und mit der Unterstützung eines persönlichen Trainers sein Leben. Morgendliche Gymnastik und Dauerlauf, Spaziergänge gehören von nun an bis zu seinem Lebensende zum streng geregelten Arbeitstag, und sogar die Einhaltung einer gewissen Diät – Martas Domäne – wird von ihm als notwendig akzeptiert.

Nachdem 1930 Feuchtwangers Roman »Erfolg« erschienen ist, der von der Presse und einigen Schriftstellerkollegen wegen »Nestbeschmutzung« Münchens und Bayerns angegriffen wird, reisen die beiden in ihrem neu erworbenen Buick nach Italien. In Amalfi erhalten sie die Nachricht, dass Martas Mutter im Sterben liegt. Ohne Pause rasen sie zurück, verdanken ihr Leben bei einem aufprallenden Lieferwagen ihrem Schrankkoffer und bleiben einmal gerade noch über einem Abhang hängen. Auf dem Brenner wechselt die unverwüstliche Marta im nächtlichen Schneegestöber einen Reifen, setzt Lion in Mittenwald ab, fährt allein weiter »wie ein Rennfahrer mit einer Lederhaube und Stulpenhandschuhen« und kann von ihrer Mutter Abschied nehmen.

Da ihr Wohnungseigentümer nach fünf Jahren die Miete nicht verlängern will und Lion ohnehin der Meinung ist, aufgrund der aus dem Ausland für seine Bücher fließenden Tantiemen sollten sie etwas bequemer leben, macht Marta sich auf die Suche nach einem geeigneten Haus und entdeckt schließlich im Grunewald, in der Nähe eines kleinen Waldsees, einen zum Verkauf stehenden Rohbau in einem Garten mit riesigen Kiefern. So versteckt gelegen, dass Heinrich Manns Taxifahrer das Anwesen beim ersten Besuch nicht finden sollte. Es gibt Verzögerungen beim Bau und gerichtliche Auseinandersetzungen. Um ungestört weiterarbeiten zu können, da sie ihre Wohnung räumen müssen, zieht sich Lion für einige Zeit aufs Land zurück. Doch endlich können sie ihr reizvoll gelegenes Haus in der Mahlerstraße 8 beziehen, das Marta mit Antiquitäten ausstattet, die sie, immer sparsam und geschickt verhandelnd, auf ihren Streifzügen durch Vorstadtgeschäfte erworben hat. Die für damalige Verhältnisse höchstmoderne indirekte Beleuchtung und ein langer gotischer, ehemaliger Esstisch aus einem Kloster als Schreibtisch für ihren Mann sind ihr größter Stolz. Endlich kann der Schriftsteller seine eigene Bibliothek einrichten, die in Kürze annähernd 10 000 Bände umfassen sollte. Für Haus- und Gartenarbeiten stellt Marta das Ehepaar Hermann und Gertrud Rudolph ein.

Noch wollen sie nicht wahrhaben, und der »chronische Optimist«, wie Marta ihren Mann einmal genannt hat, verdrängt den Gedanken, dass dieses schöne Heim für sie nicht von Dauer sein wird, obwohl er in seiner am 21. Januar 1931 in der Berliner »Welt am Abend« veröffentlichten Antwort auf die Umfrage »Wie bekämpfen wir das Dritte Reich?« von »Ausrottung« der Intellektuellen und Künstler im Dritten Reich und von Berlin als einer »Stadt von lauter zukünftigen Emigranten« spricht. Woraufhin die Nazis in »Der Angriff« schreiben: »Heil und Sieg, Herr Feuchtwanger, und gute Reise. Sie sind ein blendender Prophet.«

Ganz zurückgezogen in sein neues Arbeitszimmer und ohne Ablenkung will Lion seine Arbeit über Flavius Josephus (»Josephus«-Trilogie) fortsetzen, und er ermuntert seine von den Hausbauturbulenzen erschöpfte Frau, irgendwo am Meer auszuspannen. Mit dem Schlafwagen dritter Klasse, wie die sparsame Marta betont, fährt sie nach Triest und mit dem Schiff nach Ragusa, wo sie, die gerne mit sich allein ist, ein Privatzimmer mietet, sich jeden Tag mit einem Ruderboot zur Insel Lacroma übersetzen lässt und nach einem Sonnentag mit den wasserdicht verpackten Büchern zurückschwimmt.

Nachdem sie im Juli 1932 Hindenburg gewählt haben, »weil er uns als das geringere Übel erschien«, und aus Furcht vor Unruhen und Plünderungen Stahljalousien an den Fenstern haben anbringen lassen, reisen sie mit dem Auto durch Ost- und Westpreußen, nach Litauen und Nidden auf der Kurischen Nehrung, wo Thomas und Katia Mann, die dort ein Sommerhaus besitzen, ihnen auf einem Waldspaziergang begegnen. »Sie gingen an uns vorbei, ohne uns zu erkennen.«

Nach ihrer Rückkehr bietet eine Agentur Lion Feuchtwanger eine

Vortragstournee quer durch den amerikanischen Kontinent an. Marta befürchtet die allzu großen Anstrengungen, dazu im Winter, für ihren Mann. »Er reiste dann doch, wenn auch ungern, denn er hatte immer große Angst, öffentlich aufzutreten und zu sprechen. Seine Stimme trug nicht weit, und Mikrophone gab es noch kaum. Vor allem drängte es ihn aber, an eine neue Arbeit zu gehen. Andererseits war er doch zu neugierig auf Amerika, so daß er sich die Gelegenheit nicht entgehen lassen wollte. Ein Hauslehrer kam täglich, ein amüsanter junger Engländer mit trockenem Humor. Er war ein guter Lehrer, aber gegen Lions bayerischen Akzent kam er nicht an.«

An einem Novembertag besteigen sie den Zug am Bahnhof Zoo. Marta begleitet ihn zunächst nach London. Noch ahnen sie nicht, dass dies Lions endgültiger Abschied von Berlin ist. In London wird das Ehepaar Feuchtwanger geehrt und gefeiert mit Einladungen in der englischen Gesellschaft. Auch Winston Churchill lässt sich eine Begegnung mit dem berühmten Schriftsteller nicht entgehen. Marta wird von allen bewundert, weil sie sich selbstbewusst mit einem Londoner Taxichauffeur angelegt hatte, der sie offensichtlich betrügen wollte. Bei einer Abendeinladung bringt sie ihren Mann in peinliche Verlegenheit, wie sie lachend erzählte, als sie nach dem Genuss einiger Gläser Sherry zur Verwunderung aller Gäste nach dem Besuch des Schwimmbads von Lord Melchett einen Handstand macht.

Am 12. November 1932 schifft sich Feuchtwanger in Southampton nach den USA ein, wo er unter anderem mit Charlie Chaplin, Albert Einstein und Eleanor Roosevelt zusammentrifft und bis Anfang März 1933 auf Vortragstournee quer durch die USA unterwegs ist. Marta nutzt Lions lange Abwesenheit mit verschiedenen Kurzreisen und dem traditionellen Skiurlaub in ihrem geliebten Sankt Anton, wo sie die Nachricht von Hitlers Machtergreifung erreicht. »Wir waren wie betäubt.«

In deutschen Zeitungen wird Feuchtwanger angegriffen, weil er in Amerika bei einem Interview geäußert hat: »Hitler means war.« Trotz aller Warnungen und der zunehmenden Gewissheit, dass ihm nur das Exil bleiben wird, verlässt Lion die USA. In Bern trifft er mit Marta, die dort ihren Skiurlaub fortgesetzt hat, schließlich wieder zusammen. Währenddessen wird ihr Haus von einer SA-Truppe verwüstet, werden ihre Angestellten verprügelt und Manuskripte vernichtet. Feuchtwangers Name erscheint am 26. April auf der »Braunen Liste von verabscheuungswürdiger Literatur«, seine Bücher werden am 10. Mai verbrannt, und im »Reichsanzeiger« am 23. August steht in der Ausbürgerungsliste sein Name an sechster Stelle. Lion lässt seine Sekretärin Lola Sernau nachkommen und nimmt unverzüglich die Arbeit am zweiten Band des Josephus-Romans auf, dessen in Berlin zurückgebliebenes Manuskript offensichtlich verloren ist.

Da sie schon früher einmal daran gedacht hatten, sich an der französischen Riviera niederzulassen, fährt Marta nach Marseille und von da aus mit dem Bus die Küste entlang, bis sie in Bandol das noch geschlossene, kleine Hotel La Réserve entdeckt, das sie mieten können. Schon bald wird Feuchtwanger die Arbeit am Roman unterbrechen, da ihm von der britischen Regierung angetragen wird, einen antifaschistischen Film zu machen, und man ihm dafür Sidney Gilliat, einen erfahrenen Drehbuchautor des englischen Films, zur Seite stellt. Nachdem die beiden in kurzer Zeit einen Entwurf ausgearbeitet haben zu der Geschichte einer jüdischen Familie, deren Existenz in Deutschland nach Hitlers Machtergreifung zerstört wird, muss Feuchtwanger bei einem Besuch in England erfahren, dass der geplante Film nicht mehr zum aktuellen Verständigungskurs der britischen Regierung mit den neuen deutschen Machthabern passt. In nur sechs Monaten schreibt er daraufhin das Drehbuch zum Roman »Die Geschwister Oppermann« um. Kurz bevor das Buch im Herbst 1933 vom Querido-Verlag in Amsterdam herausgegeben wird, ändert er den Titel in »Die Geschwister Oppenheim« um, da ein hoher SA-Führer mit dem Namen Oppermann mit Repressalien gegenüber Lions Bruder Martin droht. Sein erstes Prosawerk im französischen Exil wird innerhalb des folgenden Jahres zu einem Verkaufserfolg werden, und der berühmte Schriftsteller wird vielen Freunden und Kollegen finanziell helfen und seine Kontakte bei der Beschaffung von Papieren und für Empfehlungsschreiben nützen.

Zunächst aber sind auch Lions und Martas finanzielle Mittel noch knapp bemessen, denn der größte Teil ihres Vermögens ist für sie unerreichbar im Bankhaus Feuchtwanger in München deponiert. Zeitweise hätten sie sich an Nüssen und Mandeln, die es in Hülle und Fülle gab, satt essen müssen, erzählte die genügsame Marta. An ihrem neuen Wohnort obliegt es nun ihr, nach den schriftlichen Anweisungen des Berliner Turnlehrers, ihren Mann zum regelmäßigen Muskeltraining anzuhalten.

Auf der Suche nach einem festen Domizil klappert sie mit Sibylle von Schönebeck, einer Freundin des in ihrer Nachbarschaft lebenden Schriftstellers Aldous Huxley, die nach 1945 als Autorin unter dem Namen Sybille Bedford bekannt wurde, in deren türlosem und winzigem Ford die Gegend ab, bis sie schließlich etwas zwischen Bandol und Sanary-sur-Mer findet. »Es war ein sehr einfaches Haus, wir hatten ja so wenig Geld, doch es war unglaublich schön gelegen. Eigentlich ist es gut, wenn man nicht viel Geld hat, dann findet man die schönsten Dinge, die man sonst nicht beachtet hätte. Die Villa Lazare stand hoch oben auf einer vorspringenden Klippe über dem Meer. Das Haus war nicht eingerichtet und sehr primitiv: keine Küche, nur ein Wohnraum mit einer offenen Feuerstelle, wo ich auf einem Grill über Holzfeuer kochte, so gut es ging.« Ein aus rohen Holzbrettern zusammengeleimter Arbeitstisch für Lion, ein paar vom Vermieter überlassene Matratzen, einige Stühle und eine Stehlampe vervollständigen die Einrichtung. »Lion und ich fanden alles großartig, denn da war ja das Meer. […] Wo gab es ein Meer, Felsen und einen Privatstrand in Berlin-Grunewald? Wir vermissten nichts, auch nicht die Bequemlichkeit unseres Hauses, den gepflegten Garten, nicht einmal unseren Buick.«

Martas Anspruchslosigkeit und große Bereitschaft, sich den Gegebenheiten anzupassen, das Gute zu sehen und ihre resolute Art, die Dinge eigenständig in die Hand zu nehmen, waren für Lion Feuchtwanger mehr als angenehm, konnte er sich doch, unbehelligt von Alltäglichem, ganz seiner Arbeit widmen.

Viele ihrer Freunde und Bekannten hatten inzwischen Deutschland verlassen und lebten in ihrer Nachbarschaft oder sollten in den folgenden Jahren noch dazu kommen: Thomas und Katia Mann, Bruno und Liesl Frank, Ludwig Marcuse, Franz und Alma Werfel, Heinrich Mann, Alfred Kerr, Erwin Piscator, René Schickele, Ernst Toller, Ernst Bloch, Arthur Koestler, einige nur für kurze Zeit, andere für Jahre. Marta fällt die undankbare Aufgabe zu, unerwartet auftauchende Besucher mehr oder weniger abzuwimmeln, um Lions streng geregelten Tagesablauf nicht zu stören. »Ich war nicht sehr beliebt bei den Besuchern. Nur als Thomas Mann mit Golo zu Fuß kam, riskierte ich eine Unterbrechung. Bald hatte sich mein Ruf als Zerberus herumgesprochen, und die Gäste kamen erst zur Teestunde.«

Marta geht bei diesen nachmittäglichen Teegesellschaften auf ihrer Terrasse ganz in der Rolle der Gastgeberin auf, auch wenn sie es für den Geschmack ihres Mannes mit ihrer »Überorganisation« manchmal übertreibt.

Feuchtwangers alte Freunde Arnold Zweig und Brecht finden sich ebenfalls ein. Eines Abends Anfang Oktober 1933, als diese im Begriff sind aufzubrechen, ereignet sich ein außergewöhnliches Naturschauspiel, ein Sternschnuppenregen, den sie am Strand unterhalb des Hauses beobachten wollen. Während Lion im Gespräch mit Brecht und Zweig den steilen Abhang bereits hinuntergeht, bemerkt Marta plötzlich, wie ihr geparktes Auto zu rollen beginnt. Sie läuft hinterher, springt aufs Trittbrett, um durch das Fenster die Handbremse zu ziehen, reißt das Steuerrad herum, damit das Auto nicht auf die ahnungslosen Männer zufährt. Ein Vorderrad bleibt in einem Graben hängen; sie springt ab, der Wagen kippt und rollt über sie hinweg. Im Hospital von Toulon stellt man einen offenen Bein- und Knöchelbruch fest. Wegen einer Infektion muss sie zunächst eine Beinamputation befürchten, doch nach einer Woche bessert sich ihr Zustand. Nach monatelanger Rekonvaleszenz in einem Sanatorium in Bandol, unterbrochen von Nachoperationen in Toulon, kann sie zumindest »mit Stöcken herumhumpeln«. Mit Recht gekränkt ist Marta, weil Lion sich während der ganzen Zeit in Paris und London aufhält, anstatt sich um sie zu kümmern. Ihren traditionellen Skiurlaub kann sie erst im März 1936 wieder aufnehmen.

Da die Villa Lazare ohne Heizung sich für den Winter nicht eignet, geht sie erneut auf die Suche nach einer Bleibe. Am Rande von Sanary entdeckt sie schließlich die dreistöckige Villa Valmer mit wunderbarer Aussicht übers Meer und die Inseln und einem großen Garten, aus dem Marta ein Blumenparadies macht und in dem sie Obst und Gemüse zieht.

»Ich habe schrecklich viel Arbeit damit«, schreibt sie am 10. April 1934 an Arnold Zweig, »es müssen viele Veränderungen vorgenommen werden, die Tapeten sind z.T. zu grell und bunt, Bücherregale anschaffen für 2.000 Bücher – und alles nur vorübergehend.«

Sie sind nicht die einzigen in dieser »Künstlerkolonie«, die ihren Aufenthalt an der Riviera immer noch als ein zeitlich begrenztes Provisorium ansehen. Ihr Haus wird zum künstlerischen Treffpunkt und geistigen Mittelpunkt des Exilortes Sanary.

Lion Feuchtwanger gönnt sich in diesen Jahren des Öfteren Ausflüge mit Eva Herrmann nach Monte Carlo, mit Besuchen im Spielcasino oder nach Nizza, wo Heinrich Mann lebt. Außerdem reist er regelmäßig nach London zu Verlags- und Übersetzungsverhandlungen und nach Paris, wo er an Veranstaltungen der Exilorganisationen teilnimmt, mit vielen Emigranten ins Gespräch kommt und zu seinem Roman »Exil« angeregt wird. Im November 1936 reist er über die Tschechoslowakei und Polen nach Moskau. Beinahe zwei Monate ist er unterwegs, nicht in Begleitung von Marta, sondern von Eva Herrmann. Es sind die Jahre politischen Engagements und seiner Unterstützung der Volksfrontidee, als er mit vielen seiner Kollegen ein Bündnis aller antifaschistischen Kräfte anstrebt und allein in der Sowjetunion die entscheidende Kraft im Widerstand gegen Hitler sieht. Wie in seinem anschließenden Reisebericht »Moskau 1937« deutlich wird, ließ sich der sonst distanzierte Beobachter blenden und von der Propaganda seiner Gastgeber täuschen.

Immer seltener wird er in diesen Jahren von Marta begleitet, obwohl sie das Reisen liebt und auch nicht ungern an den ihrem berühmten Mann geltenden Ehrungen und Empfängen bei bedeutenden Persönlichkeiten teilnehmen würde. Inwieweit dabei eine Rolle gespielt haben könnte, dass Marta in Sanary die Stellung halten sollte, damit die französischen Behörden Feuchtwanger wieder ins Land ließen, wissen wir nicht. Feuchtwangers Briefe aus Moskau zeugen jedenfalls mitunter von schlechtem Gewissen, wenn er Reue äußert, Marta nicht mitgenommen zu haben: »Ich hätte mich zwar schrecklich über Dich geärgert, über ständige Bemutterung und Rechthaberei, aber Du hättest an vielem gewaltige Freude gehabt, und meine Freude wäre viel größer gewesen, wenn Du dabei gewesen wärest, und zahllose Kleinigkeiten, die einem die Stimmung verderben, hättest Du mir abgenommen, und überhaupt bist Du, meine Arbeit vielleicht ausgenommen, das beste, was ich habe.« Marta weiß natürlich, dass Eva Herrmann mit ihm gereist ist und wie fadenscheinig seine Erklärungen letztendlich sind. Sie schluckt es, zeigt sich stark, berichtet von den Katzen, macht Vorschläge für die Figuren in »Exil« und fragt: »Und ich? Und wie bist Du aufgelegt? Wie wird der Winter werden? Darf ich mich darauf freuen, oder soll ich wieder resigniert sein? Ich muss mich doch drauf vorbereiten. Dann kann ich mich besser beherrschen. Für die Freude braucht's allerdings keine Beherrschung. St.«

Oft unterschrieb sie ihre Briefe mit dem Kürzel für Feuchtwangers Wortschöpfung »strindbergeln«, mit dem Lion sie auch in Briefen anredete: »m l st«. Es gehörte wohl im Einvernehmen beider zu einer Art intimen Spiels.

Nach seiner Rückkehr am 20. Februar 1937 geht ihr Leben in Sanary seinen gewohnten Gang, bis es mit der Generalmobilmachung Frankreichs am 1. September 1939 ein vorläufiges Ende findet und an Feuchtwanger bald darauf die Aufforderung ergeht, sich in Toulon bei den Militärbehörden zu melden. Am 23. September 1939 wird er mit anderen an der Riviera lebenden »deutschstämmigen« Männern in das Sammellager Les Milles in der Nähe von Aix-en-Provence gebracht und nach zehn Tagen wieder entlassen – für sieben Monate. Bemühungen um ein Ausreisevisum bleiben vergeblich. Nur allzu gerne lässt sich der schwankende Feuchtwanger von Franz Werfel damit beschwichtigen, dass sie als Schriftsteller nach Europa und nicht nach Amerika gehören, zumal er keinesfalls sein Haus in Sanary mit der umfangreichen Bibliothek aufgeben will. Für kurze Zeit spielt er sogar mit dem Gedanken, allein, ohne Marta nach Amerika zu reisen. Am 21. Mai 1940 muss er erneut im Sammellager antreten und fährt gemeinsam mit drei Schicksalsgenossen, so kurios es klingt, mit einem Taxi dorthin, denn Marta hat man inzwischen unter Hausarrest gestellt.

Bald darauf wird auch sie in einem Lager interniert, in einer mehr oder weniger großen Garage in Hyère, östlich von Sanary gelegen, in der das reinste Chaos herrscht. Da dem Kommandanten der Name Feuchtwanger etwas sagt, ernennt er sie zur »Surveillante Générale« und überträgt ihr damit die Oberaufsicht über viele Kinder und verzweifelte Frauen. Mit sehr viel Eigeninitiative, Mut und Geschick im Verhandeln mit der Lagerleitung sorgt sie für Erleichterungen im Lagerleben und fordert energisch Hilfeleistungen in Krankheitsfällen an. Auch nachdem alle in das gefürchtete, riesige, im Schlamm versinkende Lager nach Gurs verlegt worden sind, verliert sie nicht ihren Lebensmut, setzt sich weiterhin für andere ein, obwohl sie dort nicht mehr in der Position einer »Surveillante Générale« ist, und hält sich fit mit einem Dauerlauf am Morgen.

Nach einem ersten gescheiterten Fluchtversuch und nachdem sie von ihrer treuen Hausangestellten aus Sanary die Nachricht erhalten hat, dass Lion im Lager San Nicolà bei Nîmes sei, unternimmt sie einen zweiten, indem sie sich unter dem Stacheldrahtzaun durchgräbt und einem Zug französischer Flüchtlinge anschließt.

Ein mitleidiger Taxifahrer nimmt sie von Nîmes aus in einer Fuhre Schwarzhändler bis zum Lager mit, das einer riesigen Zeltstadt gleicht. Als Erstem begegnet sie dem Maler Max Ernst, und nach Monaten sieht sie Lion wieder, den sie zunächst kaum erkennt, so ausgemergelt ist er von einer Ruhrerkrankung. Als Nächstes macht sie sich zu Fuß und in Militärzügen auf den Weg nach Marseille und dringt dort bis zum amerikanischen Vizekonsul Miles Standish und dem für Visumfragen zuständigen Hiram Bingham vor, der bereits informiert ist und Anweisung des Präsidentenpaars Roosevelt erhalten hat, Lion Feuchtwanger jegliche Hilfe zukommen zu lassen. Während eines Ausgangs der Häftlinge zum nahe gelegenen Fluß gelingt es, den Schriftsteller mit einer von Marta geschriebenen Aufforderung: »Tu, was man dir sagt« und, als Frau verkleidet, in Standishs Auto an den Wachposten vorbei aus dem Lager zu schmuggeln.

Dann sitzen Marta und Lion erst einmal in Marseille fest, wo ihnen Bingham Unterkunft in seinem komfortablen Privathaus gibt und der Schriftsteller vor dem Zugriff der französischen Polizei sicher ist. Zwischendurch fährt Marta nach Sanary, um sich um die Bücher und Manuskripte zu kümmern, und Lion wird in dieser Lage wieder einmal bewusst, was er an ihr hat: »Ich bin viel mehr für Dich, als dieser Brief ahnen lässt. […] Die letzten Ereignisse haben gezeigt, dass wir noch viel mehr zusammengehören, als ich glaubte.«

Mit wachsender Nervosität warten sie auf den Tag der Flucht. Der Journalist Varian Frey, vom Emergency Rescue Comitee mit Geld, gefälschten Pässen und Visa, Schiffsbillets und Affidavits ausgestattet, soll sie zusammen mit Heinrich und Golo Mann und dem Ehepaar Werfel nach Portugal bringen, was jedoch an fehlenden Papieren für Feuchtwangers zum Passieren der Grenze nach Spanien scheitert. Marta und Lion wagen schließlich von Narbonne aus allein und ohne Führer den Marsch über die Pyrenäen. »Wir waren beide gute Bergsteiger, und ich war es vom Skilaufen gewohnt, mich auf fremdem Gelände zurechtzufinden. Eine Landkarte wäre gefährlich gewesen.« Lion ist im Besitz eines amerikanischen, auf den Namen J.L. Wetcheek (sein Pseudoym der Berliner-Balladenzeit) ausgestellten Passes, während Marta die spanischen Zollbeamten mit Zigaretten bestechen kann. Nach vielen Hindernissen erreichen sie Lissabon, wo mit Hilfe amerikanischer Freunde, allerdings nur für Lion, eine Schiffskarte ergattert werden kann. Marta bleibt erst einmal zurück, wandert nach Estoril, wo sich Werfels aufhalten, um sich von ihnen Geld für eine Schiffskarte zu leihen. Zwei Wochen nach Lions Abreise Anfang Oktober 1940 ist auch sie endlich an Bord eines Schiffs nach New York. Auf die Frage, ob ihr die Eingewöhnung in Amerika schwer gefallen sei, wird Marta Feuchtwanger später erklären: »Ich bin charakterlos und komme überall an. Merkwürdig, obwohl ich doch gut französisch sprach, mit den Bekannten Ski gelaufen bin und gut mit allen stand, war Frankreich für mich mehr ein Badeaufenthalt, kam ich mir dort fast wie eine Fremde vor. Hier in Amerika fühlte ich mich sofort vertraut. Diese Mentalität ... es war gleich so demokratisch.«

Zunächst genießt sie es nach langer Zeit sicherlich, in New York an der Seite ihres berühmten Mannes aufzutreten und gefeiert zu werden. Als Lion sich in sein Hotelzimmer zurückzieht und seiner neuen Sekretärin Hilde Waldo »Unholdes Frankreich«, später umbenannt in »Der Teufel von Frankreich«, diktiert, fährt sie zum Wintersport in den Nationalpark Yosemite Valley, wo sie ihren fünfzigsten Geburtstag feiert. Um Dauervisa zu erhalten, müssen sie allerdings das Land noch einmal verlassen und entweder über Mexiko oder Kanada wieder einreisen. Sie treffen sich deshalb in Nogales, der Grenzstadt südlich von Tuscon, Arizona, wo ihnen der amerikanische Konsul auf der mexikanischen Seite, ein Bewunderer von Feuchtwangers Romanen, am 8. Februar 1941 unverzüglich die Visa ausstellen lässt.

Als Wohnort kommt für sie nur Los Angeles in Frage, das mit seinem Klima, seiner Vegetation und am Pazifik gelegen der Côte d'Azur am ähnlichsten ist. In den ersten zwei Jahren wechseln sie mehrfach ihre Unterkünfte, bis Marta endlich die inzwischen zur Legende gewordene und erst später so benannte Villa Aurora, 520 Paseo Miramar, in Pacific Palisades findet. Für nur 9000 Dollar können sie das auf einem Hügel gelegene, dreigeschossige Haus im spanischen Stil, mit vierzehn Wohnräumen, mehreren Terrassen und weitem Blick über den Pazifik erwerben, da es fünf Jahre leer gestanden und total heruntergekommen ist. Frühere Interessenten wie Peggy Guggenheim und Thomas Mann hatten es deshalb abgelehnt. Marta hingegen, die sofort von dem Panoramablick begeistert ist, lässt sich nicht davon abschrecken und nimmt es wie immer resolut in die Hand,

Marta und Lion Feuchtwanger bei ihrer »offiziellen« Einwanderung in die USA, Nogales 1942

daraus für Lion und sich ihr nunmehr drittes Heim zu schaffen. Mit der Hilfe eines einzigen Arbeiters gelingt es ihr, das Haus nicht nur bewohnbar zu machen, sondern zu einer herrschaftlichen Villa umzugestalten und den riesigen, parkähnlichen Garten anzulegen, in dem sich bald Hunde, Katzen, Schildkröten, Rehe, Waschbären und anderes Getier tummeln.

Jeder Tag ist auch hier wieder einem strengen Stundenplan unterworfen. Nach dem morgendlichen Schwimmen im Pazifik und Gymnastik auf der Terrasse arbeitet Feuchtwanger mit Hilde Waldo, die er nach Los Angeles hat nachkommen lassen, bis zum Abend. Die nunmehr dritte Bibliothek des im Vergleich zu vielen seiner Kollegen auch im amerikanischen Exil erfolgreichen Schriftstellers umfasst schon bald an die 30 000 Bände, wovon Thomas Mann sich besonders beeindruckt zeigte: »Ein wahres Schloß am Meer […]. Das Studierzimmer aber, im Obergeschoß, auch mehr ein Saal als Zimmer, ist nach Möbeln und Gerät die dienlichste, bestorganisierte Werkstatt, die mir je vorgekommen.«

Die Behauptung jedoch, dass sie in Pacific Palisades im Luxus gelebt hätten, versuchte Marta später immer wieder zu korrigieren. Das Geld sei bei ihnen oftmals sogar sehr knapp gewesen, denn Lions Büchersammelleidenschaft habe Unsummen gekostet und er sei in geschäftlichen Dingen eher ungeschickt gewesen. Was sie nur andeutete war, dass sie viele bedürftige Landsleute, Freunde und auch Geschwister Lions mit deren Familien unterstützten.

Selten verlässt Feuchtwanger sein Haus in den letzten fünfzehn Jahren seines Lebens. Regelmäßig kommen sie in kleiner Runde mit Thomas und Katia Mann, Heinrich Mann, Bruno und Liesel Frank oder Franz und Alma Werfel zusammen, aber sie zählen auch viele Amerikaner zu ihren Freunden wie Charles Laughton und Chaplin. Zweimal im Jahr laden sie fünfzig bis sechzig Gäste zu sich ein. Die Abende beginnen pünktlich um 20 Uhr im Arbeitszimmer mit einem Vortrag Feuchtwangers aus einem neuen Werk. Thomas Mann steht danach angeblich als Erstem zu, seine Meinung zu äußern, und anschließend dürfen Fragen gestellt werden, bis Marta die Gäste zu ihrem Büfett bittet mit selbst zubereiteten Köstlichkeiten, vor allem ihrem Apfelstrudel mit Schlagsahne, der in der Korrespondenz der Emigranten mehrfach lobende Erwähnung findet.

Der arbeitssüchtige Schriftsteller hat zunächst einen Vorteil darin gesehen, dass die Villa abgeschieden auf einem Hügel der Berge von Santa Monica liegt. In nur acht Jahren, von 1944 bis 1952, entsteht auch ein umfangreiches Werk. Andererseits machen sich mit der Zeit die Nachteile durch die Lage stärker bemerkbar, wie Lion in einem Brief im Dezember 1945 schreibt: »Äußerlich ist alles großartig. Ich habe das schöne Haus, Thomas Mann sagt immer: das fürstliche Haus, Marta hat aus dem Garten ein kleines Wunder gemacht, meine Bibliothek ist vier oder fünf mal größer als in Sanary, ich habe alles, was ich für meine nächsten vier Bücher brauche, und bin unabhängig von jeder Bibliothek. Aber – und nun kommen eine ganz Menge Aber – wir haben kein Personal, überhaupt niemand. Marta macht alles allein, sie macht es sehr gut, aber Sie wissen ja, dass es nicht sehr einfach ist. Jemand einzuladen oder jemand auch nur auf eine Stunde zu sehen, ist immer ein Problem. Dazu die Entfernungen.«

Es ist ihm lästig, dass er von Marta oder Hilde Waldo, seiner Sekretärin, abhängig ist, die ihn überallhin chauffieren müssen, und so aktiv Marta auch immer gewesen ist, ohne Personal muss das riesige Haus mit Garten für sie ein unendliches Arbeitspensum bedeutet haben.

»Sehr unbehaglich«, nennt Marta im Nachhinein ihre Situation, jahrelang staatenlos gewesen zu sein. Es mag sie in ihrer geradlinigen Art mehr gestört haben als ihren Mann, der nach ihrer Aussage nichts darauf gegeben habe, dass sie ihre deutschen Pässe nach Kriegsende nicht zurückerhielten. Gleichermaßen belastet sie beide allerdings, dass Feuchtwanger die 1948 beantragte amerikanische Staatsbürgerschaft zu Lebzeiten nicht zuerkannt wird – erst 1959, nach seinem Tod, erhält Marta Feuchtwanger die amerikanische Staatsbürgerschaft – und er auf einer Liste angeblicher oder tatsächlicher »Kommunisten« geführt, zeitweise überwacht wird und sich in seinem letzten Lebensjahrzehnt immer wieder Verhören unterziehen muss. Seine politische Einstellung, aus der er kein Geheimnis machte, und sein Buch über Moskau hätten ihm leider »ungeheuer« geschadet, erklärte Marta. Auch wenn Feuchtwanger damals nicht an eine endgültige Rückkehr denkt, so hätte er 1949 gerne Deutschland besucht, wie er in Briefen erwähnt und bereits geplant hat. Beide, Marta und Lion, spielen mit dem Gedanken, zukünftig einen Teil des Jahres in Deutschland zu verbringen, aber ohne Staatsbürgerschaft müssen sie befürchten, in die USA nicht mehr eingelassen zu werden.

Im September 1957 unterzieht sich Feuchtwanger einer schweren Operation, die ihn sehr schwächt, aber nicht daran hindert, weitere literarische Pläne zu machen. Im August 1958 wird ihm eine Niere entfernt. Im September darf er das Krankenhaus verlassen. Soweit es ihm seine körperliche Verfassung gestattet, setzt er seine Arbeit fort, diktiert genaue Anweisungen für eine »Ausgabe letzter Hand« seines Gesamtwerks, schreibt das Skript für einen geplanten Film über den südamerikanischen Nationalhelden Simon Bolivar und nimmt an offiziellen Veranstaltungen teil. Am 20. und 24. November muss er weitere Verhöre über sich ergehen lasen. Am 20. Dezember hat Lion Feuchtwanger eine Magenblutung und stirbt am folgenden Tag im Mount Sinai Hospital in Beverly Hills mit vierundsiebzig Jahren. Nahe dem Grab von Heinrich Mann, auf dem Woodlawn-Friedhof in Santa Monica, wird er beigesetzt.

Marta Feuchtwanger ist siebenundsechzig Jahre alt, noch fast drei Jahrzehnte liegen vor ihr, in denen sie sich, unterstützt von Hilde Waldo, dem Nachlass ihres Mannes widmet. Die Villa und das umfangreiche Archiv übereignet sie bereits im Jahr nach Lions Tod der University of Southern California, die dafür alle Kosten für Versicherung und Unterhalt übernimmt, ihr das Wohnrecht auf Lebenszeit sichert und sie als Kuratorin einstellt, wofür sie sogar ein kleines Gehalt bezieht, erstmals in ihrem Leben. Der wertvollste Teil der Bibliothek, circa fünfunddreißigtausend Bände, wird später in die Doheny Library auf dem Universitätscampus überführt. Als Witwe des berühmten Schriftstellers wird sie nun zu allen möglichen gesellschaftlichen Ereignissen und Veranstaltungen in Los Angeles eingeladen; sie korrespondiert mit Fachleuten, empfängt Besucher der Villa aus aller Welt und gibt Interviews. Sie kennt sich bestens in seinem Werk aus, ist ein Fundus an Anekdoten aus ihrem gemeinsamen Leben und außerdem eine der wichtigsten Zeitzeuginnen zu Fragen der Emigration und dem Leben im Exil. 1969 folgt sie trotz anfänglich großer Vorbehalte einer Einladung Willy Brandts nach Berlin, besucht München, Murnau, Feuchtwangen in Mittelfranken und Zürich. 1971, kurz nach ihrem achtzigsten Geburtstag, kommt sie ein zweites Mal nach Deutschland auf Einladung der Stadt Mainz, wo in der Mainzer Akademie ein Lion-Feuchtwanger-Gedenkzimmer eingerichtet worden war, und reist weiter nach Prag und Moskau. Zahlreiche Auszeichnungen nimmt sie entgegen, unter anderem das Bundesverdienstkreuz und die Medaille »München leuchtet«. 1980 erhält sie für ihre Verdienste als Nachlassverwalterin, für die Mitarbeit an ihrer Oral History und die Übergabe des gesamten Nachlasses an das Feuchtwanger-Archiv die Ehrendoktorwürde der University of Southern California.

Marta Feuchtwanger bleibt bis ins hohe Alter in Form, schwimmt zu jeder Jahreszeit, bei jedem Wetter täglich im Pazifik, und auch noch nach Stürzen und verschiedenen Operationen macht sie ihre morgendliche Gymnastik und unternimmt ausgedehnte Spaziergänge. Die letzten Monate verbringt sie in einem Pflegeheim in Santa Monica, kaum noch bei Bewusstsein, und stirbt wie Lion an einem Sonntag, am 25. Oktober 1987, in ihrem siebenundneunzigsten Lebensjahr.

Quellen

Deutsches Auswandererhaus Bremerhaven (Hg.): Pacific Palisades. Wege deutschsprachiger Schriftsteller ins kalifornische Exil 1932–1941, Hamburg 2006.
Feuchtwanger, Marta: Nur eine Frau, München 1983.
Feuchtwanger, Martin: Zukunft ist ein blindes Spiel. Erinnerungen, München 1989.
Flügge, Manfred: Wider Willen im Paradies. Deutsche Schriftsteller im Exil in Sanary-sur-Mer, Berlin 1996.
Flügge, Manfred: Die vier Leben der Marta Feuchtwanger, Berlin 2008.
Gumprecht, Holger: »New Weimar« unter Palmen. Deutsche Schriftsteller im Exil in Los Angeles, Berlin 1998.
Herrmann, Ingo (Hg.): Marta Feuchtwanger. Leben mit Lion. Gespräch mit Reinhart Hoffmeister in der Reihe »Zeugen des Jahrhunderts«, Göttingen 1991.
Hofe, Harold, von / Washburn, Sigrid (Hrsg.): Lion Feuchtwanger. Briefwechsel mit Freunden 1933–1958. Band I und II, Berlin 1991.
Jeske, Wolfgang / Zahn, Peter: Lion Feuchtwanger. Der arge Weg der Erkenntnis, München 1986.
Sternburg, Wilhelm von: Lion Feuchtwanger. Ein deutsches Schriftstellerleben, Frankfurt a. M. 1987.

»Ein dreihundert Seiten langer Liebesbrief ...«

Elisabeth Maria Karl »Liesl« Frank (1903–1979)

Zu ihrem zwanzigsten Hochzeitstag am 6. August 1944 schreibt Bruno Frank: »Mein einziges Katzentier [...]. Es liegt mir fern zu überschätzen, was ich gemacht und vor mich gebracht habe; es ist wenig genug, und von dem Wenigen ist vieles nicht gut. Aber was gut ist, das ist unterm Strahl Deiner Augen entstanden und reif geworden, und Dir gehört es.«

Diese Zeilen der Anerkennung und eines tief empfundenen Dankes an seine Lebensgefährtin ein knappes Jahr vor Bruno Franks Tod sind bezeichnend für die Beziehung dieses Paares.

Bedauerlicherweise finden sich in Bruno und Liesl Franks Nachlass in der Monacensia München und im Deutschen Literaturarchiv Marbach keine Briefe Liesls an ihren Mann. Sie, die laut Testament Bruno Franks darüber verfügen sollte, was einstmals mit ihrer privaten Korrespondenz geschehen werde, wollte offenbar nur seine Briefe, meist zu ihrem Hochzeitstag in den letzten Jahren, zugänglich machen. Nach Erika Manns Meinung hat es Liesls Wesen entsprochen, sich nicht ins Spiel zu bringen, nicht im Vordergrund zu stehen. Liesls eigene Existenz sei mit der Bruno Franks bis zu dem Grade verbunden gewesen, »dass man von einem ›anderen Leben‹ hier eigentlich kaum noch sprechen darf.« Es mag in dieser Ehe auch Zeiten gegeben haben, die nicht nur glücklich und harmonisch waren, wenn man versteckten Andeutungen von Zeitzeugen und Freunden glauben darf, zum Beispiel Thomas Mann, der nach Bruno Franks Tod einmal in seinem Tagebuch (31. Juli 1945) von Liesl Franks »viel betrogenem Mann« schreibt. Bruno Franks Liebe zu seiner Frau scheint es allerdings nicht beeinträchtigt zu haben. Vielleicht besaß der so viel ältere Ehemann genügend Toleranz, um dafür Verständnis aufzubringen, zumal er bereits vor ihrer Heirat sich gehörig die Hörner abgestoßen hatte.

Elisabeth »Liesl« ist höchstens siebzehn Jahre, als sie Bruno Frank kennenlernt, und noch nicht einundzwanzig Jahre alt, als sie ihn heiratet, obwohl ihre Eltern mit allen Mitteln versucht haben, diese Heirat zu verhindern. Schließlich ist Liesl sechzehn Jahre jünger als der Erwählte und in ihren Augen viel zu unerfahren für eine Ehe mit diesem Mann, der den Ruf eines Frauenhelden, Glücksspielers und Schuldenmachers hat. Nur fünf Jahre jünger als Liesls berühmte Mutter, die Operettendiva Fritzi Massary, ist der potentielle Schwiegersohn außerdem. Gar nicht auszudenken, was für einen Staub diese Heirat in der Öffentlichkeit aufwirbeln wird, zumal auch Bruno Frank als Schriftsteller nicht unbekannt ist. Anlässlich einer Hochzeit würde außerdem publik werden, dass Fritzi Massary bereits eine zwanzigjährige Tochter hat, und natürlich würde nachgefragt werden, wer der Vater sei. Doch alle Appelle an Liesls Vernunft und düsteren Prophezeiungen, dass sie sich nur unglücklich mache, verfehlen ihre Wirkung.

Zugegeben, Bruno Frank, Sohn eines vermögenden jüdischen Stuttgarter Bankiers, promovierter Philologe und freier Schriftsteller, geht ein zweifelhafter Ruf voraus, und ein Geheimnis hat er auch nie daraus gemacht, erfährt man in Klaus Manns Lebensbericht: »Manchmal sprach er von seinen Schulden, seinen Gläubigern – nie ohne herzlich dröhnendes Gelächter. ›Euer alter Onkel Bruno sitzt wieder einmal tüchtig in der Tinte‹, vertraute er uns an. Solche Geständnisse bekam man von Erwachsenen sonst nicht zu hören. Bruno war eine Klasse für sich.«

Er war ein Mensch, der auf sympathischste und liebenswerte Art jeden in seiner Umgebung sofort für sich einnahm, wie Marta Feuchtwanger sich erinnert: »Wenn er während des Krieges in die Torggelstube trat und sich an den Stammtisch setzte, wachte alles auf. Die Frauen sahen schöner aus, die Unterhaltung wurde angeregter, die Streitfragen vielfältiger. So, dachte ich mir, muss Lord Byron gewesen sein. Er war stattlich und breitschultrig, mit buschigen Augenbrauen über grauen Augen. Der große Mund lächelte gern, und wie konnte der Mann lachen! Seine Haare waren trotz seiner Jugend schon spärlich, doch das machte ihn nur männlicher. Er sah aus wie ein junger, stürmischer Cäsar. Und er sah nicht nur aus wie ein Römer, er war erfüllt von der Kultur des Mittelmeers. Er sprach ein elegantes Französisch, auch spanisch, hatte alles gelesen und wusste enthusiastisch über alles, was er gelesen hatte, zu sprechen. Dieser große Mann schrieb zarte, formvollendete Gedichte. [...] Er zeigte sich gern mit schönen Frauen. Sie fielen ihm zu ohne jeden Widerstand, oft schon in den ersten Stunden einer Begegnung.«

Ist es da nicht mehr als verständlich, wenn die siebzehnjährige Liesl sich geschmeichelt fühlte, umworben zu werden von einem bekannten Schriftsteller, den ein »Zauber abenteuerlich-mondäner Exzentrizität« umgab, und dass sie sich Hals über Kopf in ihn verliebte?

Der geschmeichelte Backfisch will allerdings zu dem Bild, das Freunde übereinstimmend von Liesl geben, nicht recht passen. Sie sei nämlich nicht nur bemerkenswert charmant und hübsch gewesen, wird betont, sondern ausnehmend klug und gescheit für ihr Alter. Wahrscheinlich ist also bereits die Zwanzigjährige reifer, als ihre Mutter denkt oder es sich vorzustellen vermag. Vieles deutet darauf hin, dass es zwischen Liesl und Bruno von Anfang an ein sehr tiefes Verstehen gibt, beide eine geistige Verwandtschaft verspüren, wie der Schriftsteller und Freund Martin Gregor-Dellin meint, wenn er eine Begebenheit erwähnt, die Liesl ihm später einmal erzählt habe: »Dem jungen Mädchen las der Schriftsteller – [...] – am Tisch eines Cafés 1924 Kapitel um Kapitel der Tage des Königs vor. Der sonst so Disziplinierte befand sich in einer ungeheuren Erregung – die Szene ist bewahrenswert. Es war eine Prosa von Form und Strenge, der sie lauschte, das Höchste, was ihm gegeben war, Sätze von schneidender Schärfe und Gerechtigkeit, kurz: Gestalt, Leben. Und das junge Mädchen begriff, was vorging, teilte mit ihm die Lebensaufgabe, die, über ihr Glück hinausgehend, bejahende Menschenliebe hieß.«

Vielleicht steht Liesls Wesen der melancholisch-heitere Dichter mit seiner Abneigung gegenüber jeglicher Pose und gewollten Bedeutsamkeit sehr viel näher als die Welt ihrer Mutter, in der man sich stilisiert und inszeniert. Und außerdem ließe sich vermuten, dass Liesl bei diesem warmherzigen Mann erstmals die liebevolle Zuneigung und Geborgenheit findet, die sie in ihrem bisherigen Leben entbehrt hat.

Über Liesls Kindheit und Jugend wissen wir kaum etwas, nur dass sie die ersten sechs Lebensjahre in Wien bei den Großeltern und den Zwillingsschwestern ihrer Mutter verbringt, während Fritzi Massary, alias Friederike Massarik, zum Star des Berliner Metropoltheaters aufsteigt. Für den Ortswechsel der jungen, noch unbekannten Soubrette nach der Geburt des Kindes hat sich der Direktor des im Prater gelegenen Theaters, Gabor Steiner, eingesetzt, um Klatsch zu vermeiden, und weil er meint, dass dies für alle Beteiligten das Beste sei.

Fritzi Massary war nämlich im Alter von einundzwanzig Jahren von dem noch nicht achtzehnjährigen Karl-Kuno Graf von Coudenhove, genannt Rollo, geschwängert worden. Selbstverständlich hatte der verliebte Aristokrat der jungen Künstlerin die Ehe versprochen, und die ehrgeizige Fritzi hatte gehofft, mit dieser Heirat sich über die halbseidene Welt des Theaters hinausheben zu können und zu einer Dame der Gesellschaft zu werden. Für die bürgerlichen, jüdischen Eltern Massarik eine Schande, die ihre Tochter ihnen angetan hatte, zumal von Heirat schon bald nicht mehr die Rede war. Da Fritzi glaubte, unehelich geboren und jüdisch zu sein und eine Mutter beim Theater zu haben, wären denkbar schlechte Lebensvoraussetzungen für ihr Kind, trat sie einige Monate vor der Niederkunft aus der jüdischen Religionsgesellschaft aus und in die protestantische Kirche ein.

Die adelige, aber keineswegs reiche Familie ihres Liebhabers, der sich für die Liaison in nicht unerhebliche Schulden gestürzt hatte, hatte der nicht standesgemäßen Verbindung energisch ein Ende gemacht. Zumindest hatte man so viel Anstand besessen, die Vaterschaft des Minderjährigen formal zu bezeugen, und es soll, wie in solchen Fällen üblich, eine Abfindungssumme gezahlt worden sein.

Das Kind kam am 10. September 1903 auf die Welt und wurde auf den Namen Elisabeth Maria Karl getauft. Als Paten stellten sich zwei jüdische Freundinnen von Fritzi zur Verfügung. Offiziell pflegte Fritzi nicht über ihre Tochter zu sprechen, nur gegenüber ganz wenigen vertrauten Personen. Erst viel später sollte auch aufgedeckt werden, dass sie noch ein zweites Mal versuchte, durch die Beziehung zu einem Adeligen, dem Grafen Alexandre Jean Maurice de Talleyrand-Périgord, in eine höhere Gesellschaftsschicht aufzusteigen. Nachdem auch diese Liaison gescheitert war, ließ Fritzi die sechsjährige Elisabeth nach Berlin kommen, wo das Mädchen bis zum Ende des Ersten Weltkriegs eine Privatschule, vermutlich mit angeschlossenem Internat, besuchte.

Am 30. März 1917 heiratete Fritzi Massarys ihre erste und einzige wirkliche Liebe, wie sie gern betonte, den Schauspieler Max Pallenberg, ihren »Bully«. Nun wurde auch von behördlicher Seite die von Fritzi schon lang angestrebte Adoption Liesls durch Pallenberg genehmigt. Damit war der für ihr Image peinliche Ausrutscher in den Hintergrund verschoben worden; die meisten hielten fortan Pallenberg für den Vater. Alles war gut, ja, es war geradezu prächtig. Die Gagen der zu jener Zeit berühmtesten Operettendiva und des erfolgreichen Schauspielers erlaubten neben einer großbürgerlichen Wohnung in bester Berliner Lage die Anschaffung eines ländlichen Zweitwohnsitzes. In Garmisch erwarben sie im Januar 1919 ein idyllisch gelegenes Landhaus mit einem großen Garten bis zur Loisach hinunter und mit herrlichem Gebirgsblick, wo in den folgenden Jahren Max Reinhardt, Hugo von Hofmannsthal und Alfred Polgar willkommene Gäste waren.

Und nun hat sich Liesl in den Kopf gesetzt, Bruno Frank zu heiraten. Jeder Widerstand erweist sich als zwecklos, die Eltern resignieren schließlich und geben der noch Minderjährigen ihre Einwilligung. Am 6. August 1924 findet die Hochzeit im Pallenbergschen Haus in Garmisch statt, anschließend zieht das frisch vermählte Paar nach Feldafing am Starnberger See, wo Bruno Frank ein kleines Haus bewohnt.
Nachdem er vorzeitig aus dem Kriegsdienst entlassen werden musste, da er sich als Meldereiter ein schweres Asthmaleiden zugezogen hatte und auch »seelisch krank« war nach dem Tod einer geliebten Freundin, hatte er sich aufs Land zurückgezogen und »ziemlich allein acht Jahre in der Gesellschaft seiner drei Pudel« gelebt, abgesehen von seltenen kurzen Ausflügen ins Münchner Nachtleben. In einer kleinen Autobiografie erzählt Bruno Frank: »Seit dem Jahre 1924 aber hat er es doch noch viel besser. Damals hat er sich verheiratet, mit einer Frau, deren Klugheit und menschliche Herrlichkeit er leider öffentlich nicht hinreichend preisen darf; obgleich er es möchte.«
Die »hübsche, zärtliche, heitere und kluge Tochter der Fritzi Massary«, wie Erika Mann Liesl einmal nennt, bringt wohltuende Ruhe in das bisher unstete Leben Bruno Franks und Behaglichkeit in das kleine Feldafinger Haus, wo der Junggeselle laut Marta Feuchtwanger bis dahin von einer Haushälterin »mit tyrannischer Ergebenheit« versorgt worden war. Liesl ist zwar eine verwöhnte und auffallend elegant gekleidete junge Frau, hat aber in ihrer Mutter das Vorbild einer perfekten Hausfrau gehabt. Für den Bühnenstar Fritzi Massary ist es selbstverständlich, vor allem bei ihren Aufenthalten im Garmischer

Haus, wie eine gute, jüdische Ehefrau ihren Mann zu umsorgen. Außerdem ist sie eine exzellente Gastgeberin, wie man von Kurt Tucholsky erfährt, der im Juli 1926 in Garmisch weilt und häufig zu Gast ist. »[…] – das Essen bei der M. unbeschreiblich. Das habe ich noch nie gesehn. Es ist ganz große Tour, und dabei ganz einfach. Sie ist eine sehr angenehme Wirtin.« Max Pallenberg allerdings rede die Massary tot, und einmal habe er bei Tisch »Mutti« gesagt zu ihr, »die es nicht wissen will.«

Erika Mann schreibt zu der Verbindung Bruno Franks mit Liesl: »Ihr verdankte er nicht nur sein großes privates Glück, sondern außerdem eine Glückhaftigkeit im ›Beruflichen‹, wie er sie vorher denn doch nicht gekannt. […] Man darf sagen (denn er selbst hat es gesagt), dass ›Liesl‹ sein guter Engel war. Sein Leben war ungleich schöner, konzentrierter, reicher geworden, seit er es mit ihr teilte.«
Und Alfred Polgar meint, Liesl sei ein froher Mensch gewesen, der alle Menschen froh machen wollte und es auch vermochte.
Während der ersten zwei Ehejahre in Feldafing arbeitet Bruno Frank wie beflügelt an seinem »Trenck«-Roman. In einem Brief vom 27. Juni 1925 an seinen Bruder Lothar liest man: »Hier ist es herrlich. Lisl [sic] wird jeden Tag netter, wenn das noch geht. Und mein Trenck wird jeden Tag länger. Wenn ich mir vorstelle, dass ich unter dieses Buch den Schlusspunkt mache, dann wird mir bei dem bloßen Gedanken schwach vor Glück.«
1926 ziehen Bruno und Liesl Frank nach München-Bogenhausen, in das Haus von Bruno Walter in der Mauerkircherstraße 43. Der Generalmusikdirektor und berühmte Dirigent hatte, wegen seiner jüdischen Herkunft zunehmenden Anfeindungen ausgesetzt, München verlassen und war nach Berlin gegangen. Noch ahnen Bruno und Liesl nicht, dass sie diese schöne Villa in der vornehmen Wohngegend schon sieben Jahre später ebenso verlassen werden. Das Haus sei »ein Schmuckkästchen von erlesenem Geschmack« gewesen, schreibt ein Freund Bruno Franks. »Der gelbe Farbton der gefällig-schwungvollen, balkonreichen Fassade hinter den grünen Fliederbüschen gab ihr etwas Süddeutsch-Graziöses, das gut zu Bruno Frank passte. Das Haus hatte etwas Sonniges, Ausgeschlafenes an sich.« Die Franks zeichnen sich als Gastgeber von überströmender Herzlichkeit aus, heißt es, und sind beliebte Gesprächs- und Bridgepartner. Man fühlt sich als Gast in ihrem Haus

jederzeit wohl und willkommen. Auch der freundschaftliche und gesellige Kontakt zu Thomas Mann und seiner Familie ist nun begünstigt durch die unmittelbare Nachbarschaft. Die gescheite und charmante Liesl gewinnt als Franks Ehefrau sofort die Herzen der als sehr kritisch bekannten Familie Mann. Für Erika Mann sind sie schon damals »die besten Freunde«. »Liesl Frank hat von ihrer berühmten Mutter, […], die großen, schönen und gescheiten Katzen-Augen geerbt, eine gewisse reizvolle Belegtheit der Stimme beim Sprechen und besonders beim Lachen, und noch eine ganze Menge anderer attraktiver Eigenschaften dazu.« Wegen der auffallend schräg gestellten Augen in ihrem runden Gesicht heißt sie in der Familie Mann »Frau Kätzchen«, aber auch »Liesula« und »Lisuli«.

Bruno Frank ist in den sieben Jahren in München ungemein produktiv und erfolgreicher denn je. Seine Bühnenwerke, deren bekannteste »Zwölftausend« und »Sturm im Wasserglas« sind, erleben insgesamt mehr als zwölftausend Aufführungen, und mit »Nina« – in Letzterem hat er für seine Schwiegermutter eine Doppelrolle entworfen – feiert er zusammen mit Fritzi Massary bei der Berliner Uraufführung im Oktober 1930 einen triumphalen Erfolg. In seiner Selbstbeurteilung bleibt er dennoch maßvoll, und Selbstüberschätzung liegt ihm fern. Er kenne Liesls Gesichtsausdruck sehr gut, heißt es in einem Brief, wenn ihm einmal eine Äußerung der Eitelkeit oder Selbstgefälligkeit entkomme.

Von entscheidender Bedeutung und Wirksamkeit für Brunos Erfolg sei Liesl gewesen, schreibt Erika Mann, mit der Kraft ihres Glaubens an ihn, an sein Künstlertum, seinen legitimen Anspruch auf die Gunst der Zeitgenossen. Als der Schriftsteller 1930 mit seiner »Politischen Novelle« erstmals den Versuch unternimmt, Politisches in Dichterisches umzuwandeln, weiß seine Frau, dass dieses Thema, das gemeinsame Streben eines deutschen und eines französischen Staatsmannes nach einem Europa der Verständigung und des Friedens, ihm ein dringendes, ja, ein Herzensanliegen ist, und wird ihn bestärkt haben. Bruno Frank sieht sich mit dieser Erzählung unerwartet heftigster Kritik ausgesetzt. Thomas Mann setzt sich für ihn ein und stellt »nach bestem Vermögen das sündlich Ruinierte öffentlich wieder her.« Liesl muss erleben, wie ihr Mann, der im Gegensatz zu vielen das kommende Unheil bereits ahnt, an der zunehmenden

Liesl Frank, um 1930

Verrohung und Radikalisierung der politischen Verhältnisse leidet und sich dieses Leiden in einer schweren Magenerkrankung bei ihm niederschlägt. In einem Brief Bruno Franks vom August 1930 heißt es: »Diese Krankheit hat eigentlich keine organischen Gründe gehabt, sondern nur psychische: der anständige Deutsche muss ja nicht nur, nach Chamforts Wort, jeden Morgen seine Kröte schlucken, er trinkt bei der Lektüre seiner Morgenzeitung einen Sumpf voll Kröten aus!« Schon lange teilt er nicht mehr Thomas Manns Zuversicht und den Optimismus anderer hinsichtlich eines Deutschland mit einem weit verbreiteten und mächtigen Sinn für Freiheit und Vernunft.

Ein letztes Mal, vielleicht schon verzweifelt lustig, stürzen sich 1933 die Franks in das Münchner Faschingstreiben und tanzen noch einmal ausgelassen im Hause Mann auf dem sogenannten Pfeffermühlenball, wo es besonders hoch hergeht. Am 27. Februar gehen Liesl und Max Pallenberg ohne Bruno und Fritzi zum traditionellen Rosenmontagsball ins Regina-Palast-Hotel. Spät in der Nacht schrillt bei Franks das Telefon. Pallenberg hat bei seiner Rückkehr in sein Hotel vom Reichstagsbrand erfahren. Liesl weckt ihren Mann, für den es keinen Zweifel gibt, dass die Nazis die Brandstifter waren. Sie beschließen noch in derselben Nacht Deutschland zu verlassen, bevor womöglich die Grenzen geschlossen werden.

Am nächsten Morgen geht Bruno Frank zu seiner Bank und fährt mit dem Zug nach Salzburg. Liesl soll am folgenden Tag mit dem Auto über die österreichische Grenze nachkommen, von wo aus sie gemeinsam nach Bissone am Luganer See weiterfahren wollen. In einer Selbstdarstellung schreibt Bruno Frank: »Wir verloren, wie so viele andere, Heimat, Stellung und unseren Besitz. Meine Frau verließ das alles ohne ein Wort der Klage.« Freilich, im Vergleich zu vielen anderen geht es ihnen sehr gut, denn sie wohnen zunächst in der Villa in Bissone, welche Fritzi Massary und Max Pallenberg nach dem Verkauf ihres Landhauses in Garmisch 1927 erworben haben. Und sie haben die Mittel, sich bald darauf im Luganer Hotel Palace einzuquartieren und später im Vorort Paradiso ein Haus zu mieten.

Viele, vor allem jüdische Intellektuelle, sind inzwischen in die Schweiz geflüchtet, um in sicherer Entfernung das hoffentlich baldige Ende des entsetzlichen Spuks in Deutschland abzuwarten. Ende März kommen Thomas und Katia Mann in das Schweizer Ferienparadies, und der hilfsbereite Bruno Frank überschlägt sich geradezu, dem verehrten Kollegen, einem »seiner privaten Hausgötter«, behilflich zu sein. Er stellt seine eigene Arbeit hintan, fährt das Ehepaar Mann spazieren, bringt sie zum Tee und zum Frühstück in die direkt am See gelegene Villa seiner Schwiegermutter. Liesl reist währenddessen nach München, um Geld von der Bank zu holen und, wenn möglich, ihren Hausstand in der Mauerkircherstraße aufzulösen. Was sie dort unter anderem erfährt, macht die Hoffnung auf eine baldige Rückkehr zunichte: Man hat Bruno Frank als Jude aus der Mitgliederliste des Rotary-Clubs gestrichen, und der Chauffeur der Manns, so habe sich herausgestellt, sei ein Parteigänger.

Für die fünfzigjährige Fritzi Massary bricht eine Welt zusammen. Nie mehr soll sie auf einer deutschen Bühne spielen dürfen, weil die Nazis es ihr verbieten, weil sie eine Jüdin ist, was ihr überhaupt nichts bedeutet. Sie ist doch schon vor dreißig Jahren aus der jüdischen Gemeinde ausgetreten und hat ihre Tochter taufen lassen. Da Max Pallenberg viel unterwegs ist, muss Liesl der Mutter beistehen, sie aufrichten, und auch ihren Mann, der sich mit seiner niedergeschlagenen Stimmung selbst kaum erträglich findet. In einem Brief vom 10. September 1933 schreibt er: »Mein Heißgeliebtes! Du bist mein Daseinsgrund – ich wäre nicht mehr ohne Dich. – Es ist doch sonst alles weg, was einen halten könnte, und kommt schwerlich wieder.«

Noch mehr ist die dreißigjährige Liesl gefordert, als am 25. Juni 1934 Max Pallenberg bei einem Flugzeugabsturz ums Leben kommt. Nun hat Fritzi Massary das Gefühl, man habe ihr alles genommen. Ohne Bully will auch sie nicht mehr leben. Sie ist schwer depressiv und wirkt verwirrt. Wie dankbar ist sie, dass sie ihre Tochter und einen liebenswürdigen Schwiegersohn hat, die sie mitnehmen nach Sanary-sur-Mer, um gemeinsam dort den Sommer zu verbringen. Schräg gegenüber dem Haus, welches die Manns im Jahr zuvor bewohnten, haben sie die Villa Fayet gemietet, »unterhalb der Straße unmittelbar am Meer, mit einem riesigen, waldähnlichen Garten, vollkommen still, ungewöhnlich schön und behaglich«, schwärmt Lion Feuchtwanger in einem Brief an Arnold Zweig.

Die Franks fühlen sich schnell heimisch, vor allem Bruno, der Frankreich liebt und sehr gut französisch spricht. Mit Feuchtwangers sind sie schon seit vielen Jahren befreundet, auch wenn die beiden Schriftsteller in ihren politischen Überzeugungen unterschiedlich sind. Frank ist überzeugter Humanist und Republikaner, Feuchtwanger sympathisiert mit dem Kommunismus und der Sowjetmacht – ein Umstand, der immer wieder zu heftigen, manchmal bitteren Diskussionen führt, wie Feuchtwanger bekennt. »Aber zuletzt spülte immer wieder Franks starke, strömende Liebenswürdigkeit alle Bitterkeit fort. Man konnte seiner herzhaften, freundhaften Vitalität nicht widerstehen […].«

Obwohl alle Freunde und Bekannte der Franks mit Respekt Fritzi Massary begegnen, vermag sie keinen rechten Anschluss in diesen Kreisen zu finden. Es ist nicht ihre Welt. Sie entschließt sich zu einem Sanatoriumsaufenthalt und im Oktober zu einer Amerikareise, während Franks zukünftig den Winter in London und den Sommer in Aigen im Salzburgischen verbringen wollen. Liesl und Bruno müssen finanziell Vorsorgen treffen, verhandeln erfolgreich mit dem neu gegründeten Exil-Verlag Querido in Amsterdam über einen Vorabdruck seines neuen Romans »Cervantes« und über Film- und Theaterrechte. Bereits im Mai 1933 hat Bruno Frank den Gründer des Querido Verlags wissen lassen, in Zukunft »nur im antifaschistischen Lager«, im Exil, zu publizieren, und sich damit, im Gegensatz zu Thomas Mann, an Klaus Manns Seite gestellt. In England wird das Ehepaar Frank, das man aus Deutschland vertrieben hat, mit offenen Armen aufgenommen; sie speisen mit dem König, besuchen Bernard Shaw und werden von Winston Churchill empfangen. Finanziell zunächst abgesichert, beginnt Bruno Frank einen neuen Roman »Der Reisepaß«.

Wann immer in seinen Briefen an Freunde von Liesl die Rede ist, weiß er seine Frau nicht genug zu preisen. Sie verscheucht mit ihrem fröhlichen Wesen schwermütige Gedanken, tut alles, um es ihm, der seine Frau am liebsten in seiner Nähe hat, behaglich zu machen und eine Atmosphäre wie daheim in München zu schaffen. Sie gibt ihm wie bisher die Ruhe, die er für seine Arbeit braucht, und nimmt regen Anteil daran. Sicherlich bestärkt sie ihn 1933/34 in seiner Entscheidung der Mitarbeit für die von Klaus Mann herausgegebene literarische Monatszeitschrift »Die Sammlung« und auch bei der öffentlichen Parteinahme 1937 gegen die großen Säuberungen in der UdSSR und die kommunistisch initiierte »Deutsche Volksfront« in Paris. Liesl begleitet ihn auf seinen Reisen und trägt durch ihr liebenswürdiges Wesen zum Erfolg ihres gemeinsamen Auftretens nicht unerheblich bei.

Die Aussichtslosigkeit, jemals wieder nach Deutschland zurückkehren zu können, lastet auf dem fünfzigjährigen Bruno Frank, lässt ihn oft schwermütig und mutlos werden. Dazu kommen gesundheitliche Probleme. Eine hartnäckige Fußentzündung zwingt ihn zu einem mehrere Wochen dauernden Aufenthalt in Bad Gastein. Von dort schreibt er am 5. August 1937 an Liesl: »Es ist einem alles genommen, was sonst den Aufenthalt auf einem Planeten wünschenswert machte. Stetigkeit und Sicherheit, das eigne Land und die eigne Kultur, Heim, ruhige Beziehung zu Menschen, das Gefühl, etwas Wertvolles oder gar Besonderes leisten zu können, alles einfach.« Für ihn zählt nur noch, was Liesl denkt und ihr Urteil. Verliebt ist er wie eh und je »in jede Bewegung [...], jede Haarsträhne [...], jedes Blinzeln, noch schläfrig am Morgen.« Und sie möge »mit einem springlebendigen Herzchen« mit ihm wieder in London zusammentreffen. Bei einem Aufenthalt in Paris muss Brunos Fuß erneut stationär behandelt werden. »Er wird und wird eben nicht ganz [...].«, schreibt er am 3. Oktober 1937.

Noch im selben Monat reisen die Franks in die USA aus, wo sie am 26. Oktober in New York eintreffen. »Franks Ankunft haben wir insofern sehr großartig gestaltet, als wir ihnen, mit einem Journalisten-Papier, bis in die Quarantäne-Zone, also weit aufs Meer hinaus entgegenfuhren. Bruno weinte bitterlich vor Freude. Sie konnten es aber doch nicht über sich bringen, ins nicht-genügend-smarte Bedford zu ziehen; sondern – nachdem das Ambassador gar zu unerschwinglich war – zogen sie [sic] das Gladstone vor, das gar nicht schöner ist als das B[edford], aber wo Eleonora Mendelssohn und die Hofmannsthals logiert haben. Nun ist es aber so schrecklich laut dort, dass sie wohl doch wieder an Umziehen denken. Übrigens sind sie lieb, sehr begeistert von New York, und sehr befreundet«, berichtet Klaus Mann am 28. Oktober seiner Mutter. Welche Wohltat für Bruno und Liesl, im fremden Land von Freunden, die sich auskennen und behilflich sind, empfangen und herzlich willkommen geheißen zu werden. Ob sie noch einmal das Hotel gewechselt haben, wissen wir nicht, nur dass sie noch im selben Jahr an die Westküste weitergereist sind. In der Filmstadt Hollywood öffnen sich für Bruno Frank sofort die Türen, denn einige seiner Bücher sind auch in den Staaten bekannt. Die Filmproduktionsgesellschaft Metro-Goldwyn-Mayer nimmt ihn zunächst für ein Jahr unter Vertrag, mit der Aussicht auf Verlängerung. Zwar scheitern die ersten zwei Projekte an seinen mangelhaften Englischkenntnissen, doch im Gegensatz zu vielen anderen bedeutet das für Bruno Frank nicht das Ende als Drehbuchautor.

Auch wenn ihm diese Arbeit, die Regelmäßigkeit erfordert und ihn unter Termindruck setzt, wenig behagt, so gestattet sie ihm schon bald den Kauf eines eigenen Hauses, das frühere Haus von Charlie Chaplin im Prominentenviertel Beverly Hills, 513 North Camden Drive. Erika Mann schreibt: »Als wir die Franks in Beverly Hills zum ersten Mal besuchten, waren wir ganz gerührt. ›Aber es ist ja fast wie in München!‹ riefen wir aus. ›Es sieht ja fast so genauso aus wie in der Mauerkircher Straße!‹ Dabei war in Wirklichkeit manches recht anders. Es gab Palmen vor der Tür, und das Mädchen, das nun den Tee hereinbrachte, war eine stattliche Negerin – keineswegs mehr ein ›Münchner Mädel‹ im Dirndl-Kleid –, und auf dem Tisch lagen die Zeitungen aus Los Angeles und New York und ein paar neue englische Bücher statt der Novitäten des Ullstein-Verlages: kurzum, es war alles ein bisschen anders geworden. Trotzdem kam uns vor, als wäre alles sehr ähnlich, wie es immer bei Franks gewesen war. Denn diese beiden Menschen haben die sehr seltene Kraft und Fähigkeit, eine Atmosphäre um sich zu schaffen. Ob man sie in einem Londoner apartment-house, in einem Salzburger Garten oder in einer kalifornischen Villa besucht: man fühlt sich immer gleich auf eine merkwürdige, kaum zu beschreibende Art zu Hause. […] Auch andere, Fremdere, haben diese Erfahrung gemacht. Man fühlt sich bei diesen Menschen wohl, bei guten und gescheiten, hilfsbereiten, mit Fantasie und Verständnis begabten Wesen.«

Das Haus der Franks ist wesentlich bescheidener als die »Villa Aurora« von Lion und Marta Feuchtwanger, wird aber ebenso zu einem Treffpunkt, vor allem für deutsche Flüchtlinge. Wie nicht anders zu erwarten, ist Liesl auch hier die charmante, liebenswürdige Gastgeberin. Über ihren Gesprächen liegt jedoch oftmals, wie Erika Mann schreibt, ein Schatten, da man sich nach der Annexion Österreichs um die vielen gemeinsamen Freunde in Wien und Salzburg sorgt.

Schmerzlich vermisst Bruno Frank seine Bibliothek und Sammlungen, die er in Aigen zurücklassen musste und für ihn unwiederbringlich verloren sind. Was dem »liebenswürdigen Pascha«, wie ihn sein Freund Albrecht Joseph einmal nennt, auch zu schaffen macht, ist die Veränderung ihres bislang völlig aufeinander bezogenen Lebens. Ihre Ehe ist kinderlos, und Liesl hat sich dem Lebens- und Arbeitsrhythmus ihres Mannes angepasst, sich nur um ihn gekümmert und für sein Wohlbefinden gesorgt. Das Leben im Exil konfrontiert die junge Frau mit bis dahin nicht gekannten Problemen und Schwierigkeiten, denen sie sich nicht zu entziehen vermag. Sie sieht es als ihre Pflicht und findet darin eine sie erfüllende Aufgabe, sich fortan rastlos einzusetzen für die, denen es im Exil sehr viel schlechter geht, weil sie keine Beziehungen wie ihr Mann und erhebliche Startschwierigkeiten haben. Schon in England hat sie begonnen, für den 1935 in Prag gegründeten Thomas-Mann-Fonds zu sammeln, dessen Einkünfte emigrierten deutschen Schriftstellern zugute kommen. Erika Mann schreibt dazu: »Liesl Frank gehört zu den tätigsten Freunden dieser humanitären Unternehmung. Im Sommer 1938 empfingen viele von den Besten unter den exilierten Autoren Einladungen von Frau Frank, sich an einer Anthologie zu beteiligen, die Novellen von deutschen und österreichischen Autoren vereinigen wird. Kaum jemand, der dieser zarten und lustigen kleinen Frau in Gesellschaft begegnet, sieht ihr die leidenschaftliche Energie an, mit der sie sich um die Versorgung und Rettung von deutschen Intellektuellen in der Verbannung kümmert. Viele haben ihr dankbar zu sein.« Als die oben erwähnte Anthologie nicht zustande kommt, weil dem Verlag Random House in New York die eingesandten Beiträge »zu europäisch« und daher unverständlich für das amerikanische Publikum erscheinen, erreicht Liesl, dass den Autoren zumindest eine Entschädigung gezahlt wird.

Nach der Kapitulation Frankreichs im August 1940 kursieren in der deutschen Kolonie die wildesten Gerüchte über das Schicksal von Heinrich Mann, Lion Feuchtwanger, Franz Werfel und anderen befreundeten Autoren. Der Film- und Theateragent Paul Kohner initiiert den European Film Fund, der Spenden von allen Besserverdienenden sammelt und, um Hilfe suchenden Autoren die Einreise und eine Beschäftigung zu ermöglichen, Verträge als Ideengeber und Skriptschreiber mit den großen Filmstudios aushandelt. Gemeinsam mit Charlotte Dieterle, der Frau des erfolgreichen Filmregisseurs William Dieterle, leitet Liesl Frank diesen Fund, veranstaltet Fundraising-Partys, verteilt die Geldspenden an Künstler ohne Einkommen, kümmert sich um Einreisevisa, besorgt Schiffskarten ab Lissabon, mietet Wohnungen für die Neuankömmlinge und verhandelt mit

Konsulaten, Passbehörden und anderen Ämtern. Gleichzeitig arbeitet sie auch für das Emergency Rescue Committee (ERC), einer 1940 in New York gegründeten Hilfsorganisation, die bis zur kompletten Besetzung Frankreichs durch deutsche Truppen Ende 1942 intellektuellen Gegnern der Nationalsozialisten mit legalen oder gefälschten Papieren zur Flucht in die USA verhilft.

Am 30. Oktober 1938 schreibt Bruno Frank an Klaus Mann: »Liesl sieht aus wie nach einer ganz schweren Krankheit. Es scheint ganz albern, irgendwas Privates zu planen und zu wünschen. [...] Ich darf mir's nicht leisten, einen einzigen Wochen-Scheck zu verlieren. Es hängen allmählich zu viele Menschen von einem ab, und es werden immer mehr.« Wenn man dem bereits erwähnten Albrecht Joseph glauben darf, entwickelt sich Liesl mit der Zeit zu »einer menschenfreundlichen Tyrannin« mit gebieterischem Auftreten. Unerbittlich habe sie den Standpunkt vertreten, in einer Welt, in der Hitler wüte, habe keiner das Recht auf Luxus, und sie habe sich damit nicht nur Freunde gemacht. Auch in äußeren Dingen habe sie diese Einstellung zum Ausdruck gebracht, indem sie, die früher durch ihre maßgeschneiderte, elegante Kleidung auffiel, nun ihre alten bayerischen Dirndlkleider aufträgt. Auch eine Bemerkung Klaus Manns in einem Brief könnte in diese Richtung gehen, als er die liebe »Liesula« um die Zusammenstellung von wichtigen Listen bittet und sie auffordert, sich dafür doch auf seine Kosten eine Hilfskraft zu nehmen. »Wirklich nicht alles selber kritzeln! Lieber zum Friseur gehen!!« In einem Brief an Ludwig Marcuse bekennt Liesl einmal, »repressiv, intolerant und ungeduldig« zu sein wie »Marcuselein«.

Erika Mann meint Liesl Franks unermüdlichen Einsatz in diesen Jahren damit erklären zu können, dass Fritzi Massarys Tochter, »auch sie, [...], eine starke und reich begabte Natur«, die sich bis dahin ganz im Privaten ausgegeben hätte, »Kraft-Überschuß genug« gehabt habe, »am Leben anderer hilfsbereit Anteil zu nehmen: nicht nur an Leben und Arbeit des Gatten – [...].«

Vielleicht war neben dem bis dahin wenig beanspruchten Kraftpotential der Vierunddreißigjährigen noch etwas anderes für ihr Engagement verantwortlich, etwas, das mit ihrer ganz persönlichen Lebensgeschichte zu tun hatte und von Bruno Frank in seinem Roman »Die Tochter« angedeutet wird. Liesl Frank hatte ein außergewöhnliches Gespür für Sprache, was offensichtlich eine wichtige Rolle gespielt hat, als sie in Bruno Frank den Dichter kennenlernte, und was auch ihre spätere berufliche Tätigkeit bestimmen sollte. Sprache war möglicherweise für sie, die keine familiären Wurzeln kannte und auch in keinem Glauben verwurzelt war, ihre Heimat, lange bevor sie mit ihrem Mann ins Exil ging. Insofern konnte gerade sie nachvollziehen und zutiefst empfinden, wie ausgegrenzt und isoliert sich zahllose Schriftsteller fühlen mussten, die sich, abgetrennt von der deutschen Sprache und ihren Lesern, häufig ohne Einkünfte, wiederfanden in einem Land, dessen Sprache sie nicht beherrschten, von dessen Publikum sie ignoriert wurden und in dem sie ohne Kontakt zu Einheimischen lebten. Auch Lion Feuchtwanger, obwohl neben Thomas Mann eine der »Galionsfiguren des Exils« in den USA, wusste darum. In »Arbeitsprobleme des Schriftstellers im Exil« erklärt er: »Da ist zunächst die bittere Erfahrung, abgespalten zu sein vom lebendigen Strom der Muttersprache. […] Einige von uns haben mit einigem Erfolg versucht, in der fremden Sprache zu schreiben: wirklich geglückt ist es keinem. Es kann keinem glücken.«

Der Roman »Die Tochter« ist eine Huldigung Bruno Franks an seine Frau oder »ein dreihundert Seiten langer Liebesbrief«, wie er zum 28. Hochzeitstag am 6. August 1942 schreibt. Zwar sei er unvermögend, »die ganze Katze lebendig zu machen«, aber »einen Schimmer« erhasche er doch. Für ihn ist Liesl: »Das einzig Lebenswerte. Der eine Mensch, durch den man die Menschheit erträgt.«
  Der Roman ist die zwischen den beiden Weltkriegen angesiedelte Geschichte der »Elisabeth Doktor«, die mit ihrer polnisch-jüdischen Mutter, einer ehemaligen Sängerin in Galizien, und ihrer Tante Chana am Rande eines polnischen Städtchens lebt. In manchen Zügen gleicht sie Liesl, vor allem in Bruno Franks Beschreibung der jungen Elisabeth: »Ihre Augen lagen ein wenig schräg. Es waren langgeschnittene, helle Augen, beinahe so hell wie die Pattays, mit bläulichen und hellen Lichtern darin und voll von einem warmen, vieldeutigen Leben. Der Mund aber, ein holder, freundlicher Kindermund, folgte wieder der Augenschrägung genau, die feinen verwöhnten Winkel deutlich nach oben gebogen. Inmitten dieser schon unverwechselbaren Geprägtheit wirkte das weiche, noch völlig ungeformte Näschen wie ein rührender Witz. Schön war das Haar der kleinen Elisabeth, von der Farbe dunkleren Honigs, in seidigen Wellen flutete es reich hervor unter der Mütze.«

Liesl und Bruno Frank mit ihren Hunden, um 1925

Ihren österreichisch-aristokratischen Vater, Graf Franz von Pattay, lernt sie nicht kennen, da er kurz nach der Heirat mit ihrer Mutter und vor ihrer Geburt getötet wird. Damit Elisabeth das von ihrem Vater verfügte Erbe von dessen Familie zugesprochen wird, muss sie katholisch getauft werden, wozu sich vor allem ihre strenggläubige, jüdische Tante nur in Anbetracht einer für Elisabeth gesicherten Zukunft durchringen kann. Und erst nach einer langen Zeit des Zögerns entschließt sich die innerlich zerrissene Elfjährige, das Sakrament der ersten heiligen Kommunion zu empfangen.

An einer Stelle des Romans fragt Bruno Frank: »Und war es nicht so? Durch Geburt zwischen die Religionen gestellt, hatte sie nie zu einer ein Herz gefaßt und hatte wie selbstverständlich auf Gotteslehre und Gottesgeschichte immer nur geblickt wie auf ehrwürdige Märchen. Ein Gott, der die Menschen so böse erschuf, daß zu ihrer Erlösung sein anderes Selbst den Tod sterben mußte – für Millionen war er die Wirklichkeit und jedem zweifelnden Gedanken entrückt. Verriet es nicht eine Krankheit, einen trockenen Schaden an ihrer Seele, daß sie sich nicht einmal sehnen konnte zu glauben – weder an Chanas strengen, einsamen Gott noch an den sanften Helden am Kreuz und seine liebliche Mutter?«

Die kleine Elisabeth, wegen ihrer Herkunft als »Judenkomteß« verspottet, wird von ihren polnischen Mitschülerinnen gemieden und von den jüdischen verachtet. Trotz aller tragischen Erfahrungen in ihrem Leben überlebt sie und geht gestärkt daraus hervor dank ihres Glaubens an das Leben und in die menschliche Natur. Obwohl Bruno Frank zum Zeitpunkt der Niederschrift das ganze Ausmaß der Judenvernichtung noch nicht ahnen konnte, endet der Roman wie ein düsteres Menetekel. An diesem Buch, das 1942 unter dem Titel »One Fair Daughter« in New York erscheint, liege ihm sehr viel, lässt er Klaus Mann wissen, da er es »mit viel Liebe und Intensität hergestellt« habe. Er, der sich als Verteidiger des europäischen Judentums versteht und seine Integration fordert, hofft: »Irgendwann wird das Buch unter Menschen kommen und von ihnen begriffen werden.«

Nach einhelliger Meinung von Zeitzeugen und entsprechenden Angaben in der Exilliteratur kommt sowohl Liesl als auch Bruno Frank eine Schlüsselrolle in der Exilgemeinschaft von Los Angeles zu. Auch wenn Bruno Frank sich oftmals von seiner Frau vernachlässigt fühlt, erkennt er die Notwendigkeit und Wichtigkeit ihrer Tätigkeit an, und dass sie wie er selbst sich dieser Aufgabe verpflichtet fühlt. Wiederholt sucht der Schriftsteller in Zeitungs- und Radiointerviews die Aufmerksamkeit der amerikanischen Öffentlichkeit auf die Notlage vieler Hitler-Opfer zu richten. Seine Unterschrift findet sich wie die von Thomas Mann, Albert Einstein und anderen auf einem an den amerikanischen Präsidenten gerichteten Telegramm, in dem dieser gebeten wird, die noch nicht eingebürgerten Exilanten nicht länger als »enemy aliens« (feindliche Ausländer) zu registrieren und die ihnen auferlegte Ausgangssperre zwischen zwanzig und sechs Uhr aufzuheben. Außerdem nimmt Bruno Frank teil an Anhörungen des Einwanderungsausschusses, wo seine eindringlichen An- und Fürsprachen nicht ungehört bleiben.

Nachdem Fritzi Massary 1938 in Manchester und London ein nicht sonderlich erfolgreiches Bühnencomeback, für das sie die englische Sprache erlernen muss, unternommen hat, folgt sie Anfang Februar

1939 Liesl und Bruno in die USA. Sie bezieht ein Haus mit Swimmingpool und großem Garten in einer Seitenstraße des Sunset Boulevards, das die Franks für sie gemietet haben und wo sie von ihrer Haushälterin und früheren Garderobiere umsorgt wird. Aber was soll Fritzi hier tun? Sie beschließt zunächst, ihren Garten künstlerisch zu gestalten. Ratschläge holt sie sich bei ihrer Nachbarin Vicki Baum, doch Gartenarbeit stellt sich für ihre zarte Konstitution als zu anstrengend heraus. Die Franks ermuntern sie, ihre Erinnerungen zu schreiben, aber das Bücherschreiben liegt ihr nicht. Eigentlich möchte sie nur eins, wieder auf der Bühne stehen. Bruno Frank schreibt ein Stück, in dem sie die Kaiserinwitwe Tse' e-Hsi, Herrscherin in China zur Zeit des Boxeraufstandes, darstellen soll. Da es in Los Angeles so gut wie kein Theaterleben gibt, bemüht sich Liesl um ein Theater in New York, aber vergeblich. Also bleibt nur der Film. Ernst Lubitsch und der Schriftsteller Louis Bromfield versuchen, ihr Rollen zu verschaffen, ohne Erfolg. Fritzi ist nicht mehr die Jüngste, unerfahren in diesem Metier und spricht außerdem ein schlechtes Englisch. Nach mehreren entmutigenden Versuchen gibt sie auf und zieht sich zurück. Ihr bleiben nur die Erinnerungen an ihren Mann Bully und an ihre früheren Bühnenerfolge, denn die viel beschäftigten Franks haben selten Zeit für sie.

Nach achtzehn Monaten gönnen sich Liesl und Bruno im Juni 1939 einen ersten Urlaub in San Francisco und im Yosemite Valley, nachdem der Schriftsteller »den Movies einen Tritt und Abschied« gegeben haben will, was sich »unter scheußlichen ›menschlichen‹ Nebengeräuschen« vollzogen habe, lässt er Klaus Mann wissen. »Aber es ist ein Glück, denn lange wäre es nicht mehr möglich gewesen ohne gänzliche Verwüstung meines Gehirns. Ich hoffe, ich bin noch leidlich unbeschädigt hervorgetaucht und kann bald was Ordentliches machen.«
Die Trennung von Universal Film bedeutet aber auch, dass er nun keinen wöchentlichen Gehaltsscheck mehr erhält und selbst Arbeit finden muss. Während er an seinem Roman »Die Tochter« schreibt, bietet ihm William Dieterle an, das Drehbuch für eine neue Filmfassung von Victor Hugos »Der Glöckner von Notre Dame« mit Charles Laughton in der Hauptrolle zu schreiben. Obwohl Bruno Frank lieber ungestört an seinem Roman arbeiten würde, nimmt er an, da er

mit dem Roman wohlvertraut ist und mit regelmäßigen Zahlungen rechnen kann. Dieterle beauftragt für das Drehbuch dann allerdings auch noch Sonya Levien, was Bruno Frank sehr verärgert haben soll. Der Film ist 1939 ein großer Erfolg.

Wie viele andere hatte Bruno Frank schon bald nach der Ankunft in den USA die amerikanische Staatsbürgerschaft beantragt, zumal ihm 1938 die deutsche aberkannt worden war. Während andere ihre Urkunden längst erhalten haben, warten die Franks noch immer. Paul Huldschinsky (»Hulle«), der im amerikanischen Exil Thomas und Katia Mann bei der Innenausstattung und Gestaltung ihres Hauses berät, schreibt scherzhaft an Bruno Frank: »Jetzt weiß ich, warum Du nicht ›eingeschworen‹ wirst, mein armer Bruno. Peinlich – Peinlich! Kuss Hulle.« Dazu klebt er ein Zeitschriftenfoto »Auf dem Presseball: Der Flieger Ernst Udet, die Münchner Bühnenkünstlerin Ehmi Bessel, die Schriftsteller Carl Zuckmayer, O. A. Palitzsch, Bruno Frank, Frau Zuckmayer.« Tatsächlich wird Bruno Frank wie viele seiner Kollegen vom FBI observiert. Besonders negativ wirkt sich für ihn das Erscheinen der ersten deutschen Fassung seines Romans »Die Tochter« 1943 im Exilverlag Ex Libre Libro in Mexiko aus, der den Kommunisten nahe steht. Anfang November 1943 sind die Franks »derart ›through‹ mit Hollywood«, dass sie nach sechsjährigem Aufenthalt »ihren Abschied mit höchstens sechs Telefongesprächen werden bestreiten können.« Sie wollen nach New York gehen, »müssen aber, nach ehrenvoll absolvierter Prüfung, auf unseren Citizen-Eid warten.« Erst im Januar 1945, ein halbes Jahr vor seinem Tod, werden die Franks, so drückt Bruno es aus, sich »in den Strahlen bürgerlicher Ehre« sonnen können.

Der Schriftsteller ist es leid geworden, für die Filmbranche und den amerikanischen Büchermarkt zu schreiben. »Die wollen primarity, Wälzer, bei denen es nichts macht, ob man mal 30 oder 50 Seiten überschlägt.« Die Hilfe seiner Schwiegermutter bewahrt ihn vor ernsthaften finanziellen Schwierigkeiten, was ihm verständlicherweise nicht angenehm ist. Er hofft jedoch, dass er mit seinen Romanen und Stücken in Deutschland wieder Erfolg haben wird, sobald Hitler geschlagen sein würde. Bis auf die freundschaftlichen Kontakte zu Thomas und Katia Mann, die seit Februar 1942 in Pacific Palisades leben, zu Feuchtwangers, Werfels, Bruno Walter und Ludwig Marcuse zieht sich Bruno Frank immer mehr zurück. Er liest sehr viel, vor allem Flaubert, dessen Briefe in einer vollständigen französischen Ausgabe auf seinem Schreibtisch stehen, und konzipiert ein neues Buch, »Chamfort erzählt seinen Tod«.

Im Sommer 1944 erleidet er einen Herzanfall. In einem Brief an Liesl vom 6. August schreibt er, sein Leben wäre in diesem Jahr zu Ende gewesen ohne sie. Diese Krankheitswochen seien seine beste Zeit in Amerika, ja, die beste Zeit in seinem ganzen Dasein gewesen, da er unausgesetzt ihre Liebe gespürt habe. Sie habe nach einem Jahr schweren Kummers und großer Enttäuschungen alles »weggepflegt«. Er sei, von ihr gestützt, wieder ins Leben »zurückgeschwankt«. Jedes Mal, wenn sie zu ihm hereingekommen sei, habe der Reiz ihrer Gegenwart das Zimmer erfüllt. »Ach ja, ich möchte schon noch eine Weile leben, um bei Dir zu sein.«

Anfang 1945 unterzieht sich Liesl einer an sich ungefährlichen Routineoperation und hätte nach einer Woche die Klinik verlassen sollen, aber die Schwester hatte während der Operation »the original idea to leave a little sponge (a ›Tampon‹) in the wound«, was eine schmerzhafte Entzündung mit hohem Fieber hervorruft und Liesl an den Rand des Todes bringt. Erst neun Wochen nach der Operation brachte eine Röntgenaufnahme die Ursache zutage, schildert Bruno ausführlich seinem »lieben Kläuslein«.

Am 20. März schreibt er an Liesl: »Das ist nun aber wirklich die letzte Krankheitsstation, [...]. Diese zwei Monate waren wie aus dem Leben herausgeschnitten. Nun wird alles wieder schön sein, nach allem, was Du auszustehen gehabt hast.«

Im April fahren sie auf Einladung der Werfels nach Santa Barbara, um sich in deren Sommerwohnung zu erholen. Außerdem planen sie ihren endgültigen Umzug nach New York für den Herbst. Für Bruno spielt der Ort keine Rolle, da er sich in diesem Land nie heimisch fühlen wird, aber die acht Jahre Westküste seien genug für Liesls Jugend und Vitalität. Diese Stadt habe ihnen kein Glück gebracht.

Doch für den Umzug nach New York bleibt dem achtundfünfzigjährigen Bruno Frank keine Zeit mehr. Im Mai, als endlich Friede ist, liegt er mit einer Lungenentzündung im Hospital. Liesl und ihre Mutter bringen ihn zurück nach Beverly Hills. Am Nachmittag des 20. Juni findet Liesl ihren Mann, der sich wie gewöhnlich zu einem Mittagsschlaf niedergelegt hatte, leblos vor. Wie sie Thomas und Katia Mann am folgenden Tag telefonisch wissen lässt, sei er friedlich für immer eingeschlafen, die Zeitschriften auf der Steppdecke und eine Hand behaglich unter dem Kopf. Am selben Tag trägt Thomas Mann in sein Tagebuch ein: »Schmerzliches Gefühl des Verlustes. Ein Mensch, der mich liebte, und dem ich mehrmals aus Nachlässigkeit weh getan habe.«

Bruno Frank hatte bei der Totenfeier für Ernst Toller, der sich im Mai 1939 in New York erhängt hatte, gesagt: »Sein übersensitives Herz war dem tödlichen Sturm von Lüge, Gemeinheit und Gemeinheit nicht mehr gewachsen. Hitler hat ihn getötet.« Hätte Bruno Franks organisches Leben vielleicht länger ausgehalten, wenn ihm, wie er einmal schreibt, die Kapitulation Frankreichs nicht »gründlichst« das Herz gebrochen und ihn von da an nicht ein »Gefühl tiefer Sinnlosigkeit« erfüllt hätte? Ihr Mann habe sich, so Liesl Frank, in den letzten Jahren »leise von der Welt zurückgezogen.«
Auf ausdrücklichen Wunsch Bruno Franks in seinem Testament vom 18. November 1929 wird seine Urne ohne einen Geistlichen in Hollywood beigesetzt.

Für die zweiundvierzigjährige Liesl ist Brunos plötzlicher Tod verständlicherweise ein entsetzlicher Schock, den sie nicht zu verwinden vermag. In einem Anteil nehmenden Brief aus New York vom 25. Juni an die »liebe, arme Freundin« bedauert Thomas Mann seine und Katias Abwesenheit. »Wir machen uns Vorwürfe deswegen.« Sie seien ungeduldig, Liesl bald »zu sehen, zu sprechen, von ihm [Bruno] noch zu hören.«
Doch schon einen Monat später scheint sein Mitgefühl mit der völlig verstörten, jungen Witwe mehr als erschöpft zu sein: In seinem Tagebuch schreibt er schnöde von »Liesl Franks excessivem und hirnlosem Trauer-Betragen« und davon, dass niemand Lust habe zu den Feiern und Zusammenkünften in Brunos Namen, auf die Liesl Frank beständig sinne.
Alfred und Lisl Polgar im fernen New York machen sich hingegen große Sorgen um ihre Freundin, wie man aus ihren Briefen erfährt, weil Liesl »selbstquälerische Zusammenhänge« sieht zwischen der

Belastung durch ihre missglückte Operation für ihren herzkranken Mann und seinem Tod. Sie beschwören ihre Freundin mehrfach, Schlaftabletten und »Spritzen« abzusetzen und mit Alkohol maßvoll umzugehen, was Liesl ihnen anscheinend auch verspricht. Sie dringen in sie, ihre Arbeit für den Film Fund nicht wieder aufzunehmen, sondern zu ihnen nach New York zu kommen, um dort und mit einer anderen Tätigkeit aus den quälenden Gedanken an die Vergangenheit herauszufinden, auch wenn ihr die Trennung von ihrem und Brunos Haus, in dem sie nun zusammen mit Fritzi lebt, schwer falle.

Tatsächlich folgt Liesl nach geraumer Zeit diesem Rat ihrer treuesten und wohlmeinenden Freunde. Während Fritzi Massary ihren Wohnsitz in Beverly Hills beibehält, zieht sie nach New York. Dort entwickelt sie sich in den folgenden Jahren zu einer erfolgreichen literarischen Agentin, die in Zusammenarbeit mit Joseph Bornstein ausländische Autoren auf dem amerikanischen Büchermarkt repräsentiert, unter anderem Hermann Hesse, Alberto Moravia, und nahezu alle deutschsprachigen Rechte an amerikanischen Bühnenwerken vertritt. Zu Beginn der Fünfzigerjahre entschließt sie sich, mit ihrem zweiten, ebenfalls aus Deutschland stammenden Mann, dem Filmregisseur und Autor Leo Mittler, nach Hamburg zu gehen. 1958, zum zweiten Mal verwitwet, kehrt sie nach München (Mauerkircherstraße 84) zurück, wo sie den Mann wiedertrifft, zu dessen Rettung sie zu Beginn des Krieges beigetragen hat. 1965 heiratet sie den Schriftsteller und Theaterkritiker Hans Lustig in Las Vegas.

In Martin Gregor-Dellins Nachruf auf die am 21. März 1979 verstorbene Liesl Frank-Mittler-Lustig heißt es: »Sie sorgte, dass nichts verloren ging, unaufdringlich und im Hintergrund. Für den letzten Band der Werke Bruno Franks, der in der Woche ihres Todes in Satz ging, wählte sie ein schönes Motto aus einem seiner Gedichte, das wir in seinem allgemeinsten Inhalt ihr zurückwidmen dürfen:

Der Torweg bin ich nur,
und schmucklos ist mein Bogen.
Allein es ist im königlichen Zug
die ganze Welt durch mich hindurchgezogen
und ich war hoch genug.«

Liesl hingegen persönlich gewidmet ist das Gedicht, welches Bruno Frank seinem Brief vom 6. August 1941 – wie immer liebevoll und zärtlich verfasst – zum siebenundzwanzigsten Hochzeitstag beilegte:

Ich soll es sein, der das im Leben fand,
Dein Augenpaar, dies Doppelmorgenlicht,
Dies freie, stolze Menschenangesicht,
So immer neu und immerdar vertraut.

Den klaren Geist, der Wahrheit wahr besteht,
Unbrechbar wie ein weißer Edelstein,
Dein adeliges Herz, das Dank verschmäht,
Und keinen Glauben braucht, um gut zu sein.

Ich bin es, der das fand, des Glückes Sohn,
Und hab' geliebt sechstausend Tage lang,
Dein Mädchenlachen, Deinen Mädchengang,
Der einzigen Stimme süß und herber Klang. –
Oh mein Geschick, nimm mich nicht fort davon,
Lass es mir lang!

Quellen

Briefe im Nachlass Liesl und Bruno Frank in der Monacensia – Literaturarchiv und Bibliothek München und im Deutschen Literaturarchiv Marbach.
Edition DAH (Hg.): Pacific Palisades. Wege deutschsprachiger Schriftsteller ins kalifornische Exil 1932–1941, Hamburg 2006.
Feuchtwanger, Marta: Nur eine Frau. Jahre. Tage. Stunden, München 1983.
Flügge, Manfred: Wider Willen im Paradies. Deutsche Schriftsteller im Exil in Sanary-sur-Mer, Berlin 1996.
Frank, Bruno: Erzählungen. Kleine Autobiographie, Leipzig, o. J.
Frank, Bruno: Ausgewählte Werke. Prosa. Gedichte. Schauspiele, Hamburg 1957.
Frank, Bruno: Die Tochter, München 1985.
Gumprecht, Holger: »New Weimar« unter Palmen. Deutsche Schriftsteller im Exil in Los Angeles, Berlin 1998.
Joseph, Albrecht: Portraits I. Carl Zuckmayer – Bruno Frank, Aachen 1993.
Mann, Erika: Briefe und Antworten 1951–1969, München 1988.

Mann, Erika und Klaus: Escape to Life. Deutsche Kultur im Exil, München 1991.
Mann, Klaus: Der Wendepunkt. Ein Lebensbericht, Hamburg 1994.
Mann, Klaus: Briefe und Antworten 1922–1949, Hamburg 1991.
Mann, Thomas: Tagebücher 1944–1.4.1946, Herausgegeben von Inge Jens, Frankfurt a. M. 1986.
Popp, Valerie: »Aber hier war alles anders ...«. Amerikabilder der deutschsprachigen Exilliteratur nach 1939 in den USA, Würzburg 2008.
Stern, Carola: Die Sache, die man Liebe nennt. Das Leben der Fritzi Massary, Berlin 1998.
Tucholsky, Kurt: Unser ungelebtes Leben. Briefe an Mary, Hamburg 1982
Tworek, Elisabeth: Spaziergänge durch das Alpenvorland der Literaten und Künstler, Zürich/Hamburg 2004.
Voswinckel, Ulrike/Berninger, Frank (Hrsg.): Exil am Mittelmeer. Deutsche Schriftsteller in Südfrankreich von 1933–1941, München 2005.

»Ich brauche dich ganz oder gar nicht«

Mathilde »Quappi« Beckmann (1904–1986)

Am Beginn steht eine geradezu mysteriöse Geschichte. In ihren Träumen im Spätsommer 1923 erscheint der neunzehnjährigen Mathilde von Kaulbach mehrmals derselbe Mann. Sie hat ihn vorher noch nie gesehen und fragt ihn auch nicht, wer er sei oder woher er komme, denn sie hat das Gefühl, dass sie einander schon lange kennen und einander verstehen. »Er schien mich zu beschützen, und wenn ich ihn wegen irgendwelcher Probleme fragte, die ich zuweilen hatte, erwiesen sich seine Antworten immer dann als richtig, wenn ich seinem Rat gefolgt war. Er war voller Güte, schien um mich besorgt und machte sich Gedanken über mein künftiges Leben. Er war hoch gewachsen, eine eindrucksvolle Erscheinung, von kräftiger körperlicher Konstitution und großer geistiger Überlegenheit. In seiner Stimme war ein bestimmter Klang, den ich nie vergaß, ich habe ihn noch im Ohr.«

Im Herbst desselben Jahres geht sie nach Wien, um sich nach einer zweijährigen Gesangsausbildung in München bei Irene Schlemmer-Ambros, einer berühmten Gesangspädagogin, weiterzubilden, und wohnt im Haus von Henriette von Motesiczky am Brahmsplatz 7. Von ihrer Gastgeberin wird die jüngste Tochter des 1920 verstorbenen Münchner Porträt- und Historienmalers und Akademiedirektors Friedrich August von Kaulbach »Quappi« genannt, abgeleitet von Kaulbach/Kaulquappe. Der Spitzname wird ihr ein Leben lang bleiben und in die Kunstgeschichte eingehen.

Von Marie Louise, der Tochter des Hauses, hört Mathilde zum ersten Mal den Namen Max Beckmann und sieht eine Lithografie und den Holzschnitt »Selbstbildnis 1922«, von dem sie sich sofort »merkwürdig angezogen« fühlt.

Eines Tages im Frühjahr 1924 erwartet man Max Beckmann zu Besuch. Als es klingelt und der Gast eintritt, kann Mathilde sein Gesicht im schwach erhellten Raum nicht deutlich erkennen, nur dass er ein kräftiger, hoch gewachsener Mann ist. Man macht sie einander bekannt; sie hört seine Stimme und ist starr vor Staunen – »vor mir stand der Mann, der in meinen Träumen erschienen war!«

Bei dieser ersten Begegnung, die ihrem Leben eine völlig andere als die von ihr geplante Richtung geben sollte, beobachtet sie, wie rhythmisch Max Beckmann beim Gehen seine Schritte setzt, dass er einen wiegenden und entspannten Gang hat, »ähnlich dem eines Kapitäns an Deck bei stürmischem Wetter.« Sie empfindet ihn als höchst vital und als einen aufmerksamen Beobachter, dem nichts zu entgehen scheint. Vor allem spürt sie die Wärme und Güte, die von ihm ausgehen.
Der oftmals »strenge Ausdruck« in Max Beckmanns Gesicht, weswegen viele ihm mit einer gewissen Bangigkeit entgegentraten, schreibt sie in ihren Lebenserinnerungen, sei nur »eine Art Maske« gewesen zu seinem eigenen Schutz. Die Zwanzigjährige ist an diesem Nachmittag tief beeindruckt von seiner starken Persönlichkeit und hat dasselbe Gefühl wie in ihren Träumen, nämlich ihn schon lange zu kennen.
Was man bei dieser romantisch klingenden Geschichte nicht erfährt, sondern in einem anderen Zusammenhang: Sie und auch Max Beckmann glaubten beide an Reinkarnation. Als sie ihm einige Zeit später offenbart habe, sie sei davon überzeugt, dass sie in einem früheren Leben einander nicht nur gekannt hätten, sondern auch schon einmal verheiratet gewesen wären, habe er geantwortet: »Daran zweifle ich nicht.«

Im selben Jahr hält der vierzigjährige, noch verheiratete Max Beckmann um ihre Hand an, und zwar in einem Wiener Krankenhaus. Er hatte sich die linke Hand gebrochen und war nach Wien gekommen, da sie ihm dort ohne Operation gerichtet werden konnte. Auf seine eindringliche Bitte besucht Quappi ihn jeden Tag, und am letzten Tag vor seiner Entlassung habe er sie unvermittelt gefragt: »Wollen Sie mich heiraten? Ich möchte Sie gerne heiraten.« Sie habe »Ja« gesagt. Nach ihrer Überzeugung gehörten sie ja zusammen. Das sei ihre Verlobung gewesen.
Genau so wenig zögert sie, als sie im Frühjahr 1925 ein Angebot der Staatsoper in Dresden als Koloratursängerin erhält, dieses abzuleh-

nen. Sie habe gewusst, dass sie nicht mit Beckmann verheiratet und gleichzeitig Sängerin sein könne. Es ist nicht ganz auszuschließen, dass Max Beckmann ihr diese Entscheidung zumindest nahe legte, hatte er doch bereits von seiner ersten Ehefrau Minna, geborene Tube, die wegen ihrer Begabung als eine der ersten Frauen an einer Kunstakademie in Deutschland zugelassen und eine Schülerin von Lovis Corinth gewesen war, nach der Eheschließung 1906 gefordert, das Malen aufzugeben. Sie hatte sich allerdings eine eigene künstlerische Karriere nicht nehmen lassen, sich stattdessen dem Gesang zugewandt und war eine bekannte Opernsängerin geworden. In der Vermutung, dass Beckmann auch Mathilde dahingehend beeinflusst hat, wird man noch bestärkt, wenn sie erzählt, dass ihr Mann sie viele Jahre später nach zwei öffentlichen Konzerten, bei denen sie 1948 in St. Louis mitwirkte, vor die Wahl gestellt habe: »Entweder du wirst Geigerin oder du bleibst bei mir. Beides geht nicht. Ich brauche dich ganz oder gar nicht.« Von da an habe sie nie mehr öffentlich gespielt. Außerdem erklärt sie an anderer Stelle, ohne Max Beckmanns Einverständnis oder Rat hätte sie niemals irgendeine Entscheidung getroffen.

Vielleicht war die Absage einer eigenen künstlerischen Laufbahn für die Zwanzigjährige eine Selbstverständlichkeit. Ihre Mutter, die aus der dänischen Musikerfamilie Schylte stammte, hatte sich auch gegen ihre Karriere entschieden. Frida von Scotta, ihr Künstlername, war eine berühmte Violinvirtuosin, als sie Friedrich August von Kaulbach kennenlernte. Auch er musste sich, wie nun Max Beckmann, von seiner damaligen Frau, die übrigens auch Minna hieß, erst scheiden lassen, und wie Mathilde war Frida von Scotta ungefähr zwanzig Jahre jünger als ihr zukünftiger Mann. Nach ihrer Heirat 1897 hörte Frida auf, öffentlich zu spielen, erfüllte ihm den in erster Ehe versagt gebliebenen Kinderwunsch mit der Geburt von drei Töchtern und übernahm die Rolle der repräsentierenden Frau eines berühmten Künstlers. Mathildes ältere Schwester Hedda, verheiratet mit dem Bildhauer Toni Stadler, gab ebenfalls ihre bildhauerische Weiterbildung auf, nicht um eine Familie zu gründen, sondern weil ihr Mann die Konkurrenz nicht ertrug. Nach dem Scheitern der Ehe sollte sie ihre künstlerische Tätigkeit jedoch wieder aufnehmen.

Zwischen ihm und seiner jungen Frau durfte nach Beckmanns Vorstellung nichts stehen, was ihr Ineinanderaufgehen hätte stören können. Während ihrer Verlobungszeit schreibt er: »Meine Seele ruht bereits tief in der Deinen. Und in vielen Jahren wollen wir so tief ineinander wachsen, daß uns auch kein Tod und keine Unendlichkeit mehr trennen kann.«

Stand deshalb auch von Anfang fest, dass in dieser Beziehung für Kinder kein Platz sein würde? Mathilde Beckmann äußert sich nicht dazu, warum die Ehe letztlich kinderlos blieb und ob sie gerne eine Familie gegründet hätte. Dass Max Beckmann, der damals bereits Vater eines sechzehnjährigen Sohnes war, keine weiteren Kinder wollte, dafür sprechen seine deutlich negativen Kommentare in Briefen an seine erste Frau, nachdem er davon erfahren hatte, dass sein Sohn Peter Vater geworden war: »[…] ja was ist der Mensch; kaum geboren sich fortpflanzend wie die Eucalyptusbäume mit ihren blauen Früchten. – Mehr als lächerlich – na nicht ausfallend werden lieber Max, es macht ja doch vielen Spaß, wenn auch dir nicht gerade.«

Vielleicht waren eine Art Kindersatz ihre kleinen Hunde, von denen sowohl in Mathildes Lebenserinnerungen als auch in Beckmanns Briefen und Tagebüchern häufig die Rede ist und die offensichtlich von beiden sehr geliebt wurden.

Bevor Max Beckmann und Quappi heiraten können, muss er sich, wie schon erwähnt, von Minna Tube-Beckmann scheiden lassen. Die Ehe besteht seit Jahren eigentlich nur noch nominell, da Beckmann seit seinem physischen und psychischen Zusammenbruch im Jahre 1915 als freiwilliger Sanitäter in Flandern getrennt von seiner Familie in Frankfurt lebt. Wie man seinen zahlreichen Briefen an Minna und den Sohn Peter entnehmen kann, ist ihm allerdings auch nach der Scheidung und Heirat mit Mathilde der Kontakt zu beiden ein Bedürfnis, und nach den Kriegsjahren ohne jegliche Verbindung schreibt er ihnen eifrig. Er möchte über alles auf dem Laufenden gehalten werden, erkundigt sich nach Peters beruflichem Fortkommen, will wissen, wie er sich Minnas neue Frisur vorstellen könne, würde sie gerne wieder sehen und schickt später aus den USA regelmäßig, bis zu seinem Tod, Carepakete und liebevolle Briefe an sein liebes »Minkchen«.

Am 1. September 1925 findet im Münchner Stadtpalais der Familie von Kaulbach die Hochzeit statt. Die vierwöchige Hochzeitsreise geht nach Rom und Viareggio. Anschließend kehrt Beckmann nach Frankfurt zurück, während Mathilde sich noch mehrere Wochen in

Ohlstadt aufhält, im Landhaus mit Atelier, das ihr Vater 1893 für die Sommeraufenthalte der Familie hat erbauen lassen. Die zukünftige Wohnung des Paares ist noch nicht bezugsfähig. Sie befindet sich in einem Neubau am Frankfurter Stadtrand auf dem Sachsenhäuser Berg, Steinhausenstraße 7, und bietet auch Quappis Flügel und ihrem Spaniel Chilly genügend Platz. Bisher hatte Max Beckmann im obersten Stock eines Wohnhauses in der Schweizer Straße 3 ein Wohn- und Schlafzimmer mit einem riesigen Atelier bewohnt, das er beibehalten will.

Sie telefonieren und schreiben sich eifrig. Seine Briefe unterschreibt er mit »Tiger«, »Tigermann«, »Tigretto«. Es sind heitere, impulsive Briefe eines sehr verliebten Mannes, welche man von dem Maler, dessen kantiges Gesicht auf Fotos eine verschlossene und geradezu düstere Miene zeigt, nicht unbedingt erwartet. Bedauerlicherweise liegen Mathildes damalige Briefe nicht vor, die darüber Aufschluss geben könnten, warum einige Bemerkungen Beckmanns den Eindruck erwecken, als sei er sich der Gefühle seiner jungen Frau nicht ganz sicher. Nun wird die Hochzeitsreise vermutlich ihre erste Gelegenheit für ein intensives Zusammensein über längere Zeit gewesen sein. Insofern wäre nachvollziehbar, wenn Mathilde eine gewisse Unsicherheit verspürt hätte, ob sie, so viel jünger als er und völlig unerfahren in alltäglichen Dingen, Beckmanns Erwartungen würde erfüllen können. Sie ist in geradezu hochherrschaftlichen Verhältnissen aufgewachsen und in einer eher realitätsfernen Idylle, wenn man an die von Friedrich August von Kaulbach gemalten Tanzszenen mit seinen drei Töchtern und seiner Geige spielenden Frau Frida im Garten von Ohlstadt oder im Park hinter der Münchner Villa denkt. Mathildes Vater war ein gefragter Porträtist von Prominenten gewesen, hatte als Maler von Rang und Namen in höchsten Münchner Gesellschaftskreisen eine bedeutende Rolle gespielt, und dieser Glanz hatte auch ihr bisheriges Leben überstrahlt. Sie wird realisiert haben, dass der Alltag mit dem einzelgängerischen Max Beckmann hingegen maßgeblich aus seiner zurückgezogenen künstlerischen Arbeit und ihrer Zweisamkeit bestehen würde.

Wie groß letztendlich ihre Bereitschaft war, sich ihm in allem anzupassen und sich nicht wichtig zu nehmen, aus zutiefst empfundener Achtung vor seinem Künstlertum und Liebe zu dem Menschen Max Beckmann, spiegeln ihre Lebenserinnerungen wider. Im Vordergrund stehen Beckmann und seine jeweilige Befindlichkeit, über ihre eigene äußert sie sich höchst selten.

In dem Bewusstsein, dass er seiner jungen Frau viel abverlangen wird, geht Beckmann in seinen Briefen behutsam tastend vor, bedrängt sie nicht, versucht sie auf ihre gemeinsame Zukunft positiv einzustimmen: »Du wirst allmählig [sic] immer mehr merken kleine Quappi, daß es wirklich ganz lustig ist mit mir zu sein.« – »Schön ist's daß Du mich liebst. – Ob es wirklich wahr ist, das muß Dir ja jetzt diese Zeit nach unserem ersten längeren Zusammensein ziemlich klar machen – d. h. ob Du Sehnsucht nach mir hast und ob ich Dir in angenehmer Erinnerung bin. – *Ich* jedenfalls bin fest entschlossen, daß nun unser Lebensweg *erst recht zusammen* los gehen soll. Gerade mit Arbeit. Mit gemeinsamer. Du wirst bei allem dabei sein und mein allervertrautester Freund und meine süße Geliebte sein. – Nicht Cynthi mein Herz.«

Beckmann lässt ihr Zeit, gönnt seiner lieben, kleinen »Cynthia« oder »Cynthi« – er mochte den Namen Mathilde oder Hilde nicht und schrieb 1925 zwei Gedichte »An Cynthia« – diese »Erholungszeit« von Herzen, bevor sie endgültig »ins Ehejoch» treten muss, denn fortan hätte sie »schon ein bischen [sic] zu wirtschaften«, auch wenn er ein erfahrenes Mädchen für die Küche besorgen würde. Sie solle sich nur schön ausruhen, schreibt Max am 5. Oktober, und »schön dick und rund« werden. »Dann freut sich der Tiger über den fetten Bissen. Unser Doppelbild habe ich mir heute angesehen und finde es *sehr* gut. Bin *sehr* froh darüber und nun gierig auf die nächsten wo meine Quappi eine große Rolle spielen wird.«

Er zumindest spürt schon nach diesen Wochen des Zusammenseins mit ihr, welch starke Bereicherung ihre Existenz für die seinige ist.

Der angesprochene Eintritt ins Ehejoch bleibt Mathilde noch eine ganze Weile erspart, da sich die Fertigstellung des Hauses länger als geplant hinzieht. Das Ehepaar ist schließlich gezwungen, bis zum Juli 1926 im Hotel Quartier zu nehmen. Während Mathilde zwischenzeitlich immer wieder zu ihrer Mutter nach Bayern fährt, kümmert sich Beckmann um alles und schreibt sehnsuchtsvolle Briefe an seine »süße weiße Lilie. Sanft und zart. Schimmernde weiße Lotusblume im Glanze der Unschuld Deiner Seele.«

Als die Wohnung endlich bezugsfertig ist, beginnt für Mathilde der vornehmlich von Beckmanns Lebens- und Arbeitsrhythmus bestimmte Alltag. Ob ihr die Anpassung schwer gefallen ist, erfahren wir nicht. Verständlich wäre es, denn Max Beckmann, als Künstler ein Einzelgänger, hat sich nach der räumlichen Trennung von seiner Familie an ein Alleinleben gewöhnt. Zunächst hatte er versucht, sein Kriegstrauma mit einem riesigen, nie vollendeten Auferstehungsbild zu bewältigen. Er schrieb Dramen, reiste und schuf, als Antwort auf eine katastrophale Lebenskrise, das früh als Hauptwerk erkannte Bild »Die Nacht« (1918/19), in dem er zu einer neuen künstlerischen Sprache fand.

Mathilde scheint in den Jahren in Frankfurt tagsüber viel sich selbst überlassen zu sein. Wohnung und Atelier sind räumlich voneinander getrennt, und Beckmann leitet nebenher noch ein Meisteratelier an der Kunstschule des Städel Museums. Wie sie erzählt, habe Max auch daran festgehalten, nach vielen Stunden im Atelier »in den Frankfurter Hof für einen Kaffee oder Drink« zu gehen.
  Insofern zeigt er sich wohl damit einverstanden, dass Mathilde in den sieben Jahren in Frankfurt oft ihre Familie besucht und häufig sogar den Großteil des Sommers in Ohlstadt verbringt. Auch wenn Max seine Quappi, sein »süßes Kerlchen«, sehr vermisst und eingesteht, dass er sich im Frankfurter Hof mit der einen oder anderen Flasche Sekt trösten muss, zeugen seine betont munteren Briefen von seinem Einverständnis mit ihren langen Abwesenheiten. Er freut sich, wenn es ihr in ihrem geliebten Ohlstadt gut geht, wenn sie, unter Anleitung der Köchin Adele, Fortschritte in ihren Kochkünsten und im Erlernen des Schreibmaschinenschreibens macht. So könne sie, frohlockt er, in Zukunft auch seine Texte mit der Maschine schreiben, seine Dramen und Gedichte.
  Die Frankfurter Jahre sind in Mathilde Beckmanns Lebenserinnerungen auf wenigen Seiten zusammengefasst. Deshalb bleibt beispielsweise unklar, ob sie Beckmann häufig in seinem Atelier aufgesucht hat, auch wenn sie schreibt, dass es zu ihrer Aufgabe wurde, seine Paletten und Pinsel zu reinigen. Beckmann, der größten Wert darauf hielt, sein Werkzeug penibel sauber zu halten, habe ihr gezeigt, wie er es von ihr gemacht haben wolle. Wahrscheinlich übernimmt Mathilde diese Arbeit erst später, als Atelier und Wohnung sich im selben Haus befinden. Erst dann wird sie auch die Gelegenheit gehabt haben, den Künstler über längere Zeit beim Malen zu beobachten, wovon sie eine

detaillierte, sehr anschauliche Beschreibung in »Künstlerische Praxis« gibt. Sie habe bei der entspannten, von der Schulter zur Hand laufenden Bewegung seines rechten Arms »oft an die perfekte Bogenführung eines guten Musikers« denken müssen. Nie habe Beckmann im Sitzen gemalt, sondern sei unablässig in Bewegung gewesen und zwischen seinem Lehnstuhl und der Staffelei hin- und hergegangen. »Die Strecke, die er auf diese Weise in den Jahren unserer Ehe zurückgelegt hat, muß Tausende von Kilometern lang sein.« Besonders »spannend und aufregend« war für sie, wenn er als Test für das Gleichgewicht der Komposition das Bild auf den Kopf stellte. »Es war einem nicht ganz geheuer, ihn Mund oder Augen in einem Gesicht in umgekehrter Richtung malen zu sehen. Wenn er seine Leinwand – auch eine sehr große – drehte, faßte er mit der rechten Hand den Spanner in der Mitte und hielt dabei noch mit der Linken die Palette. Er bewegte sich dabei sehr geschickt, er jonglierte damit fast akrobatisch.« Er habe zeitweise ohne Unterbrechung zehn bis zwölf Stunden durcharbeiten können, weil beim Malen sein »Körper und Geist vollkommen aufeinander abgestimmt« waren: »totales Gleichgewicht zwischen Spannung und Entspannung von Rücken, Armen und Beinen – es war ähnlich wie bei einem großen Vogel, der im Fluge auf einem hohen Berggipfel landet oder abfliegt.«

Die Ehe mit seiner jungen Frau bekommt Max Beckmann so gut, dass sein Leben einen neuen Aufschwung nimmt – seelisch und künstlerisch. »Meine Kraft hat sich durch die erheblich günstigeren menschlichen Umstände, in denen ich nun lebe, verzehnfacht.«, teilt er mit. Während seine Seele, wie es in dem Gedicht »An Cynthia (I)« vom Mai 1925 heißt, bisher schwer durch den Weg gezogen und das Ende gesucht hätte, würden nun Orchideengärten plötzlich ihren Duft in die Finsternis schießen wie ein Fanal. Mit einer neuen Lust beginnt er zu malen. Die Farben in seinen Bildern werden leuchtender. Beckmann spricht beglückt von orangeroten, von blauen Bildern. Die Bilder werden weiträumiger, die Bildformen beruhigter und voluminöser.

Immer wieder aufs Neue ist er inspiriert vom Liebreiz seiner Kindfrau, ihren »großen Katzenaugen mit den verrückten Puppilen [sic]«, ihren markanten Augenbrauen, den vollen, rot gefärbten Lippen und dunklen Locken. Bereits vor ihrer Heirat malte er zwei Bilder, »Fastnacht« mit Quappi und das »Doppelbildnis Karneval« von ihnen als

Paar. In den folgenden Jahrzehnten entstehen zahllose Zeichnungen und die berühmten Porträts: »Bildnis Quappi in Blau«, »Bildnis Quappi in Rosa und Violett«, »Quappi in rosa Jumper«, »Quappi mit Papagei«, »Bildnis Quappi mit weißem Pelz«, »Hedda und Quappi im Garten in Ohlstadt«, »Doppelbildnis Max Beckmann und Quappi«, »Quappi und Inder«, »Quappi mit großem Stilleben«, »Quappi auf Sofa bei Licht«, »Quappi in Blau und Grau«, »Bildnis Quappi in Grau«, »Quappi in Blau im Boot«. Mathilde Beckmann wird eine der meistgemalten und -gezeichneten Frauen der Kunstgeschichte. Wie sie erzählt, habe Max Beckmann, bevor er ein Porträt begann, die jeweiligen Personen nach dem Leben zunächst mehrfach gezeichnet. Er habe sie in ihrem Milieu beobachtet, »um Ausdruck und bestimmte Charakteristika zu studieren«. Wenn er zu malen begonnen hatte, bat er nie um eine zweite Sitzung. Auch sie habe häufig gespürt, dass er sie »intensiv und mit einem durchbohrenden Blick« beobachtete und sei dadurch verunsichert gewesen. »Bemerkte er das, sagte er gleich: »Bitte mach weiter mit dem, was du angefangen hast, und vergiß, daß ich da bin. Ich beobachte dich so genau, weil ich gerade wieder ein Porträt von dir angefangen habe.«

Wiederholt dankt er seiner Frau in Briefen für ihr großes Verständnis, was sie sicherlich aufbringen musste, denn sehr oft konnte er beim Malen die Zeit vergessen und kehrte völlig erschöpft spät am Abend zu ihr zurück. Immer wieder hat er selbst das Gefühl, von der Malerei aufgefressen zu werden. Quappi helfe ihm »genial«, die Alltäglichkeiten zu ertragen, und er nennt sie seinen »Engel, den man mir geschickt hat, damit ich meine Arbeit zustande bringe.« Die ersten sieben Ehejahre, erfüllt von Produktivität, einer erfolgreichen Lehrtätigkeit, viel beachteten Ausstellungen und eindrucksvollen Veröffentlichungen über ihn, können wohl als die glücklichste und glanzvollste Zeit im Leben Max Beckmanns bezeichnet werden. Es sind finanziell unbeschwerte Jahre. Sie gehen aus, zur Entspannung von der Arbeit im Atelier am liebsten ins Kino, zur Anregung ins Varieté und in Zirkusvorstellungen, lieber in ein Konzert als ins Theater, oft zum Tanzen, und nach Beendigung oder Verkauf eines Bildes lädt Max seine Frau zu einem Abendessen mit Champagner in ein Nobelrestaurant ein.

Sehr oft verbringt er jedoch die Abende mit Lektüre und geht zu später Stunde noch zum Hauptbahnhof, »nur um die Menschen kommen und gehen zu sehen; auf diese Weise sah er viele ›Typen‹, die er später in seinen Bildern verwendete. Der Strom der Menschen, ihre Stimmungen und Launen, die Aufregungen der Reise, das ständige Auf und Ab des Lebens, die Freuden und Leiden faszinierten ihn und beflügelten seine Phantasie.«

Beiden gemeinsam ist die Liebe zur Musik. Bereits im Alter von vier Jahren erhielt Mathilde von ihrer Mutter Geigenunterricht. Auch ihre beiden älteren Schwestern, Doris und Hedda, hatten das Talent der Mutter geerbt und spielten Bratsche und Cello, sodass es im Hause Kaulbach ein Streichquartett und oft Hauskonzerte gab. Über die Musik findet Mathilde auch schon bald Anschluss in Beckmanns Freundeskreis, vor allem mit Dr. Heinz Simon, Chefredakteur der »Frankfurter Zeitung«, und Fridel Battenberg, mit denen sie häufig zusammen musiziert.

Mathilde äußert sich voll Bewunderung über das bemerkenswert musikalische Gedächtnis Beckmanns. »Max besaß auch ein ungewöhnliches Ohr für jeden unreinen Ton. Manchmal blieb er, wenn er nach Hause kam, vor der Tür stehen und hörte mir zu, wenn ich Geige spielte. Einmal als er heimkam, bemerkte er: ›Es klang sehr schön, bis auf ein paar falsche Töne im letzten Lauf.‹«

Nach Meinung von Fred Zimmermann, Kontrabassist im New York Philarmonic Orchestra und Freund der Beckmanns, wären deshalb Noten und Musikinstrumente nicht nur dekorative Dinge für seine Stillleben gewesen wie für andere Maler. Für ihn sei Musik eng mit dem Leben verknüpft gewesen; »sie war Aufschrei aus Angst, Schrecken und Hilflosigkeit und dann doch auch wieder Kammermusik.«

Aufgrund von Beckmanns äußerer Erscheinung würde man nicht unbedingt vermuten, dass er sehr bewegungsfreudig und sogar sportlich aktiv war. Bei jedem Wetter sei er zum Ausgleich und Kräftesammeln täglich zumindest eine halbe Stunde und auch mehr gelaufen, berichtet Mathilde. Einmal die Woche unternehmen sie eine Wanderung in der näheren Umgebung, im Sommer spielen sie Tennis. Seitdem Beckmann, dessen große Liebe der Nord- und Ostsee galt, auf ihrer Hochzeitsreise den Mittelmeerraum für sich entdeckt hat, machen sie häufig an ihrem »Südmeer« in Italien oder in Frankreich Urlaub. Im Winter laufen sie Schlittschuh und fahren Ski in Garmisch oder in der

Schweiz. Das Reiten, das Mathilde seit ihrer Kindheit liebt und ihr sehr viel mehr liegt als die anderen Sportarten, gibt sie Max zuliebe auf, da er Angst um sie hat, »weil er wollte, dass ich heil, dass ich ›eine ganze Person‹ bleiben sollte, wie er sich ausdrückte.«

In allen seinen Briefen, wenn er verreist oder sie in Ohlstadt ist, ermahnt er seine junge Frau eindringlich, sich vor allem auszuruhen. Keinesfalls soll sie sich seinetwegen Sorgen machen, wozu es sicherlich genügend Anlass gäbe. Ruhe gönnt er sich selbst nur selten. Beckmann arbeitet rastlos, nicht allein wegen der Verträge mit den Kunsthändlern Israel Beer Neumann und Alfred Flechtheim, die ihm ein Jahreseinkommen von zehntausend Mark sichern. Ein Tag, ohne zu malen, ist für ihn ein verlorener Tag. Außerdem fährt er, um Kunsthändler oder Galeristen zu treffen, Ausstellungen vorzubereiten oder über Bilderverkäufe zu verhandeln, oft nach München, Berlin und Paris.

Nur hin und wieder kommt er in den ersten Jahren nach Ohlstadt, beispielsweise wenn er »Frankfurt mal wieder gründlich satt« hat ohne seine Quappi. Ländlicher Idylle kann der Künstler wenig abgewinnen. Er braucht das pulsierende Leben der Großstadt. Das Leben im Kreise von Mathildes Familie wird ihm schnell eng. Er zieht sich dann zum Malen in Kaulbachs Atelier zurück oder unternimmt ausgedehnte Wanderungen und Bergtouren.

1928 erreicht Max Beckmanns Ruhm in Deutschland den Höhepunkt. Ihm wird der »Reichsehrenpreis Deutscher Kunst« verliehen, und er wird in Mannheim mit einer umfassenden Retrospektive geehrt. Der »Medaillenmaxe« amüsiert sich im Juli 1928 über die ihm verliehene Goldene Medaille der Stadt Düsseldorf, hofft aber, dass es »eine sehr gute Reclame« sei und sicherlich auch »viel Geld« bringen werde, wovon sie verreisen könnten und er seinem Liebling schöne Dinge kaufen wolle, zum Beispiel Schuhe, laut Beckmann eines von Quappis größten Lastern.

Wie schon erwähnt, fasst Mathilde Beckmann die Frankfurter Jahre, in denen sie immer wieder für längere Zeit getrennt sind, auf nur wenigen Seiten zusammen. Dass Beckmann ab September 1929 bis Anfang 1932 über Monate allein in Paris lebt und arbeitet, wie die Zahl der an sie adressierten Briefe beweist, schreibt sie nicht. Nur zur Erfüllung seiner Lehrverpflichtungen reist er damals in großen Abständen von Paris nach Frankfurt. Als »German Picasso«, so Israel Beer Neumann, soll Beckmann Paris erobern, was ihm allerdings nicht recht gelingt.

Das Ehepaar Beckmann 1928 in Baden-Baden

Für seine Kunst hat Beckmann hingegen von diesem Aufenthalt sehr profitiert – rund vierzig Gemälde sind in dieser Zeit entstanden.

1932 amüsiert sich Beckmann noch über einerseits wütende Kritiken von kommunistischer Seite, da er es »in der *heutigen* Zeit wage Austern zu malen u. Champagner«, und andererseits darüber, dass ihm die Nazis böse seien, weil er so oft in Paris ist. In der Nazi-Presse wird seine Malerei als »Machwerk, Grimasse« verdammt. Schließlich kann er aus wirtschaftlichen Gründen die Pariser Wohnung nicht mehr halten. 1933 verliert er seinen Lehrauftrag in Frankfurt. Beckmanns ziehen nach Berlin in die Graf-Speer-Straße am Tiergarten, weil der Künstler davon ausgeht, dort weniger bekannt zu sein und politisch unbehelligt arbeiten zu können. Sein fünfzigster Geburtstag im Jahr 1934 wird öffentlich totgeschwiegen. Ausstellungen werden abgesagt beziehungsweise verboten. Der im Jahr zuvor von der Berliner Nationalgalerie im Kronprinzenpalais eingerichtete Beckmann-Saal wird aufgelöst. Auch die viereinhalb Jahre in Berlin nehmen in Mathildes schriftlichen Erinnerungen wenig Raum ein. Sie hätten dort wenig gesellschaftlichen Umgang gehabt, hauptsächlich mit Baron Rudolf von Simolin, einem entfernten Vetter Mathildes, der bereits in den späten Zwanzigerjahren seiner bedeutenden Kunstsammlung Werke von Beckmann eingefügt hatte. In den Jahren 1935 bis 1937 ist Beckmann gezwungen, jeweils im Frühjahr sich in Baden-Baden einer Kur wegen immer wiederkehrender Erschöpfungszustände, Depressionen und seiner Abhängigkeit von Schlaftabletten zu unterziehen. Auch Mathilde hat gesundheitliche Probleme, anscheinend Magengeschwüre, wie aus einem Brief Beckmanns vom März 1937 hervorgeht, und er macht sich darüber mehr Sorgen als über seinen eigenen Gesundheitszustand. Wiederholt gönnen sich Beckmanns gemeinsame Aufenthalte in Holland, wo Mathildes Schwester Hedda lebt, oder in Ohlstadt, um der Großstadt mit ihren politischen Spannungen und Unruhen zu entfliehen. Der politische Druck und die Ungewissheit seiner Existenz machen Max Beckmann zu schaffen. Erstmals kommt wohl der Gedanke an eine Emigration in die USA auf, da er, angeregt von seiner in Amerika lebenden Schwägerin Doris, in einem Brief vom Mai 1935 an Mathilde von der nicht uninteressanten »Amerikasache« schreibt.

Am 18. Juli 1937 erklärt Hitler die moderne Kunst zur »entarteten Kunst«. Auch Beckmann wird offiziell zum »entarteten Künstler« erklärt, und in öffentlichen Sammlungen werden fünfhundertneunzig von seinen Werken beschlagnahmt. »Für uns blieb nur eines: Deutschland sofort zu verlassen.« Am 19. Juli nehmen Max und Mathilde Beckmann in Begleitung von Hedda den Zug nach Amsterdam. Sie lassen ihr gesamtes Eigentum, die Kunstwerke und ihre beiden Hunde in Berlin bei dem Hausmeisterehepaar Ruppelt zurück, um den Eindruck einer Besuchsreise zu erwecken. Der beherzten Hausmeisterin gelingt es unmittelbar nach ihrer Abreise, eine Konfiszierung der Gemälde durch die Gestapo zu verhindern, sodass der erleichterte Beckmann schon nach kurzer Zeit alle in Amsterdam in Empfang nehmen kann. Umgehend werden die meisten Bilder an den Kunsthändler Curt Valentin nach New York verschifft.

Mit zwanzig Mark, mehr durften sie nicht ausführen, kommen sie in Amsterdam an. Doch mit dem monatlichen Fixum, das ihnen ihr Freund aus Frankfurt-Zeiten, der 1933 nach Paris emigrierte Schriftsteller und Beckmann-Sammler Stephan Lackner, gewährt, können sie ganz gut auskommen. Ihr neues Heim in einem Speicherhaus am Rokin ist sehr bescheiden. Neben einer winzigen Zweizimmerwohnung in der ersten Etage gibt es noch ein geräumiges Atelier mit Oberlicht im zweiten Stockwerk. Ihre provisorisch auf eine Plattform montierte Kochnische in der Diele ist nur über eine Leiter zu erreichen. »So wurde ich eine Art Akrobat, trug schwere Eisentöpfe und Pfannen, Teller und Schüsseln zum Essen ins Wohnzimmer hinauf und hinunter. Zwar hatte ich zwei elektrische Kochplatten, aber keinen Ausguß mit fließendem Wasser. Der Haushalt war also nicht einfach, doch irgendwie schaffte ich es, und wir beide mochten unser Amsterdamer Zuhause recht gerne.«

Die Zeit des Wohllebens liegt hinter ihnen, aber noch ist ihnen das Reisen möglich, und Beckmann braucht hin und wieder einen Ortswechsel, anregendes »Welttheater«. Den Winter 1938 / 1939 verbringen sie in Paris in einer möblierten Wohnung nahe dem Bois de Boulogne, wo Beckmann eines der Wohnzimmer als Atelier benutzt. Sie spielen mit dem Gedanken, dort zu bleiben. Für viele Jahre zum letzten Mal verbringen sie den Frühling an der französischen Riviera in Cap Martin nahe Nizza. Im Mai unterzieht sich Beckmann wegen eines Ischiasleidens einer Kur in Abano, die von der mit ihnen befreundeten Lilly von Schnitzler ermöglicht wurde. In den ersten Kriegsjahren werden sie von Amsterdam nur noch an die Küste fahren können, und ab 1942 müssen sie sich mit Fahrradtouren in die nähere Umgebung begnügen.

Als Beckmann eingeladen wird, ein Sommersemester an der School of the Art Institute of Chicago zu unterrichten, bemühen sie sich vergeblich um Visa für die USA. Mit dem Einmarsch der Deutschen in die Niederlande 1940 sitzen sie, wie Mathilde Beckmann schreibt, »in der Falle«. Beide verbrennen ihre Tagebücher, die sie seit 1925 unabhängig voneinander geführt haben. Finanziell wird es mehr als schwierig für sie, als der Kriegseintritt der Vereinigten Staaten den bisherigen Abmachungen zwischen Beckmann und dem 1939 in die USA emigrierten Stephan Lackner ein Ende macht. In den Jahren 1941 bis 1944 hilft ihnen Beckmanns Sohn, der als Arzt bei einer Ambulanzabteilung von Zeit zu Zeit durch Holland fährt, indem er in seinen medizinischen Versorgungsfahrzeugen Gemälde nach Deutschland schmuggelt, die von Freunden dort erworben werden.

Bei den ersten Luftangriffen suchen sie benachbarte Schutzräume auf, doch dann beschließt Beckmann, da er an deren Sicherheit zweifelt, bei Alarm das Haus nicht mehr zu verlassen. In einer Nacht erleben sie, wie ihr Haus geradezu um Haaresbreite von einem herabstürzenden Flugzeug der Royal Airforce verschont bleibt.

Einen noch viel größeren Schrecken versetzt Max Beckmann der Gestellungsbefehl am 6. Juni 1942. Zwei Tage später erleidet er im Amsterdamer Bahnhof beim Aussteigen aus dem Zug einen Herzschwächeanfall und bricht zusammen. Am 14. Juni trägt er in sein Tagebuch ein: »Alles in Allem ein V o r t o d – [...].« Zwei Tage später sind sie sehr erleichtert, als er für dienstuntauglich erklärt wird. Noch zwei weitere Male soll er eingezogen werden. Jedes Mal sind sie der Verzweiflung nahe, erinnert sich Mathilde. »Die Wochen, in denen wir auf den Tag warteten, an dem er zur militärärztlichen Untersuchung erscheinen mußte, waren kaum zu ertragen.« Doch wegen seines Herzleidens wird er immer wieder nach Hause geschickt. Erlebnisse von Gestapowillkür in ihrem Umfeld lassen Beckmann von Tag zu Tag mehr um seine Existenz bangen. Dennoch setzt er sich trotz des Risikos, selbst als mutmaßliches Mitglied einer Untergrundbewegung verhaftet zu werden, für ihren inhaftierten Milchmann ein und erreicht tatsächlich dessen Freilassung. Im September 1943 stürzt Beckmann beim Losfahren mit einem Tandem und verletzt dadurch einen Nerv im Rücken und am Fuß. Man stellt eine Nervenlähmung fest, die man nicht zu therapieren vermag. Seinen stichwortartigen Tagebucheintragungen ist zu entnehmen, dass außerdem Augenschmerzen auftreten und er wiederholt Fieberattacken hat.

Mehr noch als alle diese gesundheitlichen Beschwerden macht dem Künstler die Isolation zu schaffen. Er fühlt sich, »als ob man auf dem Nordpol lebt«, schreibt er an seinen Sohn. Umso mehr konzentriert er sich auf die Malerei und arbeitet härter denn je. »Das sind noch Stunden, in denen ich lebe [...].« Im Notwinter 1944/45 beginnt er ein neues großes Triptychon: »Blindekuh«. Die Anspannung beim Malen erschöpft ihn. Immer häufiger notiert er im Tagebuch: »müde«, »übermüdet«, »todmüde«, »schreckliche Stimmung«, »scheußliche Stimmung« und »Brustschmerzen«, »kleines Weh«, »großes Weh«. Die ärztliche Diagnose 1944 lautet »Angina pectoris«. Seine Tagebucheintragungen werden zu Zwiegesprächen, in denen Ton und Stimmungslage in erschreckender Weise wechseln. Er fragt sich: »Todesangst? Mais oui – [...]«, ist ohne Hoffnung für die Zukunft und setzt lakonisch dahinter: »Na ja, il faut voir.«

Da Mathilde Beckmann sich in ihren Lebenserinnerungen deutlich in den Hintergrund stellt und man nur sehr wenig über ihre jeweilige persönliche Befindlichkeit erfährt, kann man nur ahnen, dass es mehr als schwierig für sie gewesen sein muss, neben ihren eigenen Ängsten mit dem ständigen Stimmungsauf und -ab ihres Mannes umzugehen. Max Beckmann war zwar offensichtlich bemüht, vieles von seinen täglichen Beschwerden, seinen Zukunftsängsten vor ihr zu verbergen, und hat sich stattdessen seinem Tagebuch anvertraut. Doch er konnte unmöglich alles vor ihr geheim halten, da sie in einer bisher ungewohnten Weise aufeinander fixiert waren, und dazu auf immer engerem Raum. Als das Brennmaterial fehlt, um das Atelier zu heizen, schaffen sie Staffeleien, Leinwände in ihr Wohnzimmer, wo sie mit Hilfe eines Kohleofens zumindest eine Temperatur von fünf Grad halten können. Seine von der Kälte steif gewordenen Hände wärmt er zwischendurch in ihrem Schlafzimmer auf, wo sich ansonsten ihr Leben abspielt. Mathilde wäscht dort ihre Wäsche in einer kleinen Waschschüssel und kocht ihre Mahlzeiten, die monatelang »gleiche Suppe; es war eine braune wässrige Flüssigkeit aus Ersatz-Bouillonwürfeln und trockenen braunen Bohnen, die wir uns gespart hatten. Abends gab es fast immer Kohl und kleine Stückchen Kartoffeln, manchmal ein paar Mohrrüben, Endivien oder Blumenkohl und eine Scheibe gummiartigen Brotes, das wir auf dem Ofen rösteten, damit es nach etwas schmeckte.«

Vielleicht auch aus Rücksicht auf Mathilde entflieht Max Beckmann, wenn seine Stimmung sich auf einem Tiefpunkt befindet, der räumlichen Enge, indem er lange Spaziergänge mit ihrem Hund Butschi unternimmt oder stundenlang »fietst« (mit dem Fahrrad umherfährt), und zwar bei jedem Wetter, auch bei Regen und eisigem Nordwind. Brustschmerzen und immer wieder Erkältungen sind die Folge. Bei diesen Alleingängen sucht er auch manchmal eine Bar auf und genehmigt sich wider besseres Wissen ein paar Schnäpse, da ihm, wie er im Tagebuch notiert, nur danach »Geld und Krankheit egal sind«. Mathilde hingegen geht selten ohne ihn aus, hauptsächlich um Lebensmittel zu ergattern. Nur gelegentlich trifft sie sich bei Freunden zum Musizieren, denn Max' Sorgen um sie bis zu ihrer Rückkehr, die sich schon bei kleinsten Verspätungen zu panikartigen Ängsten steigern können, haben schon zu bedrohlichen Nervenverkrampfungen bei ihm geführt. Am 13. Dezember 1945 lautet Beckmanns Tagebucheintrag: »[…], Brustweh – nun schon länger wie ein Jahr. – Bin recht pessimistisch, trotz Q. Optimismus – Wenn alles gut geht rechne ich mit Ende Januar als Abgangszeit.«

In ihrer größten existenziellen Not, als Beckmann seine Uhr und Schmuckstücke von Mathilde verkauft, erhalten sie Hilfe von dem Kunsthändler Helmuth Lütjens, der den Maler mit zwei Bildern von seiner Familie beauftragt. Außerdem gelingt es Lütjens jedes Mal, Beckmann bei seinen wöchentlichen Besuchen zu ermutigen, sein Selbstvertrauen zu stärken und etwas zuversichtlicher in die Zukunft zu sehen. Er versteckt auch Bilder von ihm in seinem Haus, gewährt den Beckmanns vor Ankunft der kanadischen Truppen in Amsterdam Zuflucht für mehrere Tage und hilft ihnen nach der Befreiung, als sie mit dem ihnen wöchentlich zugestandenen Guldenbetrag ihren täglichen Lebensunterhalt nicht bestreiten können.

»Das einzige Mittel um der Misere und dem Elend der Welt zu entgehen ist der Rausch der Kunst«, trägt Max Beckmann Anfang 1947 in sein Tagebuch ein. Immer weiter sei er damit beschäftigt, heißt es in einem Brief vom 13. Januar 1947 an Minna Beckmann-Tube, »neues zu produzieren [sic] und wenn meine Gesundheit (in der letzten Zeit nicht besonders, Herz – Nerven etc.) es aushält, werde ich doch noch das Ziel erreichen, was ich mir gesteckt habe (wenigstens annähernd).«
Drei Jahre bleiben dem Dreiundsechzigjährigen noch. Er wird in den USA einen Neuanfang wagen und Lehrtätigkeiten zur Existenzsicherung annehmen. Es werden Jahre sein, die ihm Anerkennung und internationalen Ruhm bringen, angefüllt sind mit rastlosem Arbeiten – »mein ›Opus‹ bis zum letzten Tropfen aus mir herauszupressen« – bei zunehmend schlechterer gesundheitlicher Verfassung.
In den letzten Monaten, die sie in Amsterdam verbringen, leben die Beckmanns wieder auf. Nach Jahren können sie endlich wieder nach Zandvoort ans Meer fahren. Die quälende Isolation der Kriegsjahre hat ein Ende. Der Kunsthändler Curt Valentin aus New York meldet sich und fordert Beckmann auf, Arbeiten zu schicken. Als nahezu die gesamte Ausstellung verkauft wird und kurz darauf Günther Franke einundachtzig seiner Bilder in der Münchner Villa Stuck ausstellt, fängt auch für den immer skeptischen Beckmann »jetzt vielleicht der Friede an.« Im Frühjahr 1947 können sie sogar drei Wochen an

der französischen Riviera verbringen, und bei ihrer Rückkehr findet Beckmann ein Angebot für einen Lehrauftrag in den USA vor.

Seine Briefe und Tagebucheinträge bis September 1947 spiegeln wider, wie hin- und hergerissen er ist. Einerseits erfüllt ihn eine große Ausstellung in Philadelphia mit Genugtuung: »In Amerika ist man jetzt so ziemlich einig, daß ich zu den 4 oder 5 wesentlichen Malern der Welt rechne [...].« Andererseits ist er zutiefst beunruhigt von der Vorstellung, nach fünfzehn Jahren wieder lehren zu sollen, dazu in einer fremden Sprache, weshalb er sogar Sprachunterricht nimmt. Zu allem kommen immer wieder Zweifel, ob seine Hoffnungen in der neuen Welt sich erfüllen werden. In einem einzigen Satz fasst Mathilde diese sicher auch für sie schwierige Zeit zusammen, in der Beckmann beseelt ist von der Vorstellung, noch einmal ganz neu anzufangen, und sich mit sorgenvollen Gedanken zermürbt: »Unsere letzten Monate in Amsterdam waren voller Glück und Angst, Hoffnung und Depression, [...].«

Man kann nur ahnen, wie wichtig für Beckmann in dieser Lage der ungebrochene Optimismus und Zuspruch seiner jungen Frau gewesen sein müssen, und welche Beruhigung es für ihn war, Mathilde bei diesem Abenteuer an seiner Seite zu wissen.

Vor der Abreise ihre Mutter, die sie das letzte Mal im Frühjahr vor Kriegsausbruch gesehen hat, noch einmal zu besuchen, ist Mathilde nicht möglich. Sie sollte sie nicht mehr wiedersehen, da Frida von Kaulbach im April 1948 stirbt. Auch Max Beckmann setzt alles daran und hofft bis zuletzt, wie man seinen sich rechtfertigenden Briefen entnehmen kann, mit seinem non-enemy-status nach Deutschland ausreisen zu können, um Minna und Peter nach all den Jahren wiederzusehen, aber vergeblich.

Am 22. August 1947 halten die Beckmanns nach einem heillosen Papierkrieg endlich auch ihre Schiffskarten in Händen. »Es geht l o s l o s l o s –.« Am 29. August laufen sie in Rotterdam mit der kleinen, von Passagieren überfüllten »Westerdam« aus. »Reisegesellschaft sind Th. Man[n] und Frau. Recht nette alte Leute mit denen man gut aber wie aus einer älteren vergangenen Welt zu reden hat. – Trotzdem als Ablenkung manchmal ganz angenehm.«

Die seekranke Quappi verbringt die meiste Zeit der achttägigen Überfahrt in ihrer gebuchten Zwei-Personen-Kabine, die sie jedoch mit drei anderen Frauen teilen muss, während ihr Mann es genießt, »manchmal bedenklich lustig schief wackelnd mit viel Cognac im Bauch durch den Riesendschungel der schwarzen Wellen zu spazieren.«

In New York werden sie von Curt Valentin und Mathildes Schwester Doris in Empfang genommen und am Nachmittag von Ludwig Mies van der Rohe und Mary Callery durch die City gefahren. Die Tage in New York verlaufen hektisch bei fünfunddreißig Grad Hitze und sind für Max Beckmann »wohl die größte Anstrengung die ich mir in meinem Leben zugemutet habe verstärkt durch eine Unzahl von Menschen Interviews Abendessen Whiskey Abenden und so – [...] Kurz alles ziemlich traumhaft nach Holland wo sich kaum jemand um mich gekümmert hat und ich spreche sogar schon etwas englisch zu meinem eigenen Erstaunen.«

Am 17. September fahren sie mit der Bahn den Hudson entlang über Indianapolis nach St. Louis, wo Max Beckmann an der Art School der Washington University den Lehrauftrag angenommen hat und man ihn »wie den verlorenen Sohn« empfängt. Drei seiner Bilder hängen dort im Museum, und beinahe die ganze Stadt kenne seine Arbeiten, stellt er überwältigt fest. Am folgenden Tag schreibt er in sein Tagebuch: »Es ist möglich, daß es hier noch einmal möglich sein wird zu leben.«

Bis ihr Apartment im neuen Fakultätsgebäude fertig ist, quartiert man sie zunächst im sehr pompösen Chase Hotel »mit Riesenaussicht über einen Riesenpark u. St. Louis« ein.

Am 23. September notiert der immer skeptische Beckmann: »First Day of school!! Voller Grausen mit Quappi hingefahren im Taxi und recht angenehme Enttäuschung.« Sein neues Atelier gefällt ihm, und seine von Quappi vorgelesene Antrittsrede an die Studenten kommt gut an. »Nach wenigen Unterrichtsstunden war bei Max aller Zweifel über seine Rückkehr ins Lehramt geschwunden. Zwischen Max und seinen Studenten entstanden eine besondere Beziehung und ein gegenseitiges Verstehen, das sich in jeder der Kunstschulen in den Vereinigten Staaten aufs neue herausbildete, an denen er unterrichtet hat. [...] Für gewöhnlich begleitete ich Max in seine Klasse, weil er mich gebeten hatte zu dolmetschen, was ich als Auszeichnung empfand. In der Regel lag ihm nichts daran, durch das gesprochene Wort zu unterrichten, er zog es vor, den Studenten mit dem Pinsel oder mit der Zeichenkohle in der Hand bei der Lösung ihrer Probleme zu helfen und seine Korrekturen direkt auf der Leinwand, über die man gerade diskutierte, zu machen. Wenn er einen Gedanken ausdrücklich in Worten mitzuteilen wünschte oder wenn es nötig schien, eine Frage zu beantworten, fiel mir des öfteren die Aufgabe zu, seine Meinung zu erläutern oder zu verdeutlichen.«

Da sein Englisch sich nur langsam und unwesentlich verbessert, fällt ihr in diesem ersten Jahr auch die Aufgabe zu, Max Beckmanns Vorträge zu lesen, wenn er zu solchen eingeladen wird. Nie setzt er sich dabei neben sie auf das Podium, wie die Veranstalter es gerne hätten, sondern nimmt einen Platz inmitten des Auditoriums ein.

Er fühlt sich wohl in St. Louis. Die unkomplizierte und entgegenkommende Art der Amerikaner erleichtert ihm die Eingewöhnung, ihre selbstverständliche Hilfsbereitschaft, mit der sie ihnen Möbel und Vorhänge für ihre Wohnung im Fakultätsgebäude in der Millbrook Avenue leihen, sie überall hin chauffieren oder sich in bürokratischen Angelegenheiten für sie einsetzen, als sie eine besondere Aufenthaltserlaubnis einholen müssen und es im Juni 1948 Probleme mit ihrer Erlaubnis zur Ausreise nach Europa gibt. Von September 1947 bis Mai 1948 malt er fast fünfundzwanzig Bilder, daneben zahlreiche Aquarelle und Zeichnungen. Beckmann ist fasziniert von der räumlichen Weite Amerikas, von der er auf den Vortragsreisen erste Eindrücke erhält. Schon nach kurzer Zeit steht für ihn fest, dass er amerikanischer Staatsbürger werden und für immer in den USA bleiben will. Die Krönung ihres Aufenthalts ist eine große Retrospektive mit neunzig Werken von 1906 bis zur Gegenwart im City Art Museum of St. Louis.

»Es war die größte Ausstellung, die Max jemals hatte, und ein Riesenerfolg. Die Berichte in den Zeitungen am nächsten Morgen waren außergewöhnlich. Max war, glaube ich, sehr gerührt. Ich weiß, wie sehr er sich darüber freute, daß die Bilder gut gehängt waren und wie das Publikum die Ausstellung aufnahm. Nach der Eröffnung ging er mehrmals in die Ausstellung, um seine Arbeiten lange anzusehen; es war dies das erste und einzige Mal, daß er seine künstlerische Entwicklung über Jahre hinweg überblicken konnte.«

Im Sommer 1948 kehren sie für drei Monate noch einmal nach Amsterdam zurück, um die Auswanderungspapiere zu beschaffen, sich vorgeschriebenen ärztlichen Untersuchungen zu unterziehen und ihre Wohnung aufzulösen. Nachdem die Visa ausgestellt sind, trägt

Beckmann in sein Tagebuch ein: »[...] jetzt also bin ich schon halber Amerikaner – Oh Gott, ob's richtig ist? Egal es muß sein und damit basta [...].«

Sie sind gezwungen, einiges von Mathildes Schmuck und den Steinway-Flügel zu verkaufen, um die hohen Steuern für die Auswanderung bezahlen zu können. Bis zum Schluss zweifelt der pessimistische Beckmann am Gelingen ihrer Emigration. Zuletzt werden die Kunstwerke verpackt und verschifft. Doch schon nach ihrer Ankunft in New York, bei ihrem ersten Morgenspaziergang am 22. September mit Butschi – ihren Pekinesen hatten sie dieses Mal mitgenommen – »in wahrhaft paradiesischer Heiterkeit und Ruhe da hinten am See« fühlt er sich »befreit«.

In St. Louis füllen sie als Erstes die Formulare für die »First Papers« ihrer Einbürgerung aus. Ob sein Lehrauftrag über das Sommersemester des folgenden Jahres hinaus verlängert wird, ist unsicher und beunruhigt ihn sehr. Welche Erlösung, als der Direktor der Brooklyn Museum Art School ihm ab September 1949 eine unbefristete Stelle anbietet. Max Beckmann sei »zur Zeit der am meisten begehrte Lehrer im Lande«. Er sagt zu, obwohl er noch weitere Angebote erhält, aus Salem (Oregon), Columbia (Missouri) und sogar aus Hamburg. Von New York erhofft er sich »ein besseres Kaufpublikum«, denn mit den Honoraren für die Lehraufträge kommen sie gerade über die Runden, und immer »wieder sind graue Geldsorgen im Anzug«, wie er Minna am 3. März 1949 schreibt. Eben hat er den Umzug von Amsterdam nach St. Louis bezahlen müssen, und nun wird der nach New York »wieder gräßlich viel kosten«. Aus eben diesen Gründen werden sie im Sommer auch nicht nach Deutschland kommen können. »Von der Höhe des Ruhms bis zum sicheren Dollar ist ein weiter Weg.« Außerdem beunruhigen ihn schon jetzt die Vorstellung, in New York demnächst dreimal die Woche eine halbe Stunde mit der überfüllten, stickigen Subway zur Schule fahren zu müssen, und die Frage, ob seine Nerven das aushalten werden.

Immer wieder klingt im Tagebuch an: »Angst vor dem Tode«. Sie hätten nie über das Sterben gesprochen, bemerkt Mathilde einmal, erst im letzten Jahr vor seinem Tod. Wahrscheinlich war sie bis zuletzt bemüht, ihm kraft eines positiven Denkens Sicherheit zu geben und seine düsteren Gedanken zu verscheuchen, was ein Tagebucheintrag Beckmanns vom 16. Dezember 1948 andeutet: »Vielleicht

Mathilde »Quappi« Beckmann, 1948

bald alles zu Ende? Quappi meint nein.« Einmal, in einem Brief vom 20. April 1949, vertraut er sich seinem Sohn an: »Da Du glaube ich Herzspezialist bist und eigentlich mein Hausarzt [...].« Er gibt ihm eine detaillierte Beschreibung seiner Beschwerden und fügt hinzu, Rauchen sei sein einziges Laster, »Alkohol fast gar nicht«. Letzteres widerspricht allerdings seinen Aufzeichnungen, wenn er sich wegen seiner Herzschmerzen eingestehen muss, bei einem Empfang oder auf einer Cocktailparty mal wieder zu viel Whiskey getrunken zu haben.

Von Mitte Juni bis Ende August 1949 leitet er einen Sommerkurs in Boulder, Colorado, immer noch mit Quappi als Dolmetscherin an seiner Seite. Er hat fünfzig Studenten und »vielleicht 2–3 mit Talent. Aber na ja, man sagt eben seine Meinung, basta.« Anfangs bereiten ihm die Höhenlage, die Hitze und beinahe täglichen Gewitter erhebliche Probleme. Nach einer Gewöhnungszeit genießt er jedoch zusammen mit Quappi die Ausflüge in die Rocky Mountains und ausgiebige Bergwanderungen, die er zu seiner Überraschung trotz der Hitze unbeschadet übersteht und auf denen er mitunter seine nicht schwindelfreie Frau sicher herunterlotst. Nach solchen Unternehmungen fühlt er sich darin bestärkt, sein »Weh« nicht so tragisch nehmen zu müssen, was allerdings nie lange anhält. Eine seiner letzten Tagebucheintragungen in Boulder lautet dann auch: » – nichts mehr los mit mir, fühle mich alt und krank.«

Über Chicago reisen sie in einem wohltuend klimatisierten Zug nach New York. »Neuen Leiden entgegen, das ist sicher. Vielleicht aber nur neuer Stumpfsinn und banale Mittelmäßigkeit.« Curt Valentin hat ihnen bereits eine Wohnung in der 19th East Street mit einem nicht allzu großen Atelier besorgt. Im Kellergeschoss gibt es aber noch einen Raum für bildhauerische Arbeiten. Beckmanns Stimmungsbarometer steigt schon bald; die »Gigantenstadt« zieht ihn erneut in ihren Bann. Er fängt bereits nach wenigen Tagen an, sich zu Hause zu fühlen, und von seinen neuen Studenten ist er wieder einmal »angenehm enttäuscht«. Während er neugierig und angeregt die neue Umgebung bei seinen Morgenspaziergängen erkundet, missfällt Mathilde eigentlich alles. Die Wohnungsbesitzerin entpuppt sich als eine geistig verwirrte Italienerin, die ihr ständig auflauert und sie mit unsinnigen Vorwürfen überhäuft. Der tägliche An- und Abtransport von Kranken und Toten vor den Krankenhäusern in ihrer Nachbarschaft, die nahe gelegene Bowery mit in der Gosse schlafenden Betrunkenen und dazu die

Nachricht von einer schwerwiegenden Erkrankung ihrer Schwester Doris deprimieren sie.

Der Herbst 1949 gestaltet sich für Max Beckmann erfolgreich mit mehreren Ausstellungen und großen Vorbesprechungen in der »New York Times«. Er erhält den ersten Preis bei der Internationalen Ausstellung im Carnegie Institute, und die von ihm lang erwartete Beckmann-Monografie im Piper Verlag kommt endlich heraus. An ihrer finanziell prekären Situation ändert dies leider nichts. Jeder einzelne Bilderverkauf, wie der seines Triptychons »The Beginning« (1946/49) bei der von Curt Valentin veranstalteten Ausstellung, ist für ihn zwar ein Triumph, aber keine Selbstverständlichkeit. Insofern lässt beide die Einladung vom Mills College in Reno, Kalifornien, für das Sommersemester 1950 aufatmen.

Am 8. November 1949 trägt Beckmann in sein Tagebuch ein: »Viel Depression wegen zunehmendem Lebensende – aber nicht nur […].« Er arbeite »in demselben Wahnsinnstempo weiter wie seit 40 Jahren und zu meinem Erstaunen geht es immer noch ganz gut«, berichtet er am 13. März 1950 seinem Sohn. Wie oft er dies allerdings nur mit der Einnahme von Nitroglyzerintabletten bewältigt, vertraut er lediglich seinem Tagebuch an. Im Mai ziehen sie um, 38 West 69th Street, nahe dem Central Park. Die Wohnung kostet zwar mehr, was mit neuen Geldsorgen verbunden ist, aber sie sind endlich »die alte Spinne« von Vermieterin los. Erkältungen, ein Hexenschuss und immer wieder auftretende Augenschmerzen machen Beckmann zu schaffen. Dennoch fahren sie, froh über den Auftrag für ein großes Familienporträt, für drei Tage nach Indianapolis, wo er die Familie zeichnet.

Die Einladung vom Mills College fügt sich im Nachhinein wunderbar in ihre Pläne, da Beckmann Anfang Juni die Ehrendoktorwürde von der Washington University verliehen werden soll. Zwei Wochen vor ihrer Abreise wird Mathilde sehr viel abverlangt. Während eines Besuchs bei ihrer Schwester im Hospital teilt man ihr mit, dass ihr Schwager am Morgen seinem Leben ein Ende bereitet habe, und sie muss ihrer schwer kranken Schwester diese entsetzliche Nachricht überbringen.

Als sie bereits die Koffer packt, erhält sie einen Anruf von Max' Ärztin, die darauf bestanden hatte, bei ihm noch ein umfassendes Elektrokardiogramm zu machen. Sie sagt Mathilde, dass bei ihrem

Mann der Tod jederzeit eintreten könne und sie ihn das auf keinen Fall wissen lassen dürfe. »Mir wurde klar, daß ich vor der bisher schwierigsten Aufgabe meines Lebens stand. Nie zuvor hatte ich Max belogen oder ihm die Unwahrheit gesagt; und da stand er vor mir, starrte mich gespannt an, achtete sorgsam auf meine Antworten und war begierig zu erfahren, was Dr. Fries mir sagte. Ich mußte ihm ein lächelndes Gesicht zeigen, als ob ich eine gute Nachricht erhalten hätte. Wie ich das fertigbrachte, weiß ich nicht – denn für gewöhnlich konnte Max durch mich hindurchsehen, jede Regung und alle meine Gedanken lesen, auch wenn ich schwieg. In diesem Augenblick nun zwang ich mich mit äußerster Anstrengung, mir von meiner Erschütterung nichts anmerken zu lassen. Ich war überzeugt, daß ich Max sagen mußte, sein Herz sei intakt. Hätte er die Wahrheit über seinen Zustand erfahren, hätte er vielleicht aufgehört zu malen – aus Angst, der Tod würde ihn unterbrechen und hindern, ein Bild zu vollenden. Er konnte nicht leben ohne zu malen. Ich fühlte, daß ich nicht das Recht hatte, daran zu rühren. Nachdem ich ihm gesagt hatte, was ich sagen mußte, schien er mir zu glauben – ich sah, wie sich sein Gesicht entspannte. Das Geheimnis konnte ich überhaupt nur für mich behalten, wenn ich mich an den letzten Teil von Dr. Fries' Erklärung klammerte: daß mein Mann noch eine unbestimmte Zeit leben könne. Mit dieser Prognose stiegen wir in den Zug nach St. Louis.«

Nach einem Kurzaufenthalt in St. Louis wollen sie vor Beginn des Sommersemesters in Carmel Urlaub machen und nach dem Sommersemester nach Deutschland reisen, wofür auch schon Schiffskarten gekauft sind. Doch wegen des Koreakriegs und der unsicheren politischen Lage wird Beckmann dieses Vorhaben bereits im Juli aufgeben, da er nicht noch einmal in die Situation kommen will, irgendwo vom Krieg überrascht und festgehalten zu werden und womöglich nicht in die Vereinigten Staaten zurückkehren zu können.

Von den Ansprachen bei der Promotionsfeier in der Washington University bekommt Mathilde kein Wort mit. Voller Sorge und Angst, ob Max die physische und geistige Anstrengung überstehen wird, ist sie ganz und gar auf ihren blass und ernst aussehenden Mann fixiert, der sehr würdig und schön aussieht in Barett und Talar, »wie ein Bildnis aus dem 16. Jahrhundert.« In seiner Rede hebt der Dekan hervor, dass Beckmann auf der Leinwand all das gebrandmarkt habe, was »Menschenwürde und Humanität zu vernichten trachtete. Seine Bilder, voller Weisheit in der Grundauffassung, monumental in der Ausführung, gehören zu den bedeutenden Werken unseres Jahrhunderts.«

Die Bahnfahrt von St. Louis über Kansas City und Los Angeles nach San Francisco dauert zweiundfünfzig Stunden und ist für Beckmann eine erhebliche Strapaze, aber er weigert sich prinzipiell, ein Flugzeug zu besteigen. Nach weiteren drei Stunden Autofahrt kommen sie in Carmel an, wo der Pazifik rauscht und er sich sofort »wieder at home« fühlt. Der Aufenthalt mit Ausflügen und Strandspaziergängen bekommt ihm außerordentlich gut, und Mathilde schöpft Hoffnung. Eines Tages jedoch verlangt Max zu ihrem Entsetzen seinen Badeanzug. Vergeblich sucht sie ihn vom Schwimmen im eiskalten Ozean abzuhalten, da die Ärztin sie besonders davor eindringlich gewarnt hatte. Sie hält den Atem an, bis er wieder aus dem Wasser steigt. Und dann verschlägt es ihr die Sprache, als Beckmann ihr lachend gesteht, damit die Probe aufs Exempel habe machen wollen. Nun sei er überzeugt, dass es um sein Herz nicht so schlimm stehen könne. »Siehst du, Quappi, du wirst es mit mir noch eine Zeitlang aushalten müssen.«

Der Campus des Mills College mit seinen hoch aufragenden Eukalyptusbäumen, Mimosensträuchern und einem Meer von Rosen ist ein Paradies, das Beckmann allerdings nur halbherzig zu genießen vermag. Wegen des Koreakriegs lebt er »halb in der geistigen Hölle«. In einen entsetzlichen Zwiespalt gerät Mathilde, als sie erfährt, dass es mit ihrer Schwester zu Ende geht. Ihren Mann allein zu lassen, bringt sie nicht über sich, denn jede Überanstrengung und Aufregung könnte für ihn lebensbedrohlich sein. Sie weiß, wie unsicher er sich fühlt, wenn er sie als Dolmetscherin nicht zumindest im Hintergrund weiß. Vor allem aber fürchtet sie seine panikartigen Ängste, wenn sie diese weite Reise allein machen würde. Da sie ihm einen Gewissenskonflikt ersparen möchte, verschweigt sie ihm die Nachricht und bemüht sich, ihren Kummer vor ihm zu verbergen. Wenige Tage später erhält sie Nachricht vom Tod ihrer Schwester.

Nach elf Wochen, in denen sie so viel wie möglich von Kalifornien besichtigt haben, kehren sie nach New York zurück – für die wenigen Monate, die Max Beckmann noch beschieden sein sollten. Trotz seines inzwischen weltweiten Ruhmes wird er immer wieder von Kritikern attackiert. Auch der ihm im Juni verliehene Biennale-Preis ändert nichts daran. »Kritiken aus aller Welt, eine dümmer als die andere [...]«, notiert er nur noch resigniert und: »[...] wäre nur alles zu Ende –.«

Zu all dem sieht er sich gezwungen, einen zusätzlichen Lehrauftrag an der American Art School anzunehmen, nachdem einige Monate kein Bild verkauft wurde und ihre Unkosten steigen. Sie haben sich ein kleines Auto angeschafft, womit Quappi ihn zum Unterricht chauffiert, was anfangs nicht immer friedlich verläuft, da Beckmann ein nervöser, ängstlicher Beifahrer ist und ein pedantischer dazu, wenn es ums Einparken geht.

Gewöhnlich arbeitete Max Beckmann gleichzeitig an verschiedenen Bildern und schuf nebenbei noch Plastiken. Im Dezember 1950 konzentriert er sich in der Hauptsache auf ein Bild, das er 1949 in St. Louis begonnen hat und das er unter verschiedenen Namen in seinem Tagebuch erwähnt: zunächst als »Maler und Modell«, am 27. Januar 1950 als »Künstler« und am 13. Dezember 1950 erstmals als »Argonauten«.

Es sei das einzige Triptychon, erklärt Mathilde, bei dem sie ihrem Mann zuweilen beim Malen habe zusehen dürfen und seinen Kampf mit bestimmten Einzelheiten des Bildes habe erleben können, was vor allem den Kopf des Jünglings auf der rechten Seite des Mittelbildes betraf. In seinem Tagebuch notiert der Maler: »Zwölf Stunden an dem rechten Kopf von Argo – welcher Wahnsinn –.« Am folgenden Tag schreibt er: »4 Stunden an dem lächerlichen rechten Kopf von den Argonauten.« Bis zum 26. Dezember verändert er ihn immer wieder. An diesem Tag sagt er zu Mathilde, jetzt mache er keinen Pinselstrich mehr daran. Endlich habe er es geschafft, und sie dürfe es sich ansehen. »Tränen kamen mir in die Augen; ich schwieg, überwältigt von der wunderbaren, fast unheimlichen Hoheit des Bildes.« Sie habe ihm einige Fragen dazu gestellt, und er, der gewöhnlich seine Gedanken nicht preisgab und schwieg oder ausweichend meinte, wenn sie wolle, könne sie es auch so sehen, habe ihr dieses Mal die Symbole erklärt.

»An diesem Abend haben wir das Bild sehr lange miteinander angeschaut. Wir saßen ganz still davor, ohne zu sprechen. Als wir schließlich schlafen gingen, war es sehr spät. Für gewöhnlich frühstückte Max allein, weil er oft lange in die Nacht hinein arbeitete – bis vier Uhr früh. Aber am nächsten Tag bat er mich, mit ihm gemeinsam zu frühstücken; er sagte, er fühle sich besser als die ganze letzte Zeit. ›Siehst du‹, sagte er zu mir, ›die Arbeit gestern Nacht hat mir überhaupt nichts ausgemacht, im Gegenteil, es geht mir sehr gut!‹ Er sah glücklich und wohl aus, als er das sagte.

Im Laufe des Vormittags sollte Dr. Abicht, unser Steuerberater, wegen unserer Einkommensteuer kommen. Da ich mich immer darum kümmerte, beschloß Max, einen Spaziergang in den Central Park zu machen oder vielleicht ins Metropolitan Museum zu gehen, um sein ›Selbstbildnis in blauer Jacke‹, es ist sein letztes, anzusehen, das dort in einer Ausstellung mit dem Titel American Painting Today, 1950 hing.«

Nachdem Mathilde mit Dr. Abicht die Bücher durchgegangen ist und er ihr eröffnet hat, dass sie weniger Steuern zahlen müßten als befürchtet, ist sie so vergnügt, dass sie mit ihrem kleinen Pekinesen Butschi im Zimmer herumtanzt. Sie beschließt, Max ein Stück entgegenzugehen, um ihm gleich die erfreuliche Neuigkeit mitzuteilen. Als sie gerade ihren Mantel anziehen will, klingelt es; sie drückt auf den Türöffner, öffnet die Tür und sieht den Hausmeister den langen Flur entlangkommen, die Hände wie warnend erhoben, und mit ihm zwei Polizisten.

»›Sind Sie Mrs. Beckmann?‹ fragte mich einer der Polizisten. ›Ja‹, antwortete ich, worauf er unvermittelt sagte: ›Ihr Mann ist soeben an der Ecke 61st Street und Central Park West gestorben.‹ Ich war wie vom Blitz getroffen. Den Polizisten bat ich ins Wohnzimmer. Ich wollte mehr wissen. Aber da war kaum noch etwas zu sagen, außer daß ich den Toten identifizieren müsse. […] Seit dem Tag nach Max' Tod bin ich sicher, daß sein Traum vom 9. Dezember eine Vorankündigung war.«

Er hatte ihr gleich nach dem Aufwachen erzählt, dass in diesem Traum seine Figuren aus der Mitteltafel herausgetreten und auf ihn zugelaufen wären. Ohne etwas zu sagen, wären sie vor ihm gestanden, hätten ihn durchdringend angesehen, und er sei überhaupt nicht erschrocken gewesen. Vielleicht seien sie ihm im letzten Augenblick noch einmal erschienen, schreibt Mathilde, »um mit ihm den dünnen Schleier zu durchschreiten, der seiner Vorstellung nach die sichtbare, bekannte von der unsichtbaren, unbekannten Welt trennt.«

In den fünfundzwanzig Jahren ihrer Ehe wären sie durch ihre Liebe und ihr gegenseitiges Verstehen vollkommen zusammengewachsen, dass es fast unmöglich sei, darüber etwas zu äußern. Sie habe sich in allem auf Max verlassen. Den Ratschlägen des Mannes in ihren Träumen war sie ja auch gefolgt, und es hatte sich als richtig erwiesen.

Immer habe sie gehofft und gebetet, dass ihr beider Leben gemeinsam enden möge.« »Im letzten Jahr seines Lebens begann Max, sich Sorgen um mich zu machen, weil er wusste, wie ich ihn liebte und wie sehr ich von ihm abhängig war. Eines Tages, drei Monate vor seinem Tod, sagte er zu mir: ›Meine Liebe wird immer mit dir sein, verzweifle nicht, wenn ich sterbe – es ist nur eine Veränderung des physischen Leibes – dann lege ich diesen Körper ab, wie ich einen alten Anzug ablege.‹«

Max Beckmanns bereits 1939 geäußerter Wunsch, »einmal als Amerikaner zu enden«, ging nicht in Erfüllung, da die Urkunde für seine Einbürgerung erst nach seinem Tod zugestellt wurde.

Mathilde »Quappi« Beckmann ist sechsundvierzig Jahre alt, als Max Beckmann stirbt. Sie lebt weiterhin in New York und widmete sich in den folgenden Jahrzehnten Beckmanns Werk und Nachlass. Auch als seine Witwe tritt sie nicht in den Vordergrund. Doris Schmidt, die gemeinsam mit Mathilde Beckmann die deutsche Fassung von »Mein Leben mit Max Beckmann« erarbeitete, schreibt in ihrem Nachwort, dass sie Mathilde erst überzeugen musste, sich nicht allzu sehr in den Hintergrund zu stellen. Sie scheint, so wie Max Beckmann es sich gewünscht hatte, tief mit ihm verwachsen gewesen zu sein, sich völlig mit ihm identifiziert zu haben. Offenbar genügte es ihr, mit ihm gelebt, an der Entstehung eines großartigen Werks teilgenommen und ihn zu den wunderbaren Bildern inspiriert zu haben, mit welchen er sic unvergessen gemacht hat.

Im Dezember 1985 wurde sie mit schweren Verbrennungen und, wie es heißt, nicht mehr voll bei Bewusstsein, in ein Krankenhaus in New York eingeliefert. Gestorben ist Mathilde Beckmann am 30. Mai 1986 im Alter von zweiundachtzig Jahren jedoch nicht in New York, wie es meist heißt, sondern in Jacksonville (Florida). Zwei Schwestern, die sie in ihrem letzten Lebensjahr betreut haben wollen, hatten sie in der Absicht, sich des beträchtlichen Vermögens zu bemächtigen, im Februar 1986 zunächst in ein Appartement, das sie dort besaßen, und schließlich in das dortige Hospital gebracht.

Quellen

Beckmann, Mathilde Q.: Mein Leben mit Max Beckmann, München 1983.
Buchheim, Lothar-Günter: Max Beckmann, Feldafing 1959.
Gallwitz, Klaus/Schneede, Uwe. M./Wiese von, Stephan (Hrsg.): Max Beckmann. Briefe. Band II: 1925–1937, München 1994 und: Max Beckmann. Briefe. Band III: 1937–1950, München 1996.
Göpel, Erhard: Max Beckmann. Der Zeichner, München 1954.
Göpel, Erhard (Hg.): Max Beckmann. Tagebücher 1940–1950, München 1984.
Lehmann, Evelyn/Riemer, Elke: Die Kaulbachs. Eine Künstlerfamilie aus Arolsen, herausgegeben vom Waldeckschen Geschichtsverein Arolsen, Arolsen 1978.
Reimertz, Stephan: Max Beckmann, Hamburg 1995.

Bildnachweis

Aus: Eduard Wiesner (Hg.): *Meine Verehrung, Herr Kubin! Geschichten aus Zwickledt*, Wernstein 2000: 17, 24
Aus: Thomas Corinth, *Lovis Corinth*, Tübingen 1979: 89, 93
Feuchtwanger Memorial Library: 110, 132
Hans Purrmann Archiv: 44, 41
Max Beckmann Archiv München: 172, 182
Monacensia — Literaturarchiv und Bibliothek: 143, 152
Privatbesitz: 68, 72